北京大学中国语言学研究中心

早期北京话研究书系

主编　郭锐

高本汉《北京话语音读本》整理与研究

艾溢芳　著

北京大学出版社
PEKING UNIVERSITY PRESS

图书在版编目（CIP）数据

高本汉《北京话语音读本》整理与研究/艾溢芳著. —北京：北京大学出版社，2016.12
（早期北京话珍本典籍校释与研究）
ISBN 978-7-301-25982-5

Ⅰ. ①高…　Ⅱ. ①艾…　Ⅲ. ①北京话—语音—研究　Ⅳ. ①H172.1

中国版本图书馆CIP数据核字（2015）第137087号

书　　名	高本汉《北京话语音读本》整理与研究 GAOBENHAN《BEIJINGHUA YUYIN DUBEN》ZHENGLI YU YANJIU
著作责任者	艾溢芳　著
责任编辑	李　凌
标准书号	ISBN 978-7-301-25982-5
出版发行	北京大学出版社
地　　址	北京市海淀区成府路205号　100871
网　　址	http://www.pup.cn　　新浪微博:@北京大学出版社
电子信箱	zpup@pup.cn
电　　话	邮购部 62752015　发行部 62750672　编辑部 62753374
印 刷 者	北京中科印刷有限公司
经 销 者	新华书店
	720毫米×1020毫米　16开本　15.5印张　238千字
	2016年12月第1版　2016年12月第1次印刷
定　　价	48.00元

晚清民国时期的北京话系统及探源研究
（11WYA001，2011年北京市哲学社会科学规划重点项目）

清末民初北京话系统研究
（11JJD740006，2011年教育部社会人文重点研究基地重大项目）

总　序

语言是文化的重要组成部分，也是文化的载体。语言中有历史。

多元一体的中华文化，体现在我国丰富的民族文化和地域文化及其语言和方言之中。

北京是辽金元明清五代国都(辽时为陪都)，千余年来，逐渐成为中华民族所公认的政治中心。北方多个少数民族文化与汉文化在这里碰撞、融合，产生出以汉文化为主体的、带有民族文化风味的特色文化。

现今的北京话是我国汉语方言和地域文化中极具特色的一支，它与辽金元明四代的北京话是否有直接继承关系还不是十分清楚。但可以肯定的是，它与清代以来旗人语言文化与汉人语言文化的彼此交融有直接关系。再往前追溯，旗人与汉人语言文化的接触与交融在入关前已经十分深刻。本丛书收集整理的这些语料直接反映了清代以来北京话、京味文化的发展变化。

早期北京话有独特的历史传承和文化底蕴，于中华文化、历史有特别的意义。

一者，这一时期的北京历经满汉双语共存、双语互协而新生出的汉语方言——北京话，她最终成为我国民族共同语(普通话)的基础方言。这一过程是中华多元一体文化自然形成的诸过程之一，对于了解形成中华文化多元一体关系的具体进程有重要的价值。

二者，清代以来，北京曾历经数次重要的社会变动：清王朝的逐渐孱弱、八国联军的入侵、帝制覆灭和民国建立及其伴随的满汉关系变化、各路军阀的来来往往、日本侵略者的占领，等等。在这些不同的社会环境下，北京人的构成有无重要变化？北京话和京味文化是否有变化？进一步地，地域方言和文化与自身的传承性或发展性有着什么样的关系？与社会变迁有着什么样的关系？清代以至民国时期早期北京话的语料为研究语言文化自身传承性与社会的关系提供了很好的素材。

了解历史才能更好地把握未来。新中国成立后，北京不仅是全国的政治中心，而且是全国的文化和科研中心，新的北京话和京味文化或正在形成。什么是老北京京味文化的精华？如何传承这些精华？为把握新的地域文化形成的规律，为传承地域文化的精华，必须对过去的地域文化的特色及其形成过程进行细致的研究和理性的分析。而近几十年来，各种新的传媒形式不断涌现，外来西方文化和国内其他地域文化的冲击越来越强烈，北京地区人口流动日趋频繁，老北京人逐渐分散，老北京话已几近消失。清代以来各个重要历史时期早期北京话语料的保护整理和研究迫在眉睫。

"早期北京话珍本典籍校释与研究(暨早期北京话文献数字化工程)"是北京大学中国语言学研究中心研究成果，由"早期北京话珍稀文献集成""早期北京话数据库"和"早期北京话研究书系"三部分组成。"集成"收录从清中叶到民国末年反映早期北京话面貌的珍稀文献并对内容加以整理，"数据库"为研究者分析语料提供便利，"研究书系"是在上述文献和数据库基础上对早期北京话的集中研究，反映了当前相关研究的最新进展。

本丛书可以为语言学、历史学、社会学、民俗学、文化学等多方面的研究提供素材。

愿本丛书的出版为中华优秀文化的传承做出贡献！

王洪君、郭锐、刘云

2016年10月

早期北京话的语言研究价值

——“早期北京话研究书系”序

早期北京话指清中叶至民国时期的北京话。北京话在现代汉语中的地位极其特殊而重要，现代汉语的标准语——普通话——是以北京话为基础，普通话的语音标准是北京语音，普通话的词汇和语法也与北京话有密切联系。因此，要探讨普通话的语音、词汇、语法的来源，不能不涉及北京话。由于缺乏足够的材料，元明清初的北京话还无法进行系统的研究，与今天的北京话有直接的继承关系的北京话材料在清中叶才开始出现。但此时的北京话地位并不高，书面语传统也不够深厚，全国的通语是南京官话，而非北京官话。到1850年前后，北京话才取得通语的地位，并对日后的国语和普通话产生决定性的影响。

不过汉语学界对早期北京话的研究却相对薄弱。这一方面是因为过去对早期北京话材料了解不多，更重要的原因是重视不够。研究汉语史的，重视的是上古汉语、中古汉语和近代汉语；研究现代汉语的，重视的是1949年以后特别是改革开放以来的普通话语料；研究方言的，重视的是地方方言，尤其是东南方言，而北京话与普通话较为接近，晚清民国时期的北京话反倒少人问津，成了“三不管地带”。

随着清中叶至民国时期北京话语料的挖掘、整理工作的开展，早期北京话的面貌清晰地展现出来。根据初步考察，我们对这一时期北京话的语言研究价值有了大致的认识。可以说，清中叶以来的北京话是近代汉语过渡到现代汉语的桥梁。其中尤为重要的是，晚清民国时期，即19世纪40年代至1949年的一百来年间，北京话以及作为全国通语的北京官话、国语发生了一系列的变化，包括语音、词汇、语法，这些变化奠定了今天普通话的基本格局，而1950年至今的普通话则没有大的变化。

下面我们看看北京话在晚清民国时期发生的一些变化。

从语音方面看，变化至少有：

1. 庄组字翘舌～平舌交替

庄组字本来都读为舌尖后翘舌声母，其中大约30%今天读作舌尖前平舌音。但在晚晴时期，有些字仍读作翘舌音，以威妥玛（Thomas F.Wade）《寻津录》（*Hsin Ching Lu* 1859）的记音为例："瑟"读shê、"仄"读chai。还有相当一部分字有翘舌和平舌两读，形成文白异读：所（so～shuo）、涩（sê～shê）、责（chai～tsê）。另外，有些字今天读作翘舌声母，当时却有平舌声母的读法，如：豺（ts'ai）、铡（tsê）。

2. 声母ng彻底消失

北京周边的河北、山西、山东方言，中古字疑母字的开口呼一般保留ng[ŋ]声母，影母字开口呼也读ng声母。清末的北京话还保留个别的ng声母字，如：饿（ngê）、恶（ngê）（富善（Chauncey Goodrich）《华英袖珍字典》（*A Pocket Dictionary，Chinese-English and Pekingese Syllabary* 1891））。普通话中，ng[ŋ]声母完全消失。

3. 见系二等字舌面音声母和舌根音声母的交替

见系二等字在全国多数方言中仍保留舌根音声母，当代普通话中大部分见系二等字读作舌面音声母，但有约四分之一的见系二等字保留舌根音声母的读法，如"隔、革、客、港、耕、衡、楷"等。普通话中读作舌根音声母的字，在清末的北京话中，有一部分有舌面音声母的读法，如《华英袖珍字典》（1891）的记音：楷（ch'iai～k'ai）、港（chiang）、隔（chieh～kê）、揩（ch'ieh）、耕（ching～kêng）、耿（ching～kêng）。今音读作舌面音声母的见系二等字在稍早还有保留舌根音读法的，如《寻津录》（1859）的记音：项（hang～hsiang）、敲（ch‘iao～k‘ao）、街（chieh～kai）。

4. o～e交替

今音读作e[ɤ]韵母的字，对应到《寻津录》（1859），有两个来源，一个是e[ɤ]韵母，如：德（tê）、册（ts‘ê）、遮（chê）；另一个是o韵母，如：和（ho）、合（ho）、哥（ko）、刻（k‘o）、热（jo）。从o到e的变化经历了多音并行和择一留存两个阶段，如：酌（chê～cho）、刻（k‘o～k‘ê）、乐（lo～lê）、洛（lê～lo）、额（o～ê）。在《华英袖珍字典》（1891）中，“若、弱、热”都有两读：jê或jo。最后择一保留的，有的是e韵母（刻、乐、热），有的是o韵母（酌、洛、若、弱）。

5. 宕江摄入声文白异读

《寻津录》（1859）中宕江摄入声文白异读主要是韵母o/io和ao/iao的差异，如：若（jo～yao）、约（yo～yao）、薄（po～pao）、脚（chio～chiao）、鹊（ch‘io～ch‘iao），这样的文白差异应该在更早的时候就已产生。二三等文读为üe韵母大约从1850年前后开始，《寻津录》（1859）中只出现了“学略却确岳”五字读üe韵母文读音。之后的三十来年间，短暂出现过üo韵母，但很快合并到üe韵母。üe作为文读音全面取代io韵母，大约在19世纪末完成。

晚清民国时期白读音的数量要明显多于当代的读音。如下面这些字在当代读文读音，而在当时只有或还有白读音：弱（jao）、爵（chiao～chio）、鹊（ch‘io～ch‘iao）、学（hsio～hsüeh～hsiao）、略（lio～lüeh～liao）。

6. 曾梗摄入声文白异读

曾梗摄入声字的文白异读，主要是e（o）韵母和ai韵母的差异，这样的格局自1840年代以来没有改变，但清末北京话的文白两读并存要明显多于当代，如《华英袖珍字典》（1891）的记音：侧（ts‘ê～chai）、泽（tsê～chai）、责（tsê～chai）、册（ts‘ê～ch‘ai）、拆（ts‘ê～ch‘ai）、窄（tsê～chai）、宅（chê～

chai）、麦（mo～mai）、白（po～pai）、拍（p‘o～p‘ai）。

7. iai韵母消失

“解、鞋、挨、携、崖、涯”等蟹摄开口二等见系字在《音韵逢源》（1840）中，韵母为iai。到《寻津录》（1859），只有“涯”仍有iai的异读，其他字都读作ie韵母或ai、ia韵母。之后iai韵母完全消失。

8. 清入字声调差异

清入字在普通话中的声调归并分歧较大，但在清末，清入字的声调归并分歧更大，主要表现就是一字多调现象。如《寻津录》（1859）中的清入字声调：级（chi^2～chi^4）、给（chi^3～chi^4～kei^4）、甲（chia^1～chia^3）、节（chieh^2～chieh^3）、赤（ch‘ih^1～ch‘ih^4）、菊（chü^1～chü^2）、黑（hei^1～hei^3）、骨（ku^1～ku^2～ku^3）、铁（t‘ieh^3～t‘ieh^4）、脱（t‘o^1～t‘o^3），这些多调字在当代普通话中只有一种调类。

次浊入在清末民初时期读作非去声的情况也较多，如：入（ju^3～ju^4）、略（liao^4～lio^3～lüeh^3）、麦（mai^1～mai^4）。

以上这些成系统的语音变化有的产生更早，但变化结束并定型是在清末民初时期。

除此之外，一些虚词读音的变化也在晚清民国时期发生并定型。

助词和语气词“了”本读liao，在1830年代或更早出现lo的读音，常写作“咯”，这应是轻声引起的弱化读法。此后，又进一步弱化为la（常写作“喇”“啦”）、le[lə]。“了”的音变大致经历了四个阶段：

读音	liao	lo	la	le
开始时间	1830年代前	1830年代	1850年代	1908

而语气词“呢”和助词“的”，也分别经历了ni——na——ne[nə]和di——da——de[tə]的语音弱化阶段。

语气词“啊”的语音变体，在当代普通话中有较为严格的条件，而晚清民国时期“啊”音变的条件与之有所不同。“呀”（ya）可以出现在：-ng后（请问贵姓呀？/《小额》），-n后（他这首诗不曾押着官韵呀！/《儿女英雄传》），-u后（您说有多么可恶呀！/《北京风俗问答》），舌尖元音后（拿饭来我吃呀。/蔡友梅《鬼吹灯》）。“哇”可以出现在-ng后（做什么用哇？/湛引铭《讲演聊斋》）。这种现象与现在汉语学界所讲的语流音变条件似乎并不吻合，到底应如何分析，值得深入探讨。

此外，还有一些特殊的读音，也在早期北京话材料中有所反映。

“俩”读作lia，一般认为是“两个”的合音。但在晚清北京话材料中，有“俩个”的说法。这似乎对合音说提出了挑战，更合理的解释也许应该是“俩”受到后一音节“个”的声母影响，导致韵尾脱落，然后是“个”的脱落，形成“俩”直接修饰名词的用法。

一些词汇的特殊写法，则反映了当时的特殊读音。有些是轻声引起的读音变化，如：知得（知道）、归着（归置）、拾到（拾掇）、额啦大（额老大）、先头啦（先头里）；有些则是后来消失的白读音，如：大料（大略）、略下（撂下）。

可以看到，北京话在清代发生了一系列的语音变化，这些变化到19世纪末或20世纪初基本结束，现代汉语的语音格局在这个时期基本奠定。那么这些变化过程是如何进行的，是北京话自发的变化还是受到南京官话或其他方言的影响产生的，这些问题都可以通过早期北京话的材料找到答案。同时，这一时期北京话语音的研究，也可以为普通话的审音工作提供重要的参考。

词汇方面，晚清民国时期的北京话有一些异于普通话甚至当代北京话的词语，如：颏膝盖（膝盖）、打铁（互相吹捧）、骑驴（替人办事时在钱财上做手脚以牟利）、心工儿（心眼儿）、转影壁（故意避而不见）、扛头（不同意对方的要求或条件）、散哄（因不利情况而作罢或中止）、胰子（肥皂）、烙铁（熨斗）、嚼裹（花销）、发怯（害怕）、多咱（什么时候）、晌午歪（午后）。

为什么有一些北京话词语没有传承到普通话中？究其原因，是晚清民国时期汉语共同语的词汇系统，经历了“南京官话——北京官话/南京官话——南北官话混合”三个阶段。根据艾约瑟《汉语官话语法》（1857）、威妥玛《语言自迩集》（1867）等文献记述，在1850年前后，通语由南京官话改为北京官话。当时的汉语教科书也由南京官话改为北京官话。不过，南京官话并没有消失，而是仍在南方通行。因此，南北官话并存成为晚清语言生活的重要特征。美国北长老会传教士狄考文编著的汉语教科书《官话类编》（1892）就是反映南北官话并存现象的重要文献。下面的例子是《官话类编》记录的北京官话和南京官话的词汇差异：

A		B		C	
北京官话	南京官话	北京官话	南京官话	北京官话	南京官话
白薯	山芋	耗子	老鼠	烙铁	熨斗
白菜	黄芽菜	脑袋	头	日头	太阳
煤油	火油	窟窿	洞	稀罕	喜欢
上头	高头	雹子	冰雹	胰子	肥皂
抽烟	吃烟	分儿	地步	见天	天天
扔	丢	自各儿	自己	东家	老板
馒头	馍馍	些个	一些	巧了	好像
多少	几多	姑爷	女婿	睄睬	留意

南北官话并存和对立的局面在民国时期演变为南北官话的混合，南北两种官话合并为一种共同语，即国语。作为国语的继承者，普通话的词汇，有的来自北京官话（如A列），有的来自南京官话（如C列），有的既来自北京官话，

又来自南京官话（如B列）。普通话中与北京官话和南京官话无关的词不多见，如：火柴（北/南：取灯儿/洋火）、勺子（匙子/调羹）、本来（原根儿/起根儿）。那些在今天被看作北京土话的词汇，实际上是被南京官话挤掉而未进入普通话的北京官话词汇，如：胰子、烙铁、见天。

晚清时期北京话语法在研究上的重要性主要可以从两个方面来看。一是普通话的不少语法现象，是在这一时期的北京话中萌芽甚至发展成熟的。如兼表致使和被动的标记"让"的形成、受益标记"给"的形成、"程度副词+名词"格式的产生、协同伴随介词和并列连词"跟"的产生等。二是普通话的不少语法现象，与晚清北京话有差异。比如：

1. 反复问格式：普通话的带宾语的反复问格式有"V否VO"（吃不吃饭）、"VO否VO"（吃饭不吃饭）、"VO 否V"（吃饭不吃）等格式，但在晚清时期北京话中没有"V否VO"格式。

2. 双及物格式：普通话有"V+间接宾语+直接宾语"（送他一本书）、"V给+间接宾语+直接宾语"（送给他一本书）、"V+直接宾语+给+间接宾语"（带一本书给他）、"给+间接宾语+V+直接宾语"（给他带一本书）四种常见格式，晚清时期北京话没有"V+直接宾语+给+间接宾语"格式。

3. 趋向动词与动作动词构成的连谓结构语序：普通话可以说"吃饭去"，也可以说"去吃饭"，而晚清时期北京话只说"吃饭去"。

4. 进行体的表达形式：普通话主要用"在VP""正在VP"，晚清时期北京话主要用"VP呢"。

5. 被动标记：普通话用"被、让、叫、给"，晚清时期北京话主要用"让、叫"。

6. 协同、伴随介词：普通话用"和、同、跟"，晚清时期北京话主要用"跟"。

7. 时间起点介词：普通话主要用"从、打"，晚清时期北京话主要用"打、起、解、且、由”。

8. 时间终点介词：普通话用“到、等到”，晚清时期北京话用“到、赶、赶到”。

可以看到，晚清时期北京话的有些语法形式没有进入普通话，如时间起点介词“起、解、且”；有些语法项目，普通话除了采用晚清时期北京话的语法形式外，还采用晚清时期北京话没有的语法形式，如反复问格式“V 否VO”、双及物格式“V+直接宾语+给+间接宾语”、被动标记“给”。这些在晚清时期北京话中没有的语法形式容易被看作后来普通话发展出的新语法形式。但如果联系到晚清南北官话的并存，那么可以发现今天普通话的这些语法形式，其实不少是南北官话混合的结果。下面看看晚清南北官话语法形式的差异：

	语法项目	北京官话	南京官话
1	反复问句	VO 不 V，VO 不 VO	V 不 VO，VO 不 VO
2	双及物格式	送他书，送给他书	送他书，送书给他
3	去 VP	VP 去	去 VP
4	进行体	VP 呢	在 VP
5	被动标记	叫，让	被，给，叫（少见）
6	致使动词	叫，让	给，叫（少见）
7	协同介词	跟	和，同
8	并列连词	跟	和，同
9	工具介词	使	用
10	时间终点介词	赶，赶到	到，等到
11	时间起点介词	打，起，解，且，由	从

从上表可以看到，普通话语法形式与清末北京话的语法形式的差异，其实很多不是历时演变导致的，而是南北官话混合带来的。

普通话的语法形式与词汇一样，也是南北官话混合的结果。词汇混合的结果往往是择一，而语法混合的结果则更多是来自南北官话的多种语法形式并存。因此，要弄清今天普通话词汇和语法形式的来源，就必须对清末民初北京话的词汇和语法以及同一时期的南京官话的词汇和语法做一个梳理。

朱德熙先生在《现代汉语语法研究的对象是什么？》（1987）一文中认为，由于普通话，特别是普通话书面语是一个混杂的系统，应把普通话的不同层次分别开来，北京话是现代汉语标准语（普通话）的基础方言，因此研究现代汉语语法应首先研究清楚北京话口语语法，才能对普通话书面语做整体性的综合研究。朱德熙先生的观点非常深刻，不过朱先生在写作这篇文章时，主要是从方言成分混入普通话角度讨论的，还没有认识到普通话主要是北京官话和南京官话的混合，我们今天对早期北京话的研究为朱德熙先生的观点提供了另一个角度的支持。早期北京话的研究，也可以对朱德熙先生的观点做一个补充：由于普通话主要是北京官话和南京官话混合而成，所以研究现代汉语语法不仅要首先研究北京话语法，还需要对普通话中来自南京官话的成分加以梳理。只说北京话是普通话的基础是不够的，南京官话是普通话的第二基础。

此外，早期北京话文献反映的文字方面的问题也值得关注。早期北京话文献中异体字的使用非常普遍，为今天异体字的整理提供了很好的素材。其中一些异体字的使用，可以弥补今天异体字整理的疏漏。如：

> 有一天，一個狐狸進一個葡萄園裡去，瞧見很熟的葡萄在高架上垂掛著，他說：“想必是好吃的。”就咂着嘴兒讚了讚，躥蹤了半天，總搆不着。（《伊苏普喻言》（1879））

“搆”在《第一批异体字整理表》中，处理为“构（構）”的异体字，但根据原注“搆：读上平，以物及物也”，不应是“构”之异体。查《华英袖珍字典》（1891），“搆”释为“to plot，reach up to”，“plot”可看作“构”

的意思，而“reach up to”的意思是“达到”，因此，这种用法的“搆”应看作“够（伸向不易达到的地方去接触或拿取）”的异体字。“驌蹤”，原注“驌：上平，驤也”“蹤：去声，跳也”，根据注释和文意，“驌蹤”应为“蹿纵”，而《第一批异体字整理表》把“蹤”处理为“踪”的异体，未看作“縱”的异体，也未收“驌”字。

早期北京话呈现出来的语音、词汇、语法现象，也为当代汉语研究的一些疑难问题提供了一个解决的窗口。比如：“啦”到底是不是“了”和“啊”的合音？晚清民国北京话的研究表明，“啦”并不是“了+啊”的合音，而是“了”弱化过程的一个阶段。普通话的同义词和同义句式为何比一般方言多？ 这是因为北京官话和南京官话词汇和语法的混合形成国语/普通话，北京官话和南京官话中不同的词汇、语法形式并存于普通话中，就形成同义词和同义语法形式。“给”为何可表被动但不表致使？被动标记和致使标记有密切的联系，很多语言、方言都使用相同形式表达致使和被动，根据语言类型学和历史语法的研究，是致使标记演变为被动标记，而不是相反。但普通话中“给”可以做被动标记，却不能做致使标记，似乎违反了致使标记演变为被动标记的共性，这是为什么？ 如果从南北官话的混合的角度看，也许可以得到解释：南京官话中“给”可以表致使，并演变为被动标记；而普通话中“给”的被动标记用法很可能不是普通话自发产生的，而是来自南京官话。因此表面上看是普通话“给”跳过了致使标记用法直接产生被动标记用法，实质是普通话只从南京官话中借来了“给”的被动标记用法，而没有借致使标记用法。这些问题在本书系的几部著作中，都会有详细的探讨，相信读者能从中得到满意的答案。

早期北京话研究的先行者是日本学者。1876年后，日本兴起了北京话学习的热潮，出版了大量北京话教材和资料，为后世研究带来了便利。太田辰夫先生在20世纪40年代就开始早期北京话的研究，提出了著名的北京话的七个特征。其后辈学者佐藤晴彦、远藤光晓、山田忠司、地藏堂贞二、竹越孝、内田庆市、落合守和等进一步把早期北京话的研究推向深入。国内的研究起步稍晚，吕叔湘等老一辈学者在研究中已经开始关注《白话聊斋》等民初京味儿小说，可惜受制于材料匮乏等多方因素，研究未能延续。20世纪90年代以来，经蒋绍愚、江蓝生等先生倡导，局面有所改变。深圳大学张卫东，清华大学张美兰，厦门大学李无未，中山大学李炜，北京语言大学高晓虹、张世方、魏兆惠，苏州大学曹炜等学者在早期北京话的语音、词汇、语法方面都有深入研究。北京大学是北京话研究重镇，林焘先生对北京话的形成有独到的研究，20世纪80年代初带领北大中文系1979级、1980级、1981级汉语专业本科生调查北京话，留下了珍贵的资料。2007年，北京大学中国语言学研究中心将北京话研究作为中心的重要研究方向，重点在两个方面，一是深度挖掘新材料，即将面世的“早期北京话珍稀文献集成”（刘云主编）将为研究者提供极大便利；二是培养新生力量，“早期北京话研究书系”的作者刘云、周晨萌、陈晓、陈颖、翟赟、艾溢芳等一批以北京话为主攻方向的年轻学者已经崭露头角，让人看到了早期北京话研究的勃勃生机。希望本书系的问世，能够把早期北京话研究推向新的高度，为汉语研究提供新的视角，解决过去研究的一些疑难问题，也期待更多研究者来关注这座汉语研究的“富矿”。

郭　锐

2016 年 5 月 7 日于北京五道口

目　录

0. 前　言

笔者在北京大学攻读硕士研究生期间幸得恩师王洪君教授引介，有机会读到瑞典著名汉学家高本汉的著作《北京话语音读本》（*A Mandarin Phonetic Reader in the Pekinese Dialect*）（后文简称《读本》）。笔者深感这是一部对早期北京话进行记录、分析的重要著作，应该得到学界更多的关注，值得深入细致地整理研究。本书即是笔者对《读本》的整理和分析，下面对《读本》以及本书的内容作一简要介绍。

高本汉（Klas Bernhard Johannes Karlgren，瑞典，1889—1978），生于1889年10月，1907年进入乌普萨拉大学，主修俄语。他的恩师是斯拉夫语语言学家、方言学家隆德尔（J.A. Lundell）教授。隆德尔曾研制过一套拼写方言的语符，对历史语音学作出了贡献，其人格和学术思想，后来对高本汉的影响很大。高本汉1915年获得乌普萨拉大学文学博士学位，1915至1918年任乌普萨拉大学副教授，1918年起任哥德堡大学远东语言文化教授，1931年起任哥德堡大学校长。高本汉是瑞典最有影响的汉学家，对瑞典汉学的建立起了决定性的作用。他一生著述达百部之多，研究范围包括汉语音韵学、方言学、词典学、文献学、考古学、文学、艺术和宗教。他于1910年3月来中国游历，并在山西住过两年。他在中国历代学者研究成果的基础上，运用欧洲比较语言学的方法，探讨古今汉语语音和汉字的演变，创见颇多，在中国国内的影响也非常大。

《北京话语音读本》是高本汉的重要著作之一，是其著名作品《中国音韵学研究》的姊妹篇。《读本》于1918年发表于斯德哥尔摩，并收录为由隆德尔整理出版的丛书《东方研究档案》（*Archives D'études Orientales*）中的第13册。该书用英文写成，前半部分为作者对北京话语音的描写及研究，对北京话的声韵母、声调、重音等语音的各方面进行了详细的介绍和讨论，涉及了北京话中许多十分重要的语音现象，并提出了很多很有特色的观点和看法。我们将该书前半部分称为“论述部分”。后半部分为真正的“读本”部分，作者选了二十篇中文文本，包括民间故事、笑话、会话交谈等等，用隆德尔方言字母逐字进行标音转写。作者选择文本的标准是“任何感兴趣的人都可以轻易地找到对这些文本用某种欧洲语言所进行的很好的翻译”。(附录，102 页译文）作者的标音非常细致，包含声母、韵母、声调、重音等各方面的信息，是一份非常珍贵的北京话语音记录资料。为避免混淆，我们把该书后半部分简称为“故事部分”。作者写作此书的目的在于用一种更为科学的方式去记录北京话的语音，让更多的西方人了解北京话。正如作者在前言中所说：“在我看来，早期关于北京话发音的研究远不能令人满意，当前的转写方式只是给出了它们自称去表现的语音最为初级的概念。正因如此，我认为出版一些语音课本的做法是可取的，通过这些语音课本来说明此方言在连贯话语中的情况，这是对我前面提到的理论阐释所作的实践补充。这些课本也是为没有机会通过亲自听当地人说话来了解北京话发音的欧洲科学家设计的。”（附录，101—102 页译文）

《读本》对早期北京话的面貌、官话语音史、现代汉语声调、韵律等方面的研究都有重要的参考价值。然而国内的汉语语言学研究者对这本重要的著作却鲜有深入系统的研究。本书的主要目的是对这部著作进行系统的整理，对其中的一些语言观点进行评述，并对其中一些重要的语音现象展开进一步研究，以便于更多的国内学者对该书有所了解，对其重要性有所认识。本书主要包括以下几项工作：

1. 将《北京话语音读本》全书翻译为中文，以便国内学者对该书有更多的了解和更好的研究。并由于其转写系统“隆德尔方言字母”通行范围较窄，不利于大多数学者接受和识别，且不便于刊印，遂在不丢失原来信息的基础上，将其全部改为相应的现行国际音标符号。

2. 对该书所记录的北京话音系进行归纳，分析各元辅音的分布环境，归纳出元辅音音位，列出声母、韵母表，并分析其音系特点。

3. 结合该书论述部分所述的北京话声调特点，整理归纳出单字调的调型、调值情况，并对《读本》所描述的北京话连读变调，特别是连上变调的情况进行分析，找出该书所述各种现象与现代北京话声调情况的异同，对其中一些重要问题进行深入研究。

4. 该书对北京话重音的描写占有很大篇幅，对汉语重音规则的归纳和标写方式是其一大特色。尤其是对复合词中重音分布情况的分析，作者更是有着独到的见解，作者认为汉语中复合词的重音分布与语法结构、语义、心理因素等都有关系。汉语复合词重音分布一直是颇具争议的问题，本书将结合作者的说法和当时及现代学者对此问题的各种代表性观点进行对比研究，以期更好地理解高本汉对汉语重音问题的认识。

5. 我们对《读本》的后半部分即故事部分进行了仔细研读，挖掘其中隐藏的特殊语言现象，并进行归纳整理，分析这些语言现象的分布规则，以及与现代北京话表现的异同，深入探讨其形成原因以及与现代北京话的演变关系。

6. 在上述各问题的研究中，本书以当时和现代各种记录北京话语音的相关文献作为辅助材料来进行对比研究，以便对《读本》的记音和语音特点，以及高本汉的语言思想有更好的理解和把握。国内学者的研究著作和相关文章，这里不一一列举，在行文中都会提及。下面对本书所参考的几本外国作者所写的关于早期官话的著作作简要介绍，这些材料中有些在《读本》的行文中时有提及，是《读本》的重要参考文献，有些是《读本》故事部分的语料来源，还有些则是笔者搜集的相关材料：

（1）威妥玛（Thomas Francis Wade）（1867/1886）的 *A Progressive Course Designed to Assist the Student of Colloquial Chinese*（《语言自迩集》），所用版本为张卫东（2002）的中译本。《语言自迩集》是记录早期北京话的经典文献，由英国人威妥玛用英文写成，是一部供西方人学习汉语官话的教材。第一版出版于 1867 年，第二版出版于 1886 年。它系统地记录和描写了 19 世纪中期的北京官话，并用威妥玛字母对北京语音进行了转写。该书对北京话语音史及北方官话的形成及演变等方面的研究有着极其重要的意义。

（2）L. Wieger（1903）的 *Narrations Populaires*。L. Wieger 是河间府耶稣会士，该书由直隶河间府天主堂出版，是一本中法文对照的清代短篇民间故事集。该书把故事翻译成法文，并用一套法文转写体系对这些故事全文加以语音转写。该书的编写目的是让人们了解真正的汉语口语，真正“中国人的中国话（Chinois chinois）”。不过该书记的音其实是河间一带的语音，比如“安”字会记成“nan”等等。

（3）W. Hillier（1909/1923）的 *The Chinese Language: How to Learn It*。Hillier 是英国人，威妥玛任英国驻华公使的时候，Hillier 担任北京英国公使馆中文秘书。该书是向外国人介绍汉语及汉语学习方法的，还包括对一些故事的翻译和不完全标音——只对故事中的一些重要词语进行标音。

（4）Henri Boucher（1893/1906）的 *Boussole du Langage Mandarin: Traduite et Annotée*（《官话指南：翻译和注释》）。

（5）L. C. Hopkins（1895/1907）的 *Guide to Kuan Hua: A Translation of the "Kuan Hua Chih Nan"*。

其中第（4）和第（5）本均为对《官话指南》一书的翻译和转写、注释。《官话指南》是日本驻清朝公使馆翻译生、日籍华裔的吴启太和郑永邦在中国教师的帮助下将平日课本整理而成的官话读本，记载了多篇口语对话和个人讲述，既有日常应对又有公务交涉。不过这些对话或讲述的记录只有中文，没有日文或通用语的对译和转写。该书 1882 年由长崎人杨龙太郎于东京出版，后曾一度在日本成为非常有名的汉语教材，在日本明治、昭和时代“不仅用于日本的‘支那语’教学，而且广被翻译，出版了英语版、法语版和注释本，可以说是当时的国际名著”。（六角恒广，2002）而上述第（4）本材料，*Boussole du Langage Mandarin* 即是《官话指南》的“法语版”，第（5）本 *Guide to Kuan Hua* 即是“英语版”。前者由 Henri Boucher 神父所写，对《官话指南》进行了法文翻译及语音转写，并作了注释。后者是英国人 L. C. Hopkins 对《官话指南》的翻译和转写，书后附有一篇关于北京话声调和重音的论文、一个包含读音及释义的词汇表。

本书对《读本》的分析和整理力求细致深入，但未必能面面俱到，有些问题也需要日后进一步补充研究。然而作为对高本汉《北京话语音读本》首次系统的整理和研究，将《读本》这一重要著作介绍给大家，理清其观点和脉络，分析其语言学特点，本书已基本达到了这样的目的。如果本书能够让更多的学者对《读本》产生兴趣并对其进行更多的研究和探讨，那必是会令笔者甚感欣慰的。

1.《读本》整体结构与写作特点

1.1《读本》的结构

《读本》的前半部分即论述部分，是一篇对北京话音质、韵律、音长各方面进行详细描写和讨论的长文，译成中文有四万多字。该文论述严谨细致，在声调变化、轻重音、相对音长等方面总结出了很多细致的规则。论述部分的大体结构如下：

定性语音学

辅音

元音

声母和韵母

韵律

声调：单字调、连读变调

重音：音节间的重音分布、音节内的重音分布

音长：音节相对于其他音节的音长、音节内成分相对其他成分的音长

从上面可以看出，作者对北京话的介绍分成两个基本部分："定性语音学"和"韵律"。在第一部分，作者从音质方面对北京话进行了介绍，对北京话的元辅音、声韵母进行了细致的描写。书中所反映的北京话音质与现代北京话还是存在一定差别的，下文将会具体介绍。在第二部分，作者着墨颇多，详细介绍了北京话声调的表现，介绍了单字调的调值和调型，并系统分析了在语流中声调的变化，比如其中涉及北京话中的"连上变调"现象，但其表现要比现代北京话的情况复杂，两个上声相连声调发生怎样的变化跟重音的分布也有重要的关系，等等。接着，作者用很长的篇幅描述了北京话的

重音分布情况，尤其是音节间的重音分布情况。作者总结出了严谨、系统的规则，特别是对北京话复合词的轻重音分布情况作了详尽的描写，结合复合词内部的语义关系以及心理因素等对复合词中的重音分布情况进行了系统的归纳。作者的研究结果跟国内学者此后的研究很不相同。最后，作者又对北京话音节间的相对音长和音节内各音素之间的相对音长作了相对简要的描写。作者对北京话语音各个方面观察细致、见解独到，其观察视角和方法都与国内学者不甚相同，非常值得我们参考借鉴和深入了解。

《读本》的后半部分，即故事部分，作者选取了二十篇文章，有的是民间故事，有的是小笑话，有的是两人的寒暄对话，有的是讲述、说教的片段，中文共有近一万三千字。作者对这二十篇文章用隆德尔字母逐字进行了音标转写，记音非常详尽精准。其中第一篇《赵城虎》选自 W. Hillier（1909），*The Chinese Language and How to Learn It*, Vol. II，其实是《聊斋》里的故事；第二到第十五篇《祭文》《孩子和书》《谦虚的主人》《结拜兄弟》《北京的月亮》《阴间的猴子》《老师和节礼》《不识字的先生》《兄弟与收成》《阎王和医生》《阴间的先生》《傻子》《贪官》《村里的聪明人》选自 L. Wieger（1903），*Narrations Populaires*, 3e éd.；第十六到十九篇《钱铺骗子》《皮袄》《啬刻的哥哥》《一段对话》选自 Kuan Hua Chï Nan（《官话指南》），版本：Boucher, *Boussole du Language Mandarin*, 4e éd., Chang-hai 1906；最后一篇《圣谕广训：异端邪说》选自 *Shêng yü Kuan Hün*（《圣谕广训》），版本：F. W. Baller, *The Sacred Edict*, Shanghai 1892。

1.2《读本》的写作特点

《读本》一书对北京话语音的描写视角独特，见解深入，标音细致，其写作特点可以归纳为以下几点：

1. 采用隆德尔字母记录北京话语音，标音科学而细致。其标音涵盖了元辅音具体音值、单字调、连读变调、重音等各方面的信息。

2. 采用严式标音，且从不归纳音位。作者的标音非常严格和细致，能够很清楚地分辨出音质上的细微差别，但是全书始终没有对音位进行过归纳。

3. 特别注重韵律因素。作者在书中前言部分说：“我在《中国音韵学》中对韵律方面关注甚少，因此在本文中我将会详细讨论北京话的声调、重音和音长问题。”（附录，102 页译文）作者系统论述了北京话中声调、重音和音长的表现，尤其强调重音的重要性。书中无论是前面的论述部分还是后面的故事部分，重音的重要性都贯穿始终。前面的论述中，重音的论述占的篇幅最多，重音因素对音值的变化、声调的变化等各方面都有着很深入的影响。后面对故事标音时，作者也将重音像元辅音音值、声调一样，作为每个字音的基本属性来看待，对每个字、每个短语的标音都包含了它的重音信息。

4. 标记儿化音和比较固定的连读音变。书中对儿化词的读音有所记录，如：没法儿 fʌˇ‿ɹ，一边儿 piɛ¯‿ɹ，等等；对某些比较固定的连读音变也有所反映，如：什么·ʂɜmˊ‿mo，怎么·tsɜmˇ‿mo 真个·tʂɜŋ¯‿kə，跟班的·kɜm¯‿pan¯ tɪ。

5. 归纳出大量具体的语音规律。作者在对声调、重音、音长等韵律各方面内容的描写上，总结出大量详细的规则，并给出具体的例子，逻辑严谨，分析细致。

6. 标音偏文读。大概是由于此书的主要目的是让外国人了解比较标准的北京话，所以作者的记音可能有“正音”的观念存在；又由于读本故事部分并不是由发音人“讲述”的故事，而是用现成文本让发音人来读，读出来的字音中读书音自然居多。与《读本》偏文读的风格形成鲜明对比的是作者在文中曾提到过的 L. Wieger 出版于 1903 年的 *Narrations Populaires* 一书，此书记的音非常口语化，如“教学”的“学”，“请客”的“客”作者分别记为 hiao（xiao）、k‘iɛ（qie），为白读音，而《读本》对其的标音则为 çyɛ（xue）、k‘ɤ（ke），为文读音。

《读本》作者在书中并未交代过他写此书时所调查的发音人的任何信息，只知道他调查了不止一位发音人的语言。（附录，122 页、139 页译文）

2.《读本》音系整理与归纳

《读本》论述部分对北京话音系进行了介绍，包括元辅音、声韵母及声调，本章将根据作者的描写，对该书所记的北京话音系进行整理。由于该书没有归纳过音位，因此我们会在本章对《读本》所涉及元辅音音位作一归纳。

2.1 元辅音音值体系

我们根据作者对北京话辅音的描写，将辅音系统整理如表 2.1 所示，表中带有方括号“[ ]”的辅音是非音位性的变体：

表 2.1 辅音表

发音方法＼发音部位①		双唇	唇齿	齿	舌尖-齿龈	舌尖-前腭	舌面-齿龈	舌面-前腭	舌面-腭中	舌面-软腭
塞音	不送气	p		t					k	
	送气	p‘		t‘					k‘	
塞擦音	不送气			ts	[tʃ]②	tʂ	tɕ			
	送气			ts‘	[tʃ‘]	tʂ‘	tɕ‘			
擦音	清		f	s	[ʃ]	ʂ		ç		χ
	浊				[ʒ]	ʐ			[ɣ]③	ʝ④
鼻音		m		n					ŋ	

---

① 发音部位英文术语翻译根据的是赵元任、罗常培、李方桂合译的高本汉《中国音韵学研究》中的译名。

② 在附录，103 页译文注释①中，作者指出：“只出现在个别人口中的音或者偶然出现的音（在不带重音的音节中）写在括号中。”即方括号[ ]中标的 tʃ、tʃ‘、ʃ、ʒ 这组舌尖-齿龈音其实是卷舌音 tʂ、tʂ‘、ʂ、ʐ 的变体，且不常出现。在作者对北京话的实际标音中，只用过 tʂ、tʂ‘、ʂ、ʐ 这组音，而并未使用过 tʃ、tʃ‘、ʃ、ʒ 这组音。

③ 作者指出（附录，104页译文）[ɣ]是像北部德语wagen中那样的“擦音化”的g。在作者的实际标音中并未出现过ɣ这个辅音。

④ 作者指出（附录，104 页译文）：当元音 i 成为音节中第一个音时，通常都会产生一个摩擦音 ʝ，这个浊擦音对应于 ç，然而这个现象又太个别太不规则了。只将韵母-in，-iŋ，-yn，-yuŋ 标记成-ʝin，-ʝiŋ，-ʝyn，-ʝuŋ。即这个音是出现在齐齿呼零声母前的，作者将其处理成浊擦音，我们现在则一般处理成半元音。

续表

边音			l						
通音	①				ɹ②				

从上表我们可以看出，《读本》中所反映出来的北京话辅音和现代北京话的情况还是非常相似的。最主要的不同在于汉语拼音方案中标为 j、q、x 和 g、k、h 的这两组音。我们现在普遍认为这两组音分别属于相同的发音部位，前一组为舌面前音 tɕ、tɕ‘、ɕ，后一组为舌面后音 k、k‘、x；而《读本》作者则认为两组中的擦音要比塞音、塞擦音的发音位置更靠后，第一组中的塞擦音为“舌面-齿龈”音（即舌面前音）tɕ、tɕ‘，而擦音则为略后的“舌面-前腭”音（即舌面中音）ç，第二组中的塞音为“舌面-腭中”音（即舌面后音）k、k‘，而擦音则为略后的“舌面-软腭”音（舌根或小舌音）χ。

根据作者对北京话元音的描写，笔者将书中反映的北京话的元音系统绘制在元音图上得到：

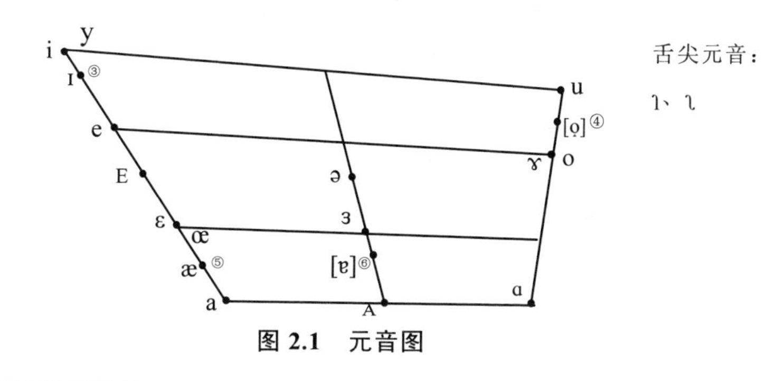

图 2.1　元音图

---

① 作者指出（附录，103 页译文），未将 w 列为北京话的一个辅音，因为 u 开头的零声母音节前面产生半元音 w 的发音太个别、太不规则。

② 辅音 ɹ 只出现在“儿”“耳”“二”等字和儿化音中。

③ 只在轻声“的”的标音中会出现元音 ɪ：的 tɪ。

④ ọ为舌位略靠上的 o，这个元音出现在两种情况中，一是作为不带重音时的 ou、iou（iu）、au、iau 等韵母中 u 的变体出现，如：要 iaọ、了 leaọ、到 taọ、又 iọ、就 tɕiọ；二是在带重音的 iou 音节中作为 o 的变体出现：有 iọu。

⑤ 作者将韵母 iai、uai 记为 iæi、uæi，但是却并未将 æ 列入元音列表进行讨论。

⑥ 作者将[ɐ]列入了元音列表进行讨论，说在个别人的发音中，ai、an、uan、yan 中的 a 在上平声时变为 ɐ（附录，105 页译文注释④、⑤），但是在实际标音中作者并未使用过 ɐ 来为上述几个韵母进行标音。

从上图中我们可以看到，作者讨论到以及实际标音中用到的元音符号非常多，共有 18 个，可见该书对元音的标音非常精细，尤其是对前元音和央元音的音色区分得很清楚。北京话元音的细微差别在作者的标音体系中都能够表现出来。这些元音在不同韵母中如何分布我们将在下面进行讨论。

2.2 元音音位归纳

由于作者在《读本》的讨论中从未归纳过音位，为了能够让读者更好地了解《读本》的标音体系，我们根据作者的论述和故事部分标音的实际情况，对《读本》元辅音音素进行了音位归纳。辅音表中，除带“[ ]”的音只出现在少部分人有时的发音中，从而只具有非音位性的变体地位，以及出现在声母位置的 ʐ 和出现在韵尾位置的 ɹ 可以归纳为同一个音位之外，其他各个音就各自构成一个独立的音位，其辅音音位体系和现代北京话的情况基本相同。因此辅音音位这里就不需赘述了，现在来详细讨论一下元音音位的情况。我们可以根据作者的论述和标音将所有元音归入/i y e a u o/六个音位，如下：

/i/——[i]

[ɪ] 轻声“的”的标音：tɪ

[e] i-介音在 l 声母后的变体：两（leʌŋˇ）；了（leɑo̩）；列（leɛˋ）；怜（leɛnˊ）

[ɿ] ʦ、ʦʻ、s 后：子（ʦɿˇ）；死（sɿˇ）

[ʅ] tʂ、tʂʻ、ʂ 后：是（ʂʅˋ）；知（tʂʅˉ）吃（tʂʻʅˉ）

/y/——[y]

/e/——[ɤ] e 单独作韵母的带重音音节：这（tʂɤˋ）才放心；可就（kʻɤˊ-tɕio̩）问这老婆子

[ə] e 单独作韵母的不带重音音节：这老婆子（ʦə-lɑuˇ-pʻo-ʦɿ）；可以（kʻə-iˇ）

eŋ：能（nəŋˊ）

[ᴇ] ei、uei（上去声）：辈（pᴇî），没（mᴇí或 mᴇ[①]）；对（tuᴇî）

[ε] ie、ye：业（iὲ）；越（yὲ）

[ɜ] en、uen：门（mɜń）；问（uɜǹ）；人（ʐ̩ɜń）；怎̣么（·tsɜm̌ ̯ mo）

[œ]只出现在音节 er 中：儿（œɹ́）

/a/——[a] an、uan、yan、ai：喊（χaň）；完（uań）；远（yaň）；差（tʂ̩‘aī）

[ᴀ] a、ia、ua、aŋ、iaŋ：他（t‘ᴀ̄）；衙（iᴀ́）；话（χuᴀ̀）；裳（ʂ̩ᴀŋ̄）；养活（iᴀŋ̌）

[ɑ] au、iau、uaŋ：着（tʂ̩‘ɑú）；叼（tiɑū）；枉（uɑŋ̌）

[ε] ian：见（tɕiεǹ），天（t‘iεn̄）

[æ] iai、uai：崖（iæí）；外（uæî）

/u/——[u]

[ọ] 不带重音音节中的 u 韵尾：卖了̣（maî -leaọ）；到̣窝里（taọ-·uō-lǐ）；可就̣（k‘ɤ́-tɕiọ）跟这老婆子说；没有̣（mᴇ iọ）

/o/——[o]

[ọ] iou：有（iọǔ）

2.3 声母、韵母体系

前面我们对《读本》中反映出来的元辅音音值情况进行了讨论，并根据各个元辅音在声韵母中的分布归纳了元辅音音位。下面我们来讨论一下《读本》所反映出来的声母、韵母系统。根据作者在《读本》论述部分的讨论，北京话共 22 个声母（除零声母外），41 个韵母。笔者将其归纳整理到下面两表，例字均为故事部分出现的字。

22 个声母如下表：

---

① [ᴇ]单独作韵母只出现于一种情况，即“没”字不带重音时其韵母ᴇi 的一种变体形式：没 mᴇi/mᴇ。

表 2.2　声母表

p 班病		t 到定				k 高怪	
p‘偏婆		t‘天徒				k‘哭看	
		ts 子自	tʂ 知柴	tɕ 见就			
		ts‘此才	tʂ‘吃城	tɕ‘去请			
	f 佛饭	s 水手	ʂ 说谁		ç 向小		χ 好孩
			ʐ 惹人			[ɣ̃]①安	
m 妹名		n 难那					
		l 老来					

41 个韵母如下表所示：

表 2.3　韵母表

	开尾韵	元音尾韵	
开口呼	ɿ 死此 ʅ 事直　o 坐佛 ɤ 可得　ᴀ他八　œɹ 儿而	ai 挨塞　ᴇi②妹给	ɑu 闹着~急　ou 走肉
齐齿呼	i 依戚　iɛ③也节　iᴀ家瞎	iæi④崖	iɑu 要跳　iu⑤求友
合口呼	u 苦谷　uo 我活　uᴀ话挖	uæi 外怀　ui/uᴇi⑥回/水	
撮口呼	y 雨律　yɛ 月越　yo⑦		

---

① 作者说（附录，105 页译文注释①）："许多，可能是绝大多数的北京人都已经丢掉了这个声母：ɣ̃an¯或者 an¯，'安'。"这个 ɣ̃声母实际即为 ng（ŋ）声母。

② 作者并未将单独的"ᴇ"列入韵母中讨论。根据作者的记音，[ᴇ]单独作韵母只出现于一种情况，即"没"字不带重音时原韵母ᴇi的一种变体形式。因其单独出现只适用于"没"字一字读音的一种变体，它的出现环境并不具有普遍性，因此我们也赞同不把单独的"ᴇ"列入韵母表。

③ 作者说 iɛ 韵母个别人在上平声中发成 iᴇ（附录，105 页译文注释⑫）。但是《读本》全书中并未见到有此韵的上平声字记为 iᴇ的，反倒是在论述部分，下平声的"别"字的变体形式有几次记为了 iᴇ，如 piᴇ-·t‘iˊ'别提'，piᴇˊ-tɕ‘y ·suŋˋ'别去送'（对比 piɛ-·çiɑuˋ'别笑'）。而在《读本》故事部分，iᴇ这个形式一次都未曾出现，所有 ie 韵字的韵母全部记为 iɛ，包括"别"字共出现 18 次，其韵母也全都是记为 iɛ 的。

④ 即 iai，用来标"崖"等字，《语言自迩集》中也有这个韵母，此韵母后来归入 ia。

⑤ 作者说（附录，105页译文注释⑭）："个别人在下平声、上声和去声时将其发成iọu。"在作者在故事部分的标音中，上声"有"带重音的音节标成iọuˇ，如：有一家子iọuˇ i-·tɕiᴀ¯-tsɿ，有一个皂隶·iọuˇ i-kə-·tsɑuˋ-li，不带重音的标成iu/iọ，如：没有mᴇ iọ；"友"带重音时有时标为iọuˇ，有时标为iuˇ；去声的"又"以及非零声母的情况，韵母都标为iu/iọ，如：又一想 iuˋ î ·çiᴀŋˇ，又来iọ ·laiˊ，喝酒χɤ¯-·tɕiuˇ，就说tɕiọ ·ʂuo¯。

⑥ 作者说（附录，106页译文注释①）："二者被看成同一个韵母；ui是其平声形式，uᴇi是其上声和去声形式。"

⑦ 作者说（附录，106页译文注释②）："某些古入声韵母在北京话中变成了多种不同的现代韵母。据我的经验，到目前最普遍的是yɛ。yɜ或yœ也不少见，中国人只是把它们看成yɛ的变体。yo是南方官话的常规韵母，

	鼻音尾韵	
开口呼	an 班看　　ɜn 很门	ᴀŋ 当上　　əŋ 圣正
齐齿呼	iɛn 点天　　in 亲进	iᴀŋ 样讲　　iŋ 请平
合口呼	uan 晚官　　uɜn 问文 un①论村	uɑŋ 忘慌　　uəŋ 瓮 uŋ①众弄
撮口呼	yan 远愿　　yn 群君	yuŋ 兄穷

2.4 单字调

本节将对《读本》中体现的北京话单字调系统进行具体介绍并展开讨论，至于连读变调的情况，我们将在后文第3章进行介绍。作者对北京话声调的研究完全没有借助实验和仪器，他“对几个北京本地人进行了详细的声调调查……主要是仅通过耳朵的帮助”，（附录，122页译文）并给出了他所得出的初步结果。

首先，作者指出，汉语的声调是字的一种本源性成分。作者说（附录，123页译文）：“音节中带音成分的一种音乐性的特征，汉学家一致认同将其称为音节的声调（汉语“声”），它在汉语中非常重要，是基础性的问题，就像其他的印-汉（Indo-sinic）语言那样。因为如果音节其他部分都一样，而发音时所带的声调不同的话，就可能会产生完全不同的意思。声调是字的一部分，就像元音和辅音一样是其组成成分。”从作者的论述中我们看出，作者对汉语声调性质的认识是非常正确和科学的，汉语的声调是原生性的成分，和元辅音一样是音节的基本组成部分，这和现代学者对汉语声调的普遍认识也是一致的。另外，作者在对北京话声调的论述中使用了不少音乐上的术语，作者认为汉语的声调和音乐有着某种相似性，因为声调是“音节中带音成分的一种音乐性的特征”。（附录，123页译文）

作者提到，汉语的声调包括屈折（inflexion）、音高（pitch）和收音法

在北京话中却很罕见，而很多作者给出来的io，我却从来没能听到。”不过，我们看到威妥玛（1886）《语言自迩集》中确实是有io、yo韵母的，用来标记中古药、觉韵字的异读音，如“虐、学、略、却”等字。它们后来在北京话中为yɛ所取代，高本汉写《读本》的时候应该已经很少能听见io、yo了。

① uɜn 和 un，uəŋ 和 uŋ 的出现环境其实是互补的，uɜn 和 uəŋ 是零声母形式，如问 uɜn`，瓮 uəŋ`；un 和 uŋ 是非零声母时的形式，如村 ts‘un¯、冬 tuŋ¯。而作者并未将 uɜn 与 un、uəŋ 与 uŋ 归纳为同一个韵母，而是将其分别作为独立的韵母进行讨论。

三个要素，收音法指的是以塞音收尾还是以元音或鼻音收尾，以塞音收尾的音节为促声，以元音或鼻音收尾的音节为舒声。而由于北京话中不存在收尾的-p、-t、-k 和喉塞音，所以北京话的声调就不需要考虑第三个因素了。作者接着指出，在对声调的描写中，“屈折”和“音高”这两个使用较多的术语是不合适的，而主张使用调形（form，在音乐上指“曲式”）和值域（key，在音乐上指“基调”）这两个术语来作为汉语声调的两个基本要素。作者指出，对声调来说真正重要的不是绝对音高，而是相对音高。相对音高一方面形成了平、升、降或屈折的调形，另一方面又形成了高、中或者低的值域。（附录，126 页译文）因此本书的“调形”与我们所说的“调型”相当，而“值域”，指的则是高、中、低的声调音高范畴，即音高值区域，类似于我们所说的“调域”。作者接着说，北京话中值域远没有调形重要，因为北京话的四个声调只靠调形即可相互区分，因此不需要靠值域来达到区别声调的作用。因此在作者的转写体系中只标记了调形来区分四个声调（阴平¯、阳平ˊ、上声ˇ、去声ˋ），而并未标记值域。作者认为，声调是属于音节中全部带声成分的，而不只属于它的元音部分。比如，在 tiŋˇ‘顶’中，这个曲折调的一大部分是落在 ŋ 上的。（附录，126 页译文）也正因为如此，作者的转写体系中，把声调符号标在音节之后，而不是标在其元音之上，这也是《读本》标音的一大特色。

2.4.1《读本》反映的北京话单字调系统

根据作者的论述，当时北京话共有四个声调，分别为：

上平声：包括古汉语中清声母的平声字，以及一些原来的入声字。调形平，值域高。本书的转写体系将其标记为¯，如 kuŋ¯‘公’。

下平声：包括古汉语中浊声母的平声字，以及一些原来的入声字。下平声在北京话中有两个变体：

① 大多数人将其发成高的升调——本书只标记第一种，标记为ˊ，如 tʻouˊ‘头’。

② 有些人将其发成高的降调（与去声的低降相对）。

上声：包括古汉语上声字的大部分，以及一些原来的入声字。上声的调形是降+升的曲折调，值域较低，本书将其标记为✓，如 çiɑuˇ ‘小’。

去声：包括：第一，古汉语中的去声字，第二，古汉语上声字中特定的一类（即全浊上），第三，一些原来的入声字。去声为低的降调，本书将其标记为ˋ，如 k‘anˋ ‘看’。

作者在后文中还指出过，总体来说下平声比上平声要高一些，去声有时会比上声低一点。（附录，133 页译文）

从上面对作者所述的北京话单字调情况的归纳我们可以看到，《读本》所反映出来的北京话单字调的四个调类上平声、下平声、上声、去声，和现代北京话阴平、阳平、上声、去声四个调类是完全相同的，古今调类演变规律也是一致的。但是四个声调的调型、调值则跟现代北京话的情况很不一样。《读本》所反映的上平声为高平调，上声为低的降升调，这与现代北京话的阴平和上声是一致的；而《读本》中的下平声存在两个变体，第一个为多数人采用的形式是高升调，倒是和现代北京话的阳平调相同，而另一个为少数人采用的变体形式则是个高降调，这在现代北京话中似乎是从未见过的。而《读本》中的去声则是个很低的降调，这与现代北京话去声的高降调也很不相同。

另外，作者在书中曾引用过 M. Courant 在其著作 *La Langue Chinoise Parleé, Grammaire du Kuan Kwa Septentriona*（《汉语口语，北方官话语法》）中的一段话，Courant 用音乐的唱名来描述北京话声调所跨的音程："上平声是 sol_2，下平声是 ut_3—re_3，上声是 re_2—sol_2，去声是 ut_2#—ut_2"。（附录，133 页译文）高本汉在书中引用 Courant（1914）的这段话是为了说明北京话声调所跨的音程，高本汉认为北京话声调系统音高的最高值和最低值之间的跨度并没有 Courant 所说的那么大，"两个极值之间有如此大的距离，比一个八度还多，根据我的经验，只有在让中国人大声念单个的音节时才会出现这种情况；为了强调音之间的区别，发音人会念得非常夸张。在连贯的话语中音高的跨度很难大到 Courant 所说的那种程度。语音实验显示有一个北京人最高音发到 la_2，最低音发到 re_2#"。（附录，133 页译文）不过高本汉并没有质疑 Courant 所描述的音调之间的相对音高差别，所以从这段描述中我们可以看出 Courant 对北京话声调面貌的记录，跟高本汉的描述有些相似，但也有不同。而上声，根据 Courant（1914：19）的描述是个平+升的调，而不是高本汉所描述的降+升。那么我们将 Courant 的描述反映到琴键上，就得到下面的结果：

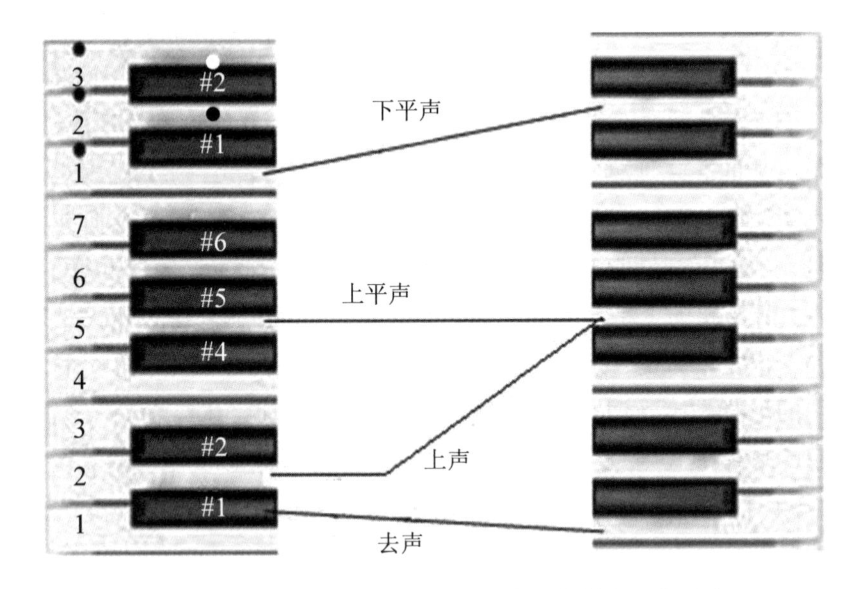

图 2.2 M.Courant 所记载的北京话声调在键盘上的反映

可见，在 Courant 的描述中，去声是个很低的降调，这和高本汉的描述是相符的，下平声是个特别高的升调，和高本汉的描述也大体相合。不过其上平声虽是个平调，但是个不高不低的中平调，和高本汉“上平声的值域是比较高的”（附录，127 页译文）的说法不相符合。上声是比较低的，其平+升的调形和高本汉所记的降+升调形略有不同，不过高本汉在也指出过，上声确实有时是平+升型的曲折调，就像 Courant 所记录的那样（附录，128 页译文注释②）。

在 Edkins（1864）对官话语音的记载中，我们也看到他说去声是个快速的低降调（low quick falling tone），也与高本汉和 Courant 的说法相符合，而上声是个低升调，不是曲折调，阴平和阳平则分别是高平调和高升调。

从上文可以看出来，当时学者对北京话声调的记录不尽相同，但总体上又比较相似，我们将其集中列在下表中：

表 2.4 三位外国学者对北京话单字调的记录

	高本汉	Courant	Edkins
上平声	高平	中平	高平
下平声	高升/高降	高升	高升
上声	低的降+升	低的平+升	低升
去声	低降	低降	低降

可见，这几位外国学者对北京话单字调的记录，还是有着很大的一致性的。其中，阴平是平调，除 Courant 认为其为中平调之外，其他两位都将其记为高平调。下平声都记为高升调，高本汉还记录了少数人的高降读法。上声都记为低调，高本汉将其记为降升调，Courant 将其记为先平后升的调，和现在的情况相同或相似，Edkins 将其记为低升调，这可能是因为他认为上声的降升调主体是“升”的部分的缘故，就像高本汉在《读本》（附录，161 页、165 页译文）中也表达过上声的主要部分是升调的看法。而去声，则三位学者都一致将其记为低降调。这跟现代北京话中的去声为高降调的情况非常不同。

2.4.2 周边方言单字调系统对比

从上一节的讨论我们看到，《读本》所反映出来的单字调系统与现代北京话的单字调系统（阴平 55、阳平 35、上声 214、去声 51）非常不同。我们查找了北京南部冀鲁官话沧惠片任丘、河间、献县等地（具体位置见图 2.3）地方志中的方言材料，发现这一区域方言的单字调系统倒是和《读本》等几本著作中的描述有些相似。

任丘、河间、献县三地的单字调系统如下：

任丘：阴平 44，阳平 53，上声 214，去声 31。[①]

河间：阴平 44，阳平 53，上声 213，去声 31。[②]

献县：阴平 33，阳平 54，上声 213，去声 31。[③]

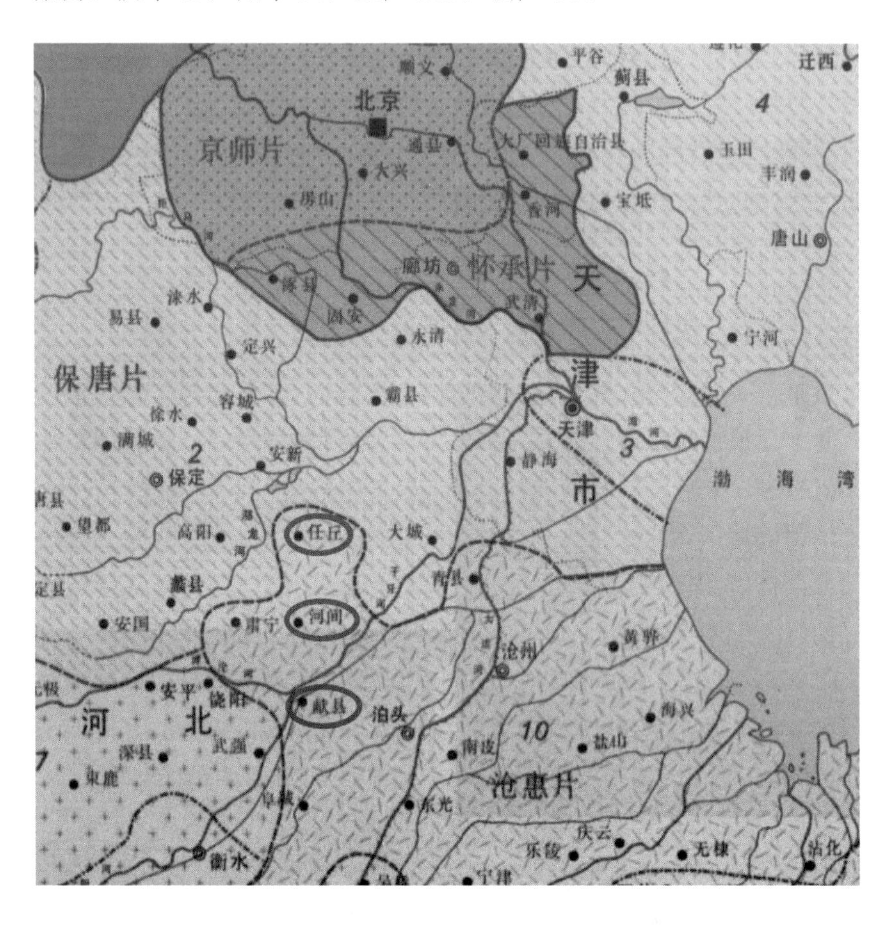

图 2.3　北京南部方言地图

我们可以看出，这三地的单字调和《读本》所记的北京话单字调非常接近，阴平是 44 或 33，即高平（高本汉、Edkins）或中平调（Courant）；阳

① 《任丘市志》，书目文献出版社，1993，630 页。

② 《河间市志》，中国三峡出版社，2003，637 页。

③ 《献县志》，中国和平出版社，1995，84 页。

平是高降调53或54，对应于高本汉所说的阳平在少数人语音中的变体形式；上声为降升调213或214，与高本汉的记载也相符合，去声31，与《读本》的低降调也非常接近。我们可以说，《读本》所记载的单字调系统，其实更加符合北京南部河间等地的声调。高本汉也确实表达过河间府的语音与北京话语音很接近的观点。（附录，139页译文）不过Wieger（1903）那本记录河间一代语音的*Narrations Populaires*中并没有对声调面貌的介绍，所以我们无法将其与当时的河间话声调进行对比，不过根据现代方言的情况来看，我们可以说与《读本》所记单字调系统最接近的地方就是在任丘、河间、献县这一小区域。在这三地之外，这片小区域周边各县市的单字调系统与《读本》的记载就不那么相近了。比如北边的保定（阴平34，阳平22，上声213，去声51）[①]，南边的阜城（阴平33，阳平13，上声25，去声31）[②]、泊头（阴平324，阳平45，上声314，去声31）[③]、南皮（阴平324，阳平54，上声35，去声41）[④]、东光（阴平213，阳平53，上声34，去声31）[⑤]。

那么，为什么高本汉等人对北京话单字调的记录反映的却是河间一带的声调呢？尤其是《读本》的写作目的是向西方人介绍北京话，高本汉理应有意识地选取最能代表北京话的语音来记。我们只能推断，从声调系统来看，北京话的底层可能是现存于河间一带的河北方言，以前的北京人说的即是这种方言，后来被新的语音层次所覆盖；而另一种可能性则是当时的北京城里有大量的河间人，高本汉他们的发音人其实是有河间话语言背景的人。

不过，高本汉明确指出，阳平调只是少数人会读成高降调，被普遍接受的还是被大多数人读成高升调的读法。任丘、河间、献县三地阳平调都是高降调，虽然和《读本》中所记的少数人的读法相同，但是并不符合多数人的以及另外两个作者所记的高升读法。所以《读本》的单字调系统和河间等地方言声调的关系，还有待商榷，并不能肯定它一定是对河间一带声调的反映。

---

①《保定市志》（第四册），方志出版社，1999，627页。

②《阜城县志》，中国文联出版公司，1998，837页。

③《泊头市志》，中国对外翻译出版公司，2000，640页。

④《南皮县志》，河北人民出版社，1992，906页。

⑤《东光县志》，方志出版社，1999，598页。

如果确如我们前面所说，北京话从声调体系来看，其底层是现存于河间一带的河北方言的话，那么阳平为大多数人所使用的这个高升调的读法就可能是阳平的本地层次高降调被新的层次高升（或中升）覆盖的表现，最后升调成为了阳平的标准形式，而高降的阳平调则被排挤出去了。不过也有种可能是，阳平从高降到高升是自身内部演变的结果。傅林（2006）对献县阳平调的记录为 353，是个曲折调，与《献县志》中的降调 54 不同，傅林认为献县阳平调虽然主体是降的，但是其上升部分还是比较明显的，《献县志》中将其处理为降调应该是作了音位化处理。那么，这个阳平调后来变为高升调就有可能是其前半的上升部分逐渐成为了主导，最终完全变成一个升调的结果，当年北京话阳平调的面貌的形成就有可能是因其处在这一变化过程之中。当然这只是根据现有材料得出的一个推论，事实究竟如何，可能还需要日后更加深入的研究才能确定。

3.《读本》韵律特点探讨

前文已经说过，《读本》特别看重韵律因素，对韵律的讨论占了很大篇幅，在具体标音中也标注了字音的韵律信息。本章就将对《读本》所讨论的北京话韵律特点进行整理、评述和探讨，主要包括重音、连读变调和音长等。

3.1 重 音

高本汉在《读本》中对北京话的重音分布进行了详细介绍，着墨颇多。作者指出，“我们得到的结果只是不需要借助仪器就可以获得的那些”。（附录，139页译文）作者对重音非常看重，认为重音的地位很重要。重音不同，对声调、元音音值等各方面的影响也都很大，比如有重音的音节才有声调，无重音音节会失去声调；强弱重音的位置不同，连读变调的表现也不相同；元音的音色也会受重音的影响，如：“就”带重音时为tɕiuˋ，韵尾为u，不带重音时为tɕiọ，韵尾元音u降低为ọ，“这”带重音时读为tʂɤˋ，不带重音时读为tʂə，元音发生了央化，等等。甚至有时同一个形态的词，其重音位置不同，则可能有不同的意思，如作者举过这样一个例子：“老婆子”的强重音放在“老”上，·lɑuˇ̄-pʻo-tsʅ是“您妻子”的意思，而强重音放在“婆”上，lɑuˇ̄-·pʻo-tsʅ则是“老女人”的意思。（附录，150页译文）不过现代北京话中已经没有这样的区别了，“老婆子”现在只有“老女人”的意思。

高本汉对北京话的重音分布规则作了系统的论述，作者所说的重音包括两大部分：音节间的重音分布和音节内的重音分布。重音这一章的逻辑结构如图 3.1 所示：

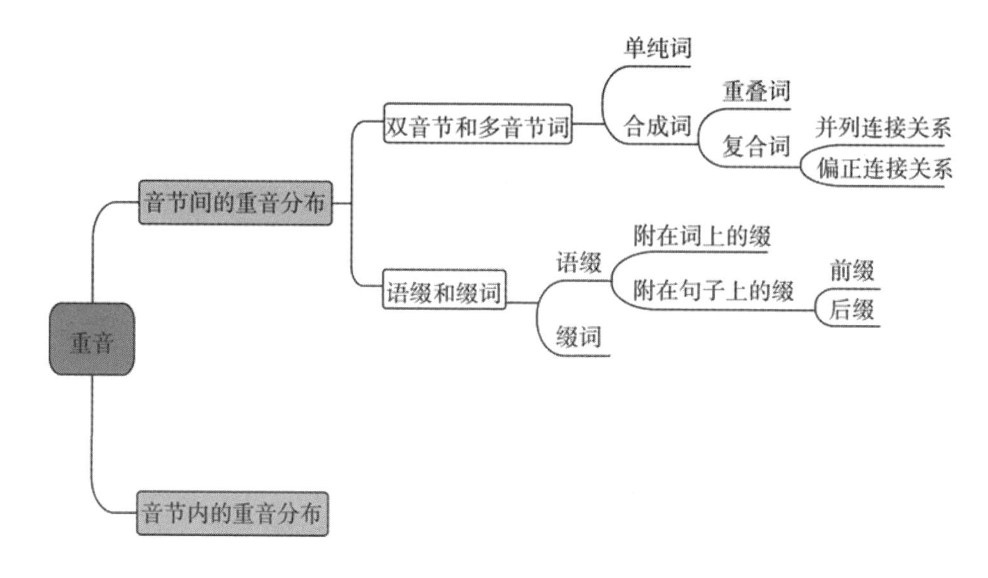

图 3.1 重音部分论述结构图

3.1.1 音节间的重音分布

音节间的重音分布是作者论述的重点。作者所讨论的重音“仅限于紧密联系在一起的音节上的重音,即,一方面是构成双音节或多音节词的音节;另一方面是主要作用为指示语法类别的音节——简言之就是所有种类的语缀和缀词”(附录,139—140 页译文)。也就是说,《读本》所讨论的重音是复合词(有少部分是结构紧凑的短语)的重音和语缀/缀词的重音,未涉及短语重音、句重音,也不研究强调重音。作者认为,北京话的重音出于实用的目的可以分为三个等级:

0)无重音音节;

1)弱重音音节;

2)强重音音节。

其中无重音音节也就是不带重音的音节,即我们通常所说的轻声音节。作者标记这三个等级的方式如下:“因为无重音音节(0)也失去了声调,写的时候不加任何声调记号,这样就很容易跟标有声调记号的弱重音(1)和强重音(2)音节区别开来。强重音音节前会加一个点(·),以此来跟弱重音音节相区别。tᴀ$_2$-lᴀ$_0$ 写成·tᴀˇ-lᴀ，tᴀ$_2$-t‘iŋ$_1$ 写成·tᴀˇ-t‘iŋ¯，jin$_2$-ʦʅ$_0$-tɪ$_0$ 写成·jin´-ʦʅ-tɪ，jin$_2$-ʨiᴀŋ$_1$-tɪ$_0$ 写成·jin´-ʨiᴀŋ`-tɪ。”[①]（附录，138 页译文）

作者认为，在重音上这三个等级的区分是非常重要的，北京话的复合词并不是简单的“左重”或者“右重”，而是在不同情况下有着不同的表现，且给出了系统精细的重音分布规则。不过作者也指出，在北京话的重音问题上，不同学者之间存在着很大的分歧，比如 Edkins 认为北京话两个连在一起的音节组合中，重音通常落在后一个音节上。Hopkins（1907）则说“前后两个字都带调的词，两个音节上的声调都标记出来，因为它们都是很清晰地发音的，虽然常常是更重的重音落在后一个音节上”。在他的论述中，实际上对强重音和弱重音并没有作系统的区分，但它们与轻声的区分却很明确。还有一些学者，如 M. Courant、Vissière 等所制定的重读法则与高本汉自己的调查结果大相径庭，等等。（详见附录，139 页译文）不过，高本汉对北京话重音的阐释又跟上述各位外国学者的意见都不相同。他说：（附录，139 页译文）

> 我绝不是认为前面提到的那些学者所给出的重音规律就一定是错误的。我倒是非常愿意承认在北京这么大一个城市里，重音的表现可能会有不同的变体。所以下面的观点也仅是作为对正在讨论的这些错综复杂的问题进行更彻底的研究所作的一个贡献。这里指定的规则绝不是要求不能有例外。类推以及诸如此类的影响无疑都会经常违反这些规则。

实际上，即使是汉语母语者，对普通话的重音也并没有一致的语感，而国内的学者对北京话词重音的问题也没有统一的意见。如赵元任（1968/1979：23）认为“在没有中间停顿的一连串的带正常重音的音节中，

---

① 我们在 2.4 节提到过，作者的标音中，声调符号不标在音节的主元音之上，而是标在音节之后。具体来说，连读调的标写有三种表现（此处说的是带重音音节的声调标写，不包括不带重音音节的情况）：1. 声调符号标在音节后，与后面的音节无连字符相连，如“官说”·kuan¯ ʂuo¯；2. 声调符号标在音节后，连字符前，如“银匠的”·jin´-ʨiᴀŋ`-tɪ；3. 声调符号写在两个音节间的连字符之上，如“打扫”·tᴀˇ-sɑu、“过去”·kuo`-ʨ‘y、“革职”kɤ´-tʂʅ。

不论是一个短语还是复合词，其实际轻重程度不是完全相同的，其中最末一个音节最重，其次是第一个音节，中间的音节最轻……既然这些重音的程度可根据其位置而预言，那么它们都是同一音位重音的变体”。徐世荣（1982）认为，北京话的非轻声的双音节词以后重的居多，也有一部分前重的。北京本地人对轻重音的语感并不一致。林茂灿、颜景助、孙国华（1984）通过语音听辨实验表明普通话两字组听感上后重的倾向十分显著。而端木三（1999、2000）则认为普通话的音步是前重的。

我们再来看作者对重音等级的区分，强重音、弱重音、无重音这三个等级，其实可以看作两个层级，即强重音音节和弱重音音节在一起，作为有重音音节，即“有调”音节，因为它们带重音，所以会保持自己的调类特征；而无重音音节则由于失重而失去了自身的声调特点，成为了“无调”音节。而有调音节的内部，再区分强重音和弱重音。“弱重音”在音系上也具有“轻”的特点，常常会受前后音节的影响而在声调、音色上发生变化，但是它与无调音节不同。无调音节即我们通常所说的“轻声”，而弱重音音节我们可以称之“轻音”。轻音有时会读得又轻又短，如“我是学生”中的“是”，但它仍然保持自己的调类。陈重瑜（1985）认为，轻读音节有两种：有声调的和无声调的；轻读而有声调是轻音，轻读而无声调是轻声。轻声也可以重读，但不会引起前面音节的变调，而轻音则会引起前面音节的变调（主要是指后字轻读的“上上相连，前上变阳平”）。魏钢强（2000、2005）认为，汉语的轻声可以分为调值的轻声和调类的轻声，调值的轻声指连读时读得很短的字调，可称作轻音（与重音相对）；调类的轻声指失去原调类的字调，可称作轻声（跟平上去入四声相对），轻声属于声调系统，而轻音则属于轻重音系统。朱宏一（2009）则认为，轻声不应归入调位系统，而应与轻音都归入轻重音系统。重音系统可以分为两类：正常重音和轻声，正常重音又包括重音和轻音（次轻音或中音），轻声是最轻音。两类在语音上具有本质的区别，分别归入两个重音音位。朱宏一（2009）对轻音和轻声的阐述与《读本》的重音等级体系最符合。不过，《读本》中的无重音音节的范围比我们所说的“轻声”的范围要大。有些我们归为“轻音”（对应于《读本》的“弱重音”）

的较虚化成分，高本汉也将其处理成“无重音”，这在后文还会提到。

另外，高本汉认为北京话音节间的重音分布还会受到语法语义的影响，也会受到韵律的调控。韵律方面的调控比如避免接连出现两个强重音等。我们下面将对《读本》所述的复合词重音进行介绍，其中涉及韵律调控的方面我们就不详细介绍了，具体可见译文中相关章节的论述。

3.1.1.1 **复合词重音**

作者对重音的论述重点放在复合词的重音上，给出了不同情况下非常具体的重音规则，（详见附录，140—152 页译文）作者认为复合词的重音分布和语法、语义、心理因素都有密切的关系。其中需要注意的是，作者所说的“复合词”比我们现在所说的“复合词”概念要广，有一部分其实更严格的说是短语，如“饿死”“吃饭”“金表”等等。我们在对作者的论述进行介绍时，还采用“复合词”的说法，就不对“词”和“短语”一一区分了。下面我们将作者对复合词重音的论述进行梳理，并对其中比较重要的观点来进行评述。

3.1.1.1.1 重叠词

高本汉将汉语的复合词分为重叠词——跟自己复合而成的词，以及跟其他词（语素）复合而成的词。重叠词的重音规则简要归纳如下：（详见附录，140—141 页译文）

1）有些重叠可能来源于幼儿语。第一个音节带强重音，第二个则带弱重音：·kɤ̄-kɤ̄ ‘哥哥’，·naǐ-nai ‘奶奶’，等等。

2）分配词（distributives）：

a）一个音节重叠。第一个音节带强重音，第二个带弱重音：·t‘iɛn̄-t‘iɛn̄ ‘天’，·ʐ̩ʒń-ʐ̩ʒn ‘人人’。

b）两个音节都重叠——强重音落在第一个和第四个音节上，弱重音落在第二个和第三个音节上：·ī-tɕỳ-í-·tɕỳ-tɪ ‘一句一句地’，·ī-pù-í-·pù-tɪ ‘一步一步地’。如果有 kə，则它总是不带重音的：·ī-kə-·ī-kə-tɪ ‘一个一个地’。

3）重叠动词：

a）表达反复的动作，如：·fəŋ́-fəŋ ‘缝缝’，·ts‘ʌ̄-ts‘ʌ̄ ‘擦擦’。

b）表达持续性动词的短暂性动作：·ʂuo¯-ʂuo¯‘说说’，·çiʌŋˇ-çiʌŋ‘想想’。

重叠动词的重音规则如下：

a）单音节动词重复之后中间插入一个其他的音节，如助词“了”。强重音会落在重复了的两个音节上，如：·çiʌŋˇ-leɑo-·çiʌŋˇ‘想了想’。

b）单音节动词重复之后中间没有插入别的音节，强重音落在第一个音节上，弱重音落在第二个音节上：·çiʌŋˇ-çiʌŋ‘想想’。

c）双音节动词，重叠之后中间有或者没有 a 中提到的插入成分，两个音节上的重音分布和未经重叠的动词一样：·ʂʌŋ¯-leʌŋ`‘商量’，·ʂʌŋ¯-leʌŋ`-·ʂʌŋ¯-leʌŋ`‘商量商量’，·ʂʌŋ¯-leʌŋ`-lʌ-·ʂʌŋ¯-leʌŋ`‘商量了商量’。

4）语义加强：

a）发生重叠的单音节词，语义上的加强是通过重音层进来标记出来的：弱重音落在第一个音节上，强重音落在第二个音节上，如：miŋ´-·miŋ‘明明’，k‘uæî-·k‘uæî-tɪ‘快快地’。

b）每个音节都发生重叠的双音节词，强重音落在第一个和第四个音节上，弱重音落在第二个和第三个音节上（和 2，b 中的韵律现象是一样的），如：·lî-lî-χaî-·χaî-tɪ‘厉厉害害地’，·kuŋ¯-kuŋ¯-tɕiŋ`-·tɕiŋ`-tɪ‘恭恭敬敬地’。

c）只第二个音节重叠的双音节词，强重音落在第一个和第三个音节上，弱重音落在第二个音节上，例如·mʌŋ´-χuo´-·χuo-tɪ‘忙活活地’。

从作者对重叠词重音的阐述，我们可以看出，双音节的重叠词大多都是左重的，而 AABB 的四音节重叠式和“分配型”的四音节重叠式重音规则相同，都是第一个和第四个音节带强重音，中间两个带弱重音，这跟前面提到的赵元任（1968/1979）“最末一个音节最重，其次是第一个音节，中间的音节最轻”的说法倒是不谋而合；而 ABAB 式的重叠词则是第一个和第三个音节带强重音，第二个和第四个音节带弱重音。

3.1.1.1.2 异根复合词

“异根复合词”这个名字是笔者根据高本汉的描述而设立的，高本汉则将其称为“跟其他词复合的词”，它与重叠词，即“跟自己复合的词”相对。

作者又将异根复合词根据内部的语法语义关系，分成“并列连接关系（coordination）的复合词”和“偏正连接关系（subordination）的复合词”。并列连接关系指的是复合词内部两个成分之间在语法、语义上是对等的，而偏正连接关系则是复合词内部两个成分之间存在修饰、从属的关系。

（一）并列关系的复合词

我们将作者对并列关系复合词重音规律的描述概括如下：（附录，142—143 页译文）

1）联系性复合词（copulative compounds）

a）数词。以强重音落在构成复合词的最后一个成分上的情况居多：而“十”ʂʅ´通常不带重音；‘零’，单独出现时不带重音，重复两次出现时第一次带弱重音。如 ʂʅ|-·san¯‘十三’、san¯-ʂʅ|-·san¯‘三十三’、·ī-tɕ‘iɛn¯|-liŋ|-·sʅ`-ʂʅ‘一千零四十’、ʂʅ-·san¯-uan`|-liŋ´|-liŋ|-·tɕ‘ī-ʂʅ|-·pᴀ¯‘十三万零零七十八’（130078）。

b）语义加强。语义的加强通过重音的层进标记出来：juŋ´-·yanˇ‘永远’，tɕiɛnˇ-·tʂʅ´-tɪ‘简直地’，kan´-·tɕinˇ-tɪ‘赶紧地’，pu-tʂʅ¯-pu¯-·tɕiɑu´-tɪ‘不知不觉地’。

c）表示相反意义的词结合在一起从而形成一个整体，其组合往往会获得一种间接的比喻义。第一个音节带强重音，第二个带弱重音。例如：·fu`-muˇ‘父母’，·ti`-çyuŋ¯弟兄’，·tɕ‘in´-ʂou`‘禽兽’，·tʂou`-iɛ-tɪ‘昼夜地’，·ʂan¯-ʂuᴇiˇ‘山水’，·piˇ-mo`‘笔墨’，·çin¯-tʂ‘ᴀŋ´‘心肠’。

2）反义复合词（disjuctive compounds）

强重音落在第一个音节上，弱重音落在第二个音节上。能归为此类的词包括：

a）由两个名词组成的新名词：·tuŋ¯-χī‘东西’（a thing）；

b）两个形容词组成一个名词：·kɑu¯-tī‘高低’（高度），·tᴀ`-çiɑuˇ‘大小；

c）副词：·to¯-ʂɑuˇ‘多少’。

（二）偏正连接关系的复合词

作者称成分之间有修饰与被修饰关系的复合词为“偏正连接关系”的复合词，并对这类复合词的重音进行了详细论述。作者指出，“由于我们正在讨论复合词，所以显而易见我们并没有考虑主语+谓语这样的主谓结构（封闭词类）的情况，而只讨论修饰语（性质或状态表达）和中心语组成的偏正结构（开放词类）”。（附录，143 页译文）作者所说的“偏正结构”也比我们现在通常认为的偏正结构范围要广，只要是两个成分之间不是对等的关系，作者就都将其归入“偏正”这一类，如我们通常所说的述补、述宾结构等，作者都认为是“偏正连接关系”。同时，作者认为，偏正连接关系的复合词中，“只有表现出这样一种趋势才是自然的：将强重音放在更具重要性的修饰语上，将弱重音放在不那么重要的修饰语上。部分或全部意义落在中心语概念范围之内的修饰语显然不如全在中心语范围之外的修饰语重要。”（附录，143—144 页译文）作者根据这样一个原则，对偏正连接关系复合词进行了分类讨论，我们将其概括如下：（详见附录，143—152 页译文）

1）修饰语表达的概念全部或部分与中心语重叠。

这种情况下通常会有一种趋势：强调中心语，而只给修饰语一个弱重音。不过在某些情况下，这种趋势可能不得不让步于韵律的要求。

a）由同义词或意义相近的词组成的复合词，如·tɑu̖-lu‘道路’。

作者认为，从历史的观点来看，这个组合应该被看成一个偏正结构，其中的修饰语是中心语的解释性同义词。古词 tɑuˋ‘道’表达得还不够清楚，因为还有很多字都是读 tɑuˋ 的，所以现代的中国人会说·tɑu̖-lu（即这个“道”是“路”）。这样的来源意味着这个例子需要按前面刚刚给出的重音规则来处理，即强重音放在中心语上，而修饰语带弱重音。这种类型的复合词非常常见。下面是一些例子：

名词：·p‘əŋˊ-iuˇ‘朋友’，·yanˊ-kuˋ‘缘故’；

形容词：·fu̖-kuᴇi‘富贵’，·kanˉ-tɕiŋˋ‘干净’；

动词：·ʂᴀŋˉ-leᴀŋˋ‘商量’，·çiˇ-χuanˉ‘喜欢’；

两个形容词＞动词：·miŋˊ-pai‘明白’；

代词：·tsɿ̀-tɕǐ ‘自己’；

副词：·piǹ̩-tɕ‘iɛ̌ ‘并且’。

b）修饰语所表达的概念暗含在中心语的概念之中，因此这种修饰语就是“epitheton ornans”（彩饰，即纯装饰性的词，没有增加新的意义）：ʂəǹ̩-·tɕin̩̄ ‘圣经’——（神圣的）经典，yań-·pɜň ‘原本’——（原来的）本来。

c）修饰语表示属，中心语表示的东西属于这个属中的一个种：

名词：·iʌŋ́-ʂù ‘杨（树）’，·sun̩̄-ʂù ‘松（树）’，·fù-tɕ‘in̄ ‘父（亲）’，·mǔ-tɕ‘in̄ ‘母（亲）’。“杨”“松”“父”“母”这几个词单独就可以表示相同的意思；“树”和“亲”是解释性的修饰语，带弱重音。

动词：·k‘aǹ-tɕiɛn ‘看（见）’，·t‘in̩̄-tɕiɛǹ ‘听（见）’，·çiɑǔ-tɤ ‘晓（得）’，·tuň̩-tɤ ‘懂（得）’。

这一类复合词中，a 组和 c 组尤其值得我们注意。我们通常所说的“偏正结构”通常都是前一个成分是修饰语，后一个成分是中心语，而这两类则与之相反，作者认为前一个成分才是中心成分。像 a 组中“朋友”“喜欢”“干净”这类复合词，多是在汉语词由单音节向双音节演变时产生的，我们通常认为两个语素之间的语义关系并不是偏正，而是并列的，但作者则认为后一个语素是前一个语素的解释性同义词，所以整个复合词是“正—偏”结构的。c 组“杨树”“父亲”“看见”等，作者也认为是前正后偏的结构，“树”“亲”“见”是“属”，是修饰语，而“杨”“父”“看”是“种”，是中心语，它们才是语义的中心。这种观点是比较独特的，与我们对这些词内部关系的认识不太一样，我们认为“杨树”“父亲”可看作偏正结构，通常称为“小类名＋大类名”它们确实是种属关系，但中心语是后一个语素，前一个语素只是起限定作用的修饰语，如“杨树”，我们认为中心语是“树”，而“杨”只是为了明确地指出到底是哪一种树；而“看见”这类我们通常认为是典型的述补结构，“看”是中心成分，“见”是对“看”进行补充说明的。而在“看见”这类复合词中，确实是前一个成分是中心语，后一个成分是补充限定性的，在这一点上高本汉与我们的观点则是一致的。

d）修饰语和中心语部分地落入对方的概念范围，它们体现出“干涉表达（interferierende begriffe）”。

α）人名。姓带强重音，名带弱重音，如：·lǐ-nəŋ ‘李能’，如果姓或名本身就是个复合词，那么姓名两部分都带上强重音，并会避免连着出现两个强重音音节：·sī-mʌˇ|-·kuʌŋ¯ ‘司马光’，·tʂʌŋ¯|-tʌ`-·çyɛˇ ‘张大雪’（但是“大雪”本来的重音分布为·tʌ`-çyɛˇ大雪 ‘很大的雪’）。

β）动作动词 lai´ ‘来’、tɕ‘y` ‘去’、ʂʌŋ` ‘上’、çiʌ` ‘下’、χui´ ‘回’、kuo` ‘过’、tɕ‘iˇ ‘起’、tɕin` ‘进’、tʂ‘u¯ ‘出’，经常作为一个修正性的修饰语加在其他表示动作的动词后面，如·p‘ɑuˇ-lai´ ‘跑来’，·p‘ɑuˇ-tɕ‘y` ‘跑去’，·nʌ´-lai ‘拿来’，·nʌ´-tɕy` ‘拿去’。同样是强重音在中心语上，弱重音在修饰语上。

同时，按以上规则分布的各级重音有时在较长的语段中还要受一些韵律规则的调整，我们就不一一介绍了。

2）修饰语表达的概念完全落在中心语的概念范围之外。前面给出的重音法则在不同情况下作用的方式不同，且全都是出于心理上的原因。

作者对这类复合词的重音规则的阐述是很有见地的，虽然可能跟我们的认识并不完全相同，但他的思路值得我们参考与借鉴。作者指出：

这类的复合词，修饰语和中心语各自本身的语义概念并无交叉，那么两个成分之间的限定作用可能是相互的，于是像“金表”这样的例子可以有两种理解：

a）这块表被限定为是金的，不是银的或铜的；

b）这块金子被限定为是一块表，不是个胸针或戒指。

不过作者认为，偏正和主谓之间存在着重要的平行性。主谓结构中，一个为人熟悉的主语需通过谓语引入关于这个主语的新的和必要的信息来对它加以限定。正是用相同的方式，偏正结构的两个成分中有一个会成为主要成分，而另一个则会变得不重要。说话者希望陈述“这块表是金子做的”，而不会注意到他同时也告诉了我们“这块金子是块手表”。

作者说汉语里这种类型的偏正复合词中，总是新的必要成分，即“心理上的谓语”带上主要重音，而不管它是在前还是在后：·tɕin¯-piɑuˇ ‘金表’

（主谓：这块表是金的），·ɤˋ-sɿˇ（饿-死）‘饿死’（主谓：死是饥饿所致），ʂuoˉ-·uanˊ ‘说完’（主谓：说话结束了）。

但作者强调，这绝不表示强重音总是落在修饰语上，而弱重音总是落在中心语上。一个句子心理上的主语肯定不总是语法上的主语，心理上的谓语也肯定不总是语法上的谓语。如果我们说“他来了”，确实是心理上的主谓语和语法上的主谓语相对应，但是相反的情况也很常见，比如“谁（心理上的谓语）来了（心理上的主语）”（=“来的人是谁？”）。总是心理上的谓语带强重音，不管它是偏正结构中的中心语还是修饰语。

a）最常见的情况是心理上的谓语就是修饰语，心理上的主语就是中心语。偏正结构·tʌˋ-mɜnˊ ‘大门’与主谓结构 mɜnˊ ·tʌˋ ‘门大’相对应。“大”是心理上的谓语，也是修饰语，“门”是心理上的主语，也是中心语。因此强重音落在修饰语“大”上。

b）但是有时候会发生这样的情况：心理上的谓语被用作了中心语，而心理上的主语被用作了修饰语。在偏正结构 ʂanˉ-·tiŋˇ ‘山顶’中，主要的目的不是去将“山顶”与“房顶”或者“轿顶”相区别开，想要实现的是将“山顶”与“山脚”“山腰”等等区别开来。因此这个偏正结构和和主谓结构“此山有顶”相对应，而不是与“这个顶是山的”相对应。

作者将汉语和其他语言进行对比，指出了这类词的构词特点。作者说，汉语，像许多其他的语言一样——英语“at the top of the mountain”，德语“auf dem Gipfel des Berges”——将心理上的主语“山”作为修饰语，心理上的谓语“顶”作为中心语，而拉丁语则根据的是情况 a（大门）那样的构词理据，有 summo（“顶”，心理上的谓语，修饰语） monte（“山”，心理上的主语，中心语）。

另一个例子：偏正结构 niɛnˊ-·tɕʻiŋˉ ‘年轻’对应主谓结构“（他的）年纪很轻”，而不是对应“他的轻是关于年纪的（而不是关于体重、影响力等的）”。因此“年”是心理上的主语和修饰语，“轻”是心理上的谓语和中心语。

作者指出，通过上述情况，我们观察到了这样一个非常有趣的事实：

重音反映出了其他方式没能表现出来的心理事实。其实作者将所谓的“偏正”复合词转化为主谓结构，以此来判断其“心理上的主语”与“心理上的谓语”的做法是很有创见的，心理上的主语带弱重音，心理上的谓语带强重音的处理，跟功能语法学派的主位—述位划分和信息结构的思想不谋而合。“心理上的主语”对应于“主位”，而心理上的谓语对应于“述位”。一般情况下主位所表达的信息是已知信息（Given），述位所表达的信息是新信息（New）。（胡壮麟等，2005:170）由于心理上的谓语是对主语发生的新情况的叙述，是更加重要的新信息，带上强重音也就理所当然。作者将偏正式复合词与主谓结构之间建立对应，并通过后者来判断前者重音的思想，也是很有其独到之处的。

另外，作者也强调说，“在所有这些情况中，我所讨论的汉语复合词，都不是句子中偶然形成的偏正短语。在北京话中我们发现一种这样的重音分布：·uæî -t‘oú iọuˇ i-kə tʌ`·kouˇ ‘外头有一个大狗’，这里 tʌ`是偏正结构‘大狗’的修饰语和心理上的谓语，带弱重音，这似乎违背了前面全部的推论。然而实际上像‘大狗’这样的情况并不是我们这里研究的东西。”（附录，148 页译文）也就是说，作者在书中讨论的是稳定的复合词的重音，而非松散的、临时性的短语的重音，后者的重音分布情况是有别于复合词重音的。

3.1.1.2 语缀和缀词

作者认为汉语中有些成分属于语缀（affix[①]），还有一些属于缀词（affix word），汉语和其他语言一样，很难将单纯的语缀跟缀词清楚地区别开来。语缀包括前缀和后缀，语缀本身没有意义，或者至少是跟与它组合在一起的那个词没有相关的意义。缀词指的是本身有意义的词，在其他情况下意义很明确，但是用在某些环境里词义则发生弱化，意义就不是那么清晰了，不管是作为一个保持其完全意义的“实词”，还是作为意义减弱的“助词”，人们仍然会感觉它还是那同一个词。（附录，153 页译文）也就是说，语缀和缀词都是意义比较虚的成分，语缀比缀词虚化的程度更高。

① 笔者此处未将“affix”译为“词缀”而将其译为“语缀”，是因为作者此处所讨论的“affix”不仅包括附在词上的缀，还包括附在句子上的缀，其所指范围远大于我们通常所说的“词缀”。

我们将作者对语缀和缀词的重音分布情况讨论的逻辑结构及所涉及的对象整理如下图：

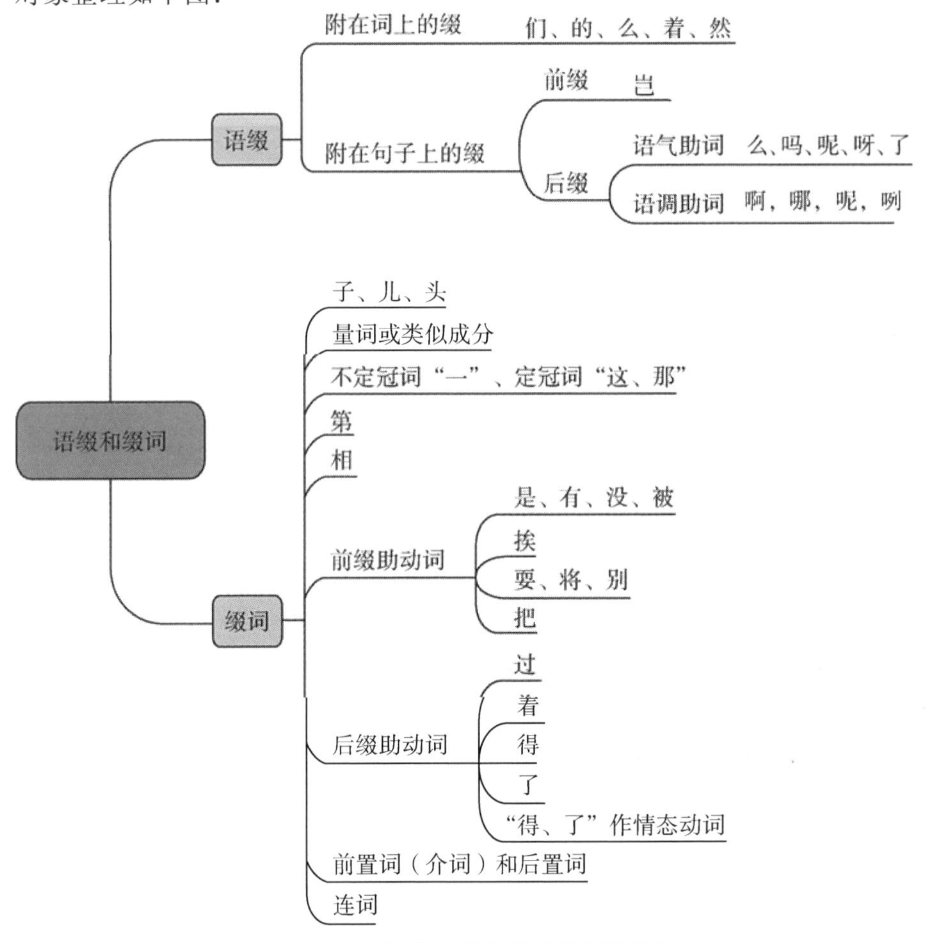

图 3.2　语缀和缀词部分逻辑结构图

作者认为纯语缀很少，它们都是不带重音的，即为轻声。作者将语缀分为附在词上的缀和附在句子上的缀。而缀词的数量非常多，缀词一般不带重音或带弱重音，在对缀词的介绍中，缀词和它们各自的实词用法之间的“同一性”（identification），即缀词和各自对应的实词之间能否被感觉到是同一个词，是作者不断强调的一个观念，总的趋势就是这种“同一性”越强烈，其所带的重音就越强，这种同一性越弱，则越倾向于不带重音。作者给出了非常清晰明确的重音规则和具体实例，我们这里就不再一一介绍了，具体情况可（参见附录，153—159 页译文）。我们只挑选其中几个重要问题来进行展开。

首先，作者所提及的“语缀”绝大多数我们现在也通常认同将其看作“缀”，如复数缀“们”，助词“的”，语气词“吗”“呀”“呢”，等等，作者说它们都不带重音，我们也认为它们都是轻声词，跟作者的观点是一样的。而作者所列举的大量“缀词”，除了有“子、儿、头、着、了、过”等我们归为词缀的成分，还有很多是我们现在归为连词（如：虽然、或、又……又……、连……带……）、介词（如：在、到）、副词（如：将、要）的一些虚词，它们很多时候不带重音或带弱重音，很少带强重音。这些缀词在实际语流中确实是比较轻的，但是我们并不将其归为轻声，还是将其作为带正常重音来看待。实际上，大部分的“缀词”的“轻读”和那些语气词、时体助词、名词词缀（《读本》也将其归为缀词）的“轻读”的性质是不一样的，林焘先生早在 1962 年就对此有过论述，他将我们所说的“轻声”叫作“轻音”，从句法结构和语音研究的角度，将轻音分为结构轻音和语调轻音。结构轻音和语言结构层次有关，轻重读对句子结构和意义有较大影响，任何时候都不能恢复原字调；语调轻音属于语调范畴，有语调重音和它对立，表示不同语气，它可以放在句首，强调时会恢复原字调。“葡萄、桌子、男人、看看、说了、你懂吗”等的最后一个音节都是结构轻音。人称代词不论处在句中的什么位置都可以轻读，都有语调重音同它对立，是语调轻音；“V 不 C”（如“出不去”）中的“不”，音高要受后面音节的影响，但没有语调重音的对立，可以看作是一种特殊的语调轻声。（林焘，1962）可见，林焘先生所说的“语调轻音”相当于我们所说的“轻音”，而“结构轻音”相当于我们所说的“轻声”。朱宏一（2009）、魏钢强（2005）等也将一些相当于我们这里所说的“缀词”的成分归为“轻音”。所以，《读本》所说的缀词，除了时体助词、名词词缀等固定读轻声的之外，其他的是属于“轻音”的，不管他们在语流中是轻到像“轻声”那样失去声调，还是没有那么轻，还保留自己的声调特征，它们在音系上的地位都是一样的，我们认为，从音系的角度出发，将其统一赋予弱重音将是比较合理的。

而高本汉在实际标音中，并未从“轻音”的音系地位出发将它们统一处理，而是完全根据实际听到的语音来标。这些“缀词”在某些情况下读得很轻，以至于听不出来声调，那就在这些情况下标为“无重音”；在另一些时候读得没有那么轻，还能听出声调，标为“弱重音”。这是造成作者的转写体系中出现大量的不带重音的轻声音节的原因之一，也导致作者所标注的“不带重音”的音节比我们所说的“轻声”音节出现的位置要更加不受限制，它们不光出现在词尾、句尾、而且在词句的首、中、尾任何位置都可能出现，如：

有 **一** 天 閻 王 得 **了** 病。他 **就** 叫 小 鬼 **們** 給 他
iọuˇ i-·t‘iɛn¯ ·iɛn´-uɑŋ tɤ´-leɑọ-·piŋ`. ·t‘ᴀ¯ tɕiọ tɕiɑu` ·çiɑuˇ-kuᴇi-mɜn kᴇi-t‘ᴀ¯
去 請 **個** 好 醫 生。
tɕ‘y ·tɕ‘iŋˇ kə χɑuˇ ·i¯-ṣəŋ¯.

以上加粗字体在作者的转写中都不带重音，即读成轻声。我们则认为，像上面的“一”“就”“个”等，虽然在语流中是比较轻的，但并不会将其看作是“轻声”。

其次，我们注意到作者对语缀和缀词重音情况的介绍中，在三个地方都提到了“了”。一是“了”作为附在句子上的语缀，不带重音，记作 lᴀ。二是“了”作为助动词，从“完结、结果”的意义虚化而来，作者将其归为缀词，不带重音，读音为-leɑọ，但多数会读为-lᴀ。三是“了”作为情态助词，有“能够、可能”的意思，作者也将其归为缀词，有时不带重音（-leɑọ），经常带弱重音（-leɑuˇ）甚至有时会带强重音，（-·leɑuˇ）。“了”最后一个情态助词的用法是比较明确的（如“走不了”“到得了”等），和现在的用法也相似，而前两个用法之间却存在一些问题值得我们深入探讨。我们将在下文第 4 章结合作者在故事部分的实际标音，对此展开详细讨论。

3.1.2 音节内的重音分布

作者对音节内各音段的重音分布也作了介绍。作者说音节内音段之间的重音差别“是非常细微的，而且只能被充分训练过的耳朵所觉察到”，（附录，160 页译文）因此在作者的转写体系中也并未体现出音节内部的重音分布，作者在此只是对其作一初步介绍。总的来说，作者认为，音节内的重音分布是跟“响度原则”相关的，但又并不总是符合响度原则。作者说：（附录，159 页译文）

> 我们一定要记住，语言的各种音，即使用同样大的力量发出来，听起来的声音的响亮度也不相同，各音位可以大致排列如下，各个音根据自然属性从左到右听感上越来越响：
>
> t—d—s—z—n—l—i—a

作者并未提到术语“响度原则”，但上面这个序列即体现了响度原则的认识。响度理论最早是 19 世纪末 Jesperson（1913：191）提出来的，他把语音的响度分成 8 个等级，数字越大，听感上响度越大：

（1）不带声	（a）爆破音	[p, t, k]
	（b）摩擦音	[f, s, ʃ, x]
（2）带声爆破音		[b, d, g]
（3）带声摩擦音		[v, z, ʒ, ɣ]
（4）带声	（a）鼻音	[m, n, ŋ]
	（b）边音	[l]
（5）各种 r 音		
（6）高元音		[i, u, y]
（7）中元音		[ø, o, e]
（8）低元音		[ɔ, æ, a, ɑ]

后来的学者把音节响度理论更加细化了，Selkirk（1984a）提出了响度顺序原则，认为音节的核心响度最高，往两端的响度依次降低，一般认为响度顺序由高到低为元音、半元音、流音、鼻音、擦音、塞音。在对音节内部

音段排列规则的研究中，响度顺序原则得到了广泛的应用。

根据高本汉的论述，多数情况下北京话音节内音段之间的重音分布和响度是对应的，响度越大就越重。当音节内只有一个元音时，无疑其重音分布跟响度原则是相符的，但是音节中多于一个元音时（是二合元音或三合元音时），问题就比较复杂了。甚至有时候作者认为有些音节的韵母中最重的不是主元音，而是介音成分。

作者指出，决定二合元音或三合元音内部重音分布的因素有四个：

第一，这个音节整体相对于句中其他音节的重音，是非常重要的；

第二，必须要知道自然听感上不那么响的元音是在更响的元音之前还是之后；

第三，声调会对此产生重要的影响；

第四，这个音节是否是短语中的最后一个音节（即，后面有一个停顿），如果是，则将其称为自由音节，如果这个音节和后面紧跟的停顿之间被另一个音节隔开了，则将其称为黏着音节①。

大体的规律是，在不带重音的音节中，总是自然听感上最响的元音承载音节；带重音的音节中，音节整体所带重音越弱，自然听感上更响的元音成为主导元音的趋势越强。具体情况可概括如下：（详见附录，160—162 页译文）

I. 在不带重音的音节中，总是自然听感上最响的元音承载音节：·p‘ɑuˇ-ku̯o-tɕ‘yˋ② ‘跑过去’，但是：·kuo̯ˋ-tɕ‘y ‘过去’。

II. 带重音的音节中，重音越弱，自然听感上更响的元音成为主导元音的趋势越强。

A. 前响二合元音——ɑi，ɑu，ᴇi，æi（只在 uæi，iæi 中），ou，ui——不管声调以及音节是自由的还是黏着的，总是前重后轻，例如 kai̯ˉ ‘该’，kɑu̯ˉ ‘高’，kui̯ˉ ‘规’，χai̯ˊ ‘孩’，mɑu̯ˊ ‘毛’，χui̯ˊ ‘回’，kou̯ˇ ‘狗’，mᴇi̯ˇ ‘美’，

---

① 后文还将提到“自由声调”和“黏着声调”，详见 3.2.1 节。自由/黏着声调不一定就是自由/黏着音节上的声调。如 tʂo̯ˉ-tsɿ ‘桌子’中的 tʂo̯ˉ ‘桌’就是一个带自由声调的黏着音节。

② “ ̯ ”表示的是重音是从属性的，即相对较弱的。

maì̯ ‘卖’，taù̯ ‘道’，·χaǐ̯-tsᴇi̯ ‘海贼’，paǔ̯-·χaù̯ ‘宝号’，等等。

B. 后响二合元音——iɑ（只在 iɑu 中），iᴀ，iæ（只在 iæi 中），iɛ，iu，uɑ，uᴀ，uɑ，uᴇ（只在 uᴇi 中），uæ（只在 uæi 中），uo，yɑ，yɛ，yo，yu——问题就更复杂了。

I. 在升调中，即阳平和上声中，第二个元音是主导的，如 χu̯ɑŋ́ ‘黄’，tɕ‘i̯ɛń ‘钱’，tɕ‘y̯uŋ́ ‘穷’，çy̯ɛ̌ ‘雪’，y̯aň ‘远’，·çi̯ɛ̌-ʂᴀŋ̀ ‘写上’，ku̯aň-·tʂᴀŋ̀-tɪ ‘管账的’。如果一个 i 或者 u 再加到后边，结果就会成为– ́ –这一类型的三合元音，例如 χu̯æí̯ ‘怀’，çi̯ɑǔ̯ ‘小’，tsu̯ᴇǐ̯ ‘嘴’。

II. 在平调和降调，即阴平和去声中，自由音节中第一个元音成为主导，例如 ʂᴀŋ̀ ·tɕiɛ̯̄ ‘上街’，·ku̯an̄‖·fɜn̄-fù ‘官吩咐’，tɕiɛ̀ ·ku̯ɑŋ̄ ‘借光’，kuò ·tɕi̯ᴀŋ̄ ‘过江’，pu χɑǔ̯ ·kuò̯ ‘不好过’，tʂɤ̀-kə· tɕiù̯ ‘这个旧’，·tō çiɛ̯̀ ‘多谢’。例外是音节尾的 iᴀ，uᴀ（后面不跟着辅音）和二合元音 yu，例如 k‘aǹ ·χu̯ᴀ̄ ‘看花’，tsai-·tɕi̯ᴀ̄ ‘在家’，·tî-çy̯uŋ̄ ‘弟兄’，ʂuō-·χu̯ᴀ̀ ‘说话’，·tsò-çi̯ᴀ ‘坐下’。如果更进一步，一个 i 或 u 加到后边，其结果会成为́ – –这一类型的三合元音，如 pu-·tɕiɑū̯ ‘不交’，piɛ-·çiɑù̯ ‘别笑’，nuŋ ·χuæî̯ ‘弄坏’。而在黏着音节中韵律会对重音进行调整，与这个黏着音节后面跟的音节内部的重音情况有关。

3.2 连读变调

高本汉对北京话连读变调的描写也很有特色，处理连读变调的方式与我们多有不同，他认为连读变调也跟重音有着非常密切的关系。作者将连读变调称为声调的变化，并指出，书中所说的声调变化不包括语调（intonation）。他说：汉语中“表示断言、疑问或感叹的逻辑语调几乎不存在，因为它们会与前面描述的那些非常重要的声调相冲突。比如欧洲人说汉语时可能采用一种疑问的语调，这是一个普遍的错误，这样会使说出的句子不能被当地人所理解”。（附录，129 页译文）这种认识跟我们的观点不尽相同。我们也认为汉语的声调和语调是两个不同的概念，但我们承认汉语是有语调的。汉语的字音有声调，但是它并不阻碍语调的存在。比如赵元任在《汉语口语语法》中，就用“大波浪”和“小波浪”来解释汉语声调和语调的关系：

> 常有人提出问题：汉语既有字调，句子如何能有语调？回答是可将音节的声调和句子的语调比作小波浪跨在大波浪上面。实际结果是两种波浪的代数和。正加正则数值增大，正加负则减少。如“你姓王，我姓陆”，前一小句升调，“王”字的第二声升得比平常更高；第二小句降调，“陆”字的第四声降得比平常更低。但在“我姓陆，你姓王”中，“陆”字的语调整个提高，但仍保持第四声的降调；“王”字的语调整个降低，但仍保持第二声的升调。外国人有时就用语调代替了字调，说成“我姓卢，你姓望”了。（赵元任，1968/1979:28）

赵元任的“大波浪、小波浪”模型就区分开了字调和语调。因此汉语存在语调，和字调并不冲突。高本汉所说的外国人说汉语加上语调后当地人听不懂，其实是他们“用语调代替了字调”的结果。

解释清了上面的问题，我们再来详细看一下高本汉对北京话连读变调问题的阐释。

3.2.1 自由声调和黏着声调

高本汉认为音节在句中的位置会对音节的声调产生非常重要的影响。作者指出，一个音节上的声调经常受邻近音节声调的影响，但是这种影响只发生在属于同一短语的音节之间。作者所说的短语指的是两个（同时呼气和发音的）停顿之间所包含的每一个成分。这种停顿可能会非常轻微，但是仍然能起到分割句子的作用。如下面这个句子有三个停顿：uoˇ ·fuˋ-tɕʻinˉ|| ·tɕinˉ-tʻiɛn ·uanˇ-ʂʌŋˋ|| pu-tsai-·tɕiʌˉ ‘我父亲今天晚上不在家’。（附录，127页译文）同时，作者认为，音节的重音对声调也会产生相当大的影响。失去重音的音节会失去声调，只有带重音的音节才带声调，因此作者的转写体系中只为带重音音节标记声调，而不带重音的音节则不标记声调。

在以上认识的基础之上，作者对声调的衔接关系进行了一个基本的区分，即区分自由声调和黏着声调。自由声调指的是声调所在的音节紧邻停顿或与停顿之间只隔着不带重音的音节。黏着声调指的是这样的音节上的声调：该音节与停顿之间还隔着一个其他的带重音音节（如果某音节上和这个其他的带重音音节之间还隔着一个或多个不带重音的音节，那么该音节上的声调还是黏着声调）。例如：（附录，127 页译文）

α）前后都自由的声调，如这两个短语中的 fʌŋ´和 z̧ɜn´：tsai tʂ̧ə-kə ·fʌŋ´-tsɿ|| mᴇ-io̦ ·z̧ɜn´‘在这个房子没有人’；下面的第一、第二、第三和第五个音节：·t‘ou´|| ·çin¯|| ·tu`-tsɿ|| ·iɑu`-tsɿ|| tu¯ ·t‘əŋ´-lʌ‘头、心、肚子、腰子都疼了’。

β）前后都黏着的声调，如这两个短语 t‘ʌ¯ ·tʂ̧‘u¯-tɕ‘y`‘他出去’和 t‘ʌ¯-mɜn ·tʂ̧‘u¯-pu-tɕ‘y`‘他们出不去’中的·tʂ̧‘u¯。

γ）前自由后黏着声调，如这两个短语 kanˇ-·tʂ̧‘ɤ¯-tɪ|| tsai-·fʌŋ´-tsɿ-liˇ‘赶车的在房子里’中的 kanˇ和 fʌŋ´。

δ）前黏着后自由声调，如这两个短语 kanˇ-·tʂ̧‘ɤ¯-tɪ|| tsai-·fʌŋ´-tsɿ-liˇ‘赶车的在房子里’中的 tʂ̧‘ɤ¯和 liˇ。

作者认为自由声调与黏着声调的区分是很基本的区分，声调是自由的还是黏着的，对其调形和值域的变化都有着非常重要的影响。

高本汉对自由声调和黏着声调的区分，我们现在看来虽有些陌生，但其实是很有现代性与科学性的。根据现代音系学的观点，作者说的两个“停顿”之间的部分其实就相当于一个类似于“韵律短语”那样的韵律单元。作者认为带重音的音节才带调，不带重音音节则容易失去声调。强重音音节和弱重音音节即都为带调音节，不带重音的音节大体相当于我们所说的“轻声音节”。根据作者的论述，自由声调与黏着声调基本区别其实在于，声调所在的音节与停顿之间是否隔着带调音节。如果隔着带调音节，则该音节上的声调即为“黏着声调”，黏着声调常会受到其前后的带调音节影响而发生一些变化；而如果一个音节紧邻停顿或者与停顿之间只隔了轻声音节，那么该音节上的声调即为“自由声调”，自由声调比黏着声调更加稳定，在语流中更倾向于保持自身的调形、值域特征。作者根据所考察音节前后的音节是否带调来对该音节上的声调进行这样的区分，表明作者已充分认识到声调和重音的密切关系，以及带调音节和不带调音节在音系上表现的不同。这些认识都是非常科学的。

在阐明了自由声调和黏着声调的概念之后，作者对后面关于连读变调的具体讨论都是在此基础之上展开的。

3.2.2 连读变调的表现

作者对北京话中的连读变调情况也作了介绍。作者在描写连读变调的情况时，有一个重要的思想就是，弱重音音节的声调比强重音音节的声调更容易受邻近声调的影响。即重音和声调之间有着密切的联系，音节上所带的重音越强越倾向于保持自身原有的调形和值域，音节上带的重音越弱越容易受制于带更强重音的音节，从而声调发生改变。强重音音节的声调所跨的音程也远比弱重音音节要大。

作者在行文中提到了北京话中一些重要的连读变调现象，对它们的变化规则也给出了系统的解释。下面我们根据作者的论述对这些现象进行梳理和归纳，对作者提到的一些重要现象加以讨论。

3.2.2.1 连上变调

作者对北京话中两个上声相连时的声调变化情况作了介绍，其表现比我们现在公认的现代北京话两个上声相连前一个变同阳平的现象要复杂，两个上声相连时前后两个声调怎么变跟重音有着非常重要的关系，我们将其归纳如下：（参见附录，130—135 页译文）

① 弱重音的上声黏着于前面紧邻的一个强重音的上声时：

前面的弱重音上声的调形实际上会缩减成一个下平声。这个组合给人的印象是，一个上声曲线连接着发在了这两个音节上。这个曲线的主要部分是落在第一个音节上的，只有最后上升段的一部分落在第二个音节上，使其听起来很像个下平声。作者将其记成一个标在这两个音节之间连字符上面的上声符号：·tᴀˇ＋sɑuˇ ＞（·tᴀˇ-sɑuˊ＞）·tᴀ-̌sɑu‘打扫’。

根据以上观点，我们可以将其概括为：强上+弱上→半上+阳平

② 当一个弱重音的上声后黏着于后面紧邻的一个强重音上声时：

在这种情况下，前一个音节的声调会发生缩减，以至于实际上和下平声变得一样。也就是，前一个音节声调开始的降（或平）的部分被切掉了，只有上升部分还留下来，比如 k'uˇ ‘苦’：k'uˊ-·k'uˇ-tɪ ‘苦苦的’。

我们可以将其概括为：弱上＋强上→阳平＋上

我们现在公认的北京话连上变调规律为，两个（非轻声的）上声相连，前一个上声声调由 214 变为 35，和阳平调值相同[1]。而根据作者对北京话连上变调的阐释，两个上声相连声调会发生什么样的变化，是跟前后两个上声所带的重音密切相关的。只有强重音落在后一个上声上面时，前一个上声才会变同阳平；而如果强重音落在前一个上声时，不但前一个上声没有变成升调，而且后一个上声会承接前一个上声声调的后半部分，变得和阳平相似。作者特别强调连上变调的发生条件是跟重音有关系的，而并不是只要两个上声相连前一个就一定会变同阳平：（附录，132 页译文）

> 人们对这个重要的现象已经有过很多讨论了。威妥玛爵士也已提到过这种现象。日本的 Goh Keita（吴启太）在他的读本《官话指南》中也提到了这个事实，但是将其简单地说成了“上声遇到上声的时候”，而没有考虑重音的问题（如：kanˊ-·tɕinˇ-tɪ ‘赶紧地’（kanˇ＋tɕinˇ），但是·tʌˇ-sɑu ‘打扫’）。这给了 Vissière 在 *T'oung Pao* 里面作冗长辩论的机会，而这完全是多余的，因为 Edkins 和后来的 Hopkins 已经说过这种声调的缩减只发生在“当重音落在后一个音节上时”。

连上变调的历史已经很长，从其产生到现在可能已有几百年之久，中外的不少学者也都对此引起了注意。比如 17 世纪的王骥德在《曲律·论平仄第五》中写道：

> 上上，去去不得叠用。（上上二字尤重。盖去去即不美听，然长出

① 参见北京大学中文系现代汉语教研室编《现代汉语》（2003），121 页。

尚是本音。上上叠用，则第一字便似平声。如《玉玦·泣颜回》第九句“想何如季布难归”，“季布”两去声，虽带勉强，仍是“季布”。《雁来红》第五句“奈李广未侯真数奇”，“李广”两上声，“李”字稍不调停，则开口便是“离广”矣。故遇连绵现成字，如婉转、酩酊、袅袅、整整之类，不以尽避；凡一应生造字，只宜避之为妙。)（王骥德（明）《王骥德曲律》，1983:79）

王骥德指出，“李广”很容易读成“离广”，即前一个上声变同阳平了。两个上声相连的联绵词也会出现相同的现象。由于两个上声相连前一个的声调总是不经意间就会发生改变，所以只好“避之为妙”。而忌浮（2003）指出，同样的说法，其实早在 14 世纪元代周德清《中原音韵》中就表达过：“上者必要上，去者必要去，上去者必要上去，去上者必要去上，仄仄者上去、去上皆可，上上、去去皆得回避尤妙。”（周德清《中原音韵》，2005:126）可见元朝的周德清就已经意识到了连上变调的存在。他认为上上相连“回避尤妙”，只不过他并没有说为什么需要“回避”，而三百年后的王骥德对此进行了具体的解释。也就是说，两个上声相连，前一个上声会变同阳平的现象至少在元代时就开始显现了。不过在周德清和王骥德的论述中，我们都看不出连上变调的发生条件跟重音的分布有关系。

此外，高本汉说“威妥玛爵士已经发现这种现象了”，指的就是威妥玛在其著名的著作《语言自迩集》中的已经有了关于连上变调的论述。我们找到《语言自迩集》中译本的原话如下：

第三声的，声调的变化更加显著：第一个音节变得接近甚至变同第二声，而且，对个别元音还有尤其明显的限制。如果你造一个自然的回文：“小马 $hsiao^3ma^3$，马小 ma^3hsiao^3”，反复念上一会儿，你就会发现，发音的升降好像是被明显地变成了“学妈 $hsiao^2ma^1$,妈笑 ma^1hsiao^4”。有三个字的时候，如“五斗米 $wu^3tou^3mi^3$”，只有最后一个音节发一个完全的第三声；“早起洗脸 $tsao^3$ch‘i^3 hsi^3lien^3”，“起 ch‘i”的声调跟“早 tsao”刚好相异，而脸“lien”是这四个音节中唯一保存第三声的词。（威

妥玛，1886/2002:327）

从威妥玛的叙述中，我们可以看出，《语言自迩集》中也有了对连上变调的记载。两个或多个上声相连时，只有停顿前的音节的上声能够保持完全的上声调，而其他音节上的上声调都会发得不完全或者发生变化。“小马”的“小”会听起来像“学”说明上声的“小”跟后面上声的“马”相邻时变了阳平调。“早起洗脸”中，“起”的声调跟“早”刚好相异，似乎表明“起”的声调变成了只降不升的“半上”，而它前面的“早”则变得只升不降，和阳平调相同。不过根据威妥玛的描述，我们似也看不出上声变调和轻重音分布之间有什么明显的联系。

从上面一个或几个世纪前其他学者对连上变调的阐释中，我们可以看出，并不是所有学者都认为连上变调跟重音（指正常重音，不包括轻声）有关，尤其是国内学者，更是没有考虑重音的因素。而我们现在对连上变调的普遍认识也是跟重音分布没有关系的，只要两个非轻声的上声相连，前一个就会变同阳平调。而高本汉又特别强调这种变调只发生在“当重音落在后一个音节上时”，且有一些外国学者也认同这样的观点。那么，我想造成这种分歧的原因可能并不是因为语言事实不同，而是跟中国学者和外国学者的语言背景与看问题的角度不同有关的。西方语言本来就有轻重对立，所以对轻重音的感知就比中国学者敏感，也很容易把对西方语言轻重音的感知移植到汉语上来，从而特别注意重音的重要性，也更加容易发现一些国内学者所不容易发现的语言问题。虽然他们对有些问题的阐释和结论和我们不甚相同，但我们也应该承认他们的观察方式、思考问题的角度也确实非常值得我们借鉴。

不过，有一点还值得商榷，高本汉特别指出 Edkins 和 Hopkins 的观点和自己相似，这两位研究者说过上上相连前上变同阳平的这种声调的缩减只发生在“当重音落在后一个音节上时”。（附录，132 页译文）而我们找到 Edkins 和 Hopkin 的原话则发现，他们所指的“重音落在后一个音节上”和高本汉所说的强重音落在后一个音节上时才会发生这样的变化，可能未必一致。

Hopkin（1889：130）认同 Edkins 的表述，即“当两个上声一起出现时，如果重音落在后一个上声音节，那么前一个上声的音高会变同下平声。”问题在于，Hopkins 的体系中，其实是不区分“强重音”和“弱重音”的，他将北京话的两字组分成“单带调”（monotonic）的（相当于后字轻声的）、“双带调”（ditonic）的（相当于前后字都带正常重音的）和“变换带调”（metatonic）的（即第二个音节有时轻读有时不轻读，如：好手、稳重等）。可见，他只区分第二个音节带还是不带重音，而不是带强重音还是弱重音。那么，这个“重音落在第二个音节上时”则很可能指的是后一个音节带正常重音，即不是轻声时，而并非是高本汉所谓的“强重音”落在后一个音节上时。因此 Edkins 和 Hopkins 对连上变调与重音关系的认识应该跟高本汉并不是一致的。

至于第二个音节为上声变来的轻声，即上声+本调为上声的轻声时，声调会发生什么样的变化，作者在论述部分并未提及。现代北京话中，上声+上声变来的轻声的双字组连调会出现两种情况：

（1）上声+轻声（←上声）→阳平+轻声（35+3）

如：打·扫、小·姐、老·虎、想·想、走·走

（2）上声+轻声（←上声）→半上+轻声（21+4）

如：椅·子、板·子、傻·子、奶·奶、姐·姐、婶·婶

（参见北京大学现代汉语教研室编《现代汉语》，2003:122）

按第一种方式变调的多为动词或动词重叠式，也有少数名词；按第二种方式变调的多为名词，第二字为轻声的“子”（“法子”是例外，前字变同阳平），或者是重叠式的亲属称谓词。我们认为，之所以造成上述两种连调方式，是因为音系规则的施用顺序不同。两个非轻声的上声相连前一个上声变同阳平用的是“邻接交替式”的变调规则，上声在轻声前变半上用的是轻声式的变调规则。第（2）组都是典型的轻声变调，在历史演变过程中，应该是连上变调现象发生之前第二个字就轻化了；而第（1）组则是先发生邻接交替式变调，再发生轻声变调，即在历史演变过程中，先发生两个上声相连

前一个变同阳平的变调，之后第二个音节才发生轻化，于是就按照首字阳平的轻声变调发生新一轮的变化。（王洪君，2008:246）

而根据高本汉对轻重音的一贯处理原则，他应该会认为轻声（即不带重音的音节）前的带重音音节不会发生变调，而轻声音节不带调。我们现在对《读本》故事部分的汉字标音以及论述部分例词的标音进行检索，找出符合上述情况的例子来对此进行检验。

我们找到的上声+上声变来的轻声组合只有如下这些：

（1）板·子·panˇ-tsʅ　　傻·子·ʂ̥ʌˇ-tsʅ　　谷·子·kuˇ-tsʅ

苇·子·uɛiˇ-tsʅ　　法·子·fʌˇ-　tsʅ　　椅·子·iˊ-tsʅ

（2）有·点儿 io̤uˇ tiɛ̯ɹ　　好·几天·χɑuˇ-tɕi tʻiɛnˉ

好·几回·χɑuˇ-tɕi χuiˊ　　请·几个·tɕʻiŋˇ tɕi-kə

我们看到第（1）组都是第二个成分为轻声的“子”的组合，除了“椅子”之外前一个上声音节都不变调。而只有“椅子”一例比较特殊，前一个上声变成了阳平调。这并不符合作者处理问题的一贯性。由于《读本》中“椅”字只出现了这一处，我们也无法找到作者认为它的本调是什么，因此也无从对这个声调组合进行检验。不过根据作者对其他实例的一贯处理方法，作者将“椅子”的读音标成·iˊ-tsʅ，并不是因为他认为椅子中的“椅”会发生变调，很可能是作者认为“椅”的本调就是个阳平调，或者是书中的印刷错误造成的（书中确实有一些印刷错误）。因此我们还是认为，《读本》中上声＋轻声（←子）的组合，前一个上声的声调不会发生变化。“法子”在读本标音中，前字也不变调，不过作者说过（附录，137 页译文），表示“方法、手段”意思的“法”，有些人将其读成阳平 fʌˊ，另一些人读成 fʌˇ。按照这种说法，“法子”记为·fʌˇ-tsʅ 就是按部分人的读法来记的了，那么，现代北京话中，“法子”的“法”读升调，就不是在“法子”中“法”由上声变同了阳平，而是曾经这种意思的“法”单念时就有阳平一读，在“法子”中只不过是按“阳平＋轻声”的规则变调了。

第（2）组的几个例子中，第二个上声字都是“几”。在现代北京话中它们都不被处理成轻声，而在高本汉的体系中，它们则是不带重音的。这几例中，“儿”前的上声也都不变调。

综合以上两种情况，我们可以得出结论：《读本》的体系中，上声+上声变来的轻声的声调组合中，前字上声不变调，后字轻声无调。

再回过头来看作者对连上变调情况的分类和我们现在普遍的分类就会发现，强重音上声＋弱重音上声变成半上＋阳平的表现，倒是很像我们说的现代北京话“板子”那样的轻声词的变调。自主音段音系学认为曲折调、全升或全降的斜调其实都含有三个不同的声调特征，而第三个声调特征是与声调承负单位没有固定连接的浮游调（王洪君，2008:236）。而“板子”这类词的连读调变为 21＋4，其实轻声后字的声调 4 即是前字上声的 214 调的浮游调部分 4 漂移到了因失重而失去声调的轻声“子”上，而且实验证明，上声音节后的轻声音节上的短调也是有轻微上升的，实验值为 3~34（王洪君，2008:240）。那么，作者所说的强重音上声＋弱重音上声变为半上＋阳平，就与此非常相似了。只是这里的弱重音上声还没有弱到像“子”词缀那么轻。不过高本汉所举的按强重音上声＋弱重音上声的连调规则连调的例词，又并不都对应于我们现在按“21＋4”连调的轻声词，如“老虎、打扫”等，后字在现在的北京话中都发生了轻化，但却是按 35＋3 的调式来读，并不是 21＋4，跟它们在《读本》中的变调方式还是非常不一样的。

3.2.2.2 连去变调

在《读本》中，作者对两个去声相连时的声调变化情况也作了介绍。去声相连时，调形并不会发生变化，而是值域有所改变。我们将作者对两个去声相连时的声调变化情况整理如下：

（1）强重音去声+弱重音去声→去声调的调形特征接连着发在两个音节上，如：‘过去’ kuo`+tɕ‘y` →·kuo˗tɕ‘y。

只有强重音落在第一个音节时才会出现上述变化。现代北京话去声和去声相连时发生的 51+51→53+31 的变调情况与此相同。只是我们通常还是认为北京话两个（非轻声）去声相连时的声调变化不跟重音相关。

以前的学者对两个去声相连时发生的这种变调也早就有所认识。上一节引用的王骥德和周德清的看法也都提到去去相连时“回避”为妙。王骥德说“‘季布’两去声，虽带勉强，仍是‘季布’。即是表明两去声相连时声调有所变化，但仍然保持了降调的特点，还能辨识出来仍是去声，未与其他声调相混。

（2）弱重音去声+强重音去声→低值域的去声+高值域的去声。

作者说：“当弱重音的去声黏着于其后面紧跟着的强重音去声时，前者会像自由去声一样值域很低，但是后者则会变成高值域。这是一种真实并且很规律的值域变化，因为正常的去声是比较低的。这样，在 man`-·man`-tɪ ‘慢慢地’中，第一个 man`是低调，第二个是高调。这个事实已被一些以前的研究者观察到了。”（附录， 135 页译文）而在现代北京话中，两个形容词或副词重叠时，会有一种比较自由的变调，第二个音节可以读成阴平，也可以不变。如“短短的”可以变调读成 $tuan^{21}tuan^{55}tə$，也可以不变。（《现代汉语》2003，124 页）这似乎与高本汉所说的弱重音去声后接强重音去声时，第二个去声变高调的情况类似，但也有很大不同，高本汉的表述中，第二个去声并未变成阴平那样的高平调，而是仍然保持降调。而在 Hopkins（1907）的记音中，像“慢慢儿”的第二个“慢”就已经记为阴平调了，‘慢慢儿’ man^{4} $marh^{1}$。

3.2.2.3 “一”“不”变调

在现代北京话中，“一”和“不”也存在特殊变调。“一”在数数、单念或在词句的末尾，读阴平本调，如：统一、第一、一二三；在阴平、阳平、上声前变读去声，如：一天、一年、一本；在去声之前变读阳平，如：一夜、一件、一万、一次。而“不”则是单念或在词、句末尾，以及阴平、阳平、上声之前都读本调去声，如：不香、不行、不好；只有在去声前才变为阳平，如：不是、不去、不会、不要。（《现代汉语》2003，123 页）《读本》中对“一”和“不”的变调情况也作了介绍。（参见附录，137 页译文）和我们前面讲的变调规则相似，但并不完全相同，同样是跟重音有着很大关系。

作者说多数情况下“一”出现时都是不带重音的，因此也不带调（即读轻声，比如‘打了他一巴掌’ ·tʌˇ-leɑo̩ t‘ʌ¯ i-·pʌ¯-tʂ̩ʌŋˇ、‘有一天’ io̩uˇ i-·t‘iɛn¯）；

当它带重音时，作者对“一”的声调变化情况的表述，我们整理如下：

阴平（本调）：① 后自由时（即紧邻停顿，单说或在词句末尾时），如·tɕin¯-t‘iɛn¯ ʂʅ tʂ‘u-·i¯‘今天是初一’。② 后黏着，且带强重音。如 tsai-·i¯-piɛn¯‘在一边’。

阳平：后黏着，且带弱重音，在去声前时，如·i¯-tɕy`-i´-·tɕy`-tɪ‘一句一句地’（第二个“一”）、i´ ·yan`-tsi‘一院子’。

去声：后黏着，且带弱重音，在阴平、阳平、上声前时，如·k‘ɤ` i` ·lai´-lᴀ‘客一来了’、i` ·u¯-tsʅ‘一屋子’。

“不”的变调情况与“一”类似，除了不带重音因而不带声调的情况之外（即读轻声，如‘你若不信’ni˘ zo pu ·çin`），其声调变化情况如下：

去声：① 后自由时（即紧邻停顿，单说或在词句末尾时），如 ni˘-·lai pu`‘你来不？’② 后黏着，在阴平、阳平、上声前，如·uo˘ ʂuo¯ ʂʅ pu` ·çiŋ´‘我说是不行！’

阳平：后黏着，在去声前，如 tʂɤ` ʂʅ ·uo˘-tɪ ·pu´-ʂʅ`‘这是我的不是’。

我们可以看出，作者对“一”“不”变调的阐释同样是围绕着重音的，如果“一”和“不”带强重音则会维持本调，只有带弱重音时才会在不同声调前发生我们比较熟悉的那些变调，而如果不带重音，则会完全失去声调。

3.2.2.4 其他变调

除了上述几种连读变调之外，作者还提到了两种声调组合的连调情况，分别为：

（1）阳平+阳平：一个阳平调接连着发在两个音节上。

作者提到，不管这两个带阳平调的音节上强弱重音如何分布，都会形成这样的情况。“在 nᴀ´‘拿’+χui´‘回’中，nᴀ´比其自由时的值域要低一些，这样下平声的上升调就是从 nᴀ´一开始一直发到 χui´结束。在我的转写中，将声调符号标在两个音节之间的连字符之上，来标写这种重要的现象：·nᴀ-́χui‘拿回’。同样的道理，kɤ´+tʂʅ´会发成 kɤ-́·tʂʅ‘革职’”。（附录，135 页译文）

（2）上声+阳平：半上+阳平。

上声+阳平实际上会和作者所说的强重音上声+弱重音上声的连读调（如·tᴀˇ＋sɑuˇ＞（·tᴀˇ-sɑuˊ＞）·tᴀˇ-sɑu‘打扫’等）变得相同，作者说：“而上声的后半段的调形是上升的（✓），同样下平声的调形也是上升的（ˊ），所以当一个上声黏着于后面紧邻的一个下平声时，也会导致完全相同的现象：lɑuˇ＋iɛˊ＞·lɑuˇ-iɛ‘老爷’、kanˇ＋tɕiˊ＞kanˇ-·tɕi‘赶集’”。（附录，135页译文）

3.3 音　长

作者对北京话的音长也作了介绍。不过作者也指出，音长在北京话中并不重要，因此其标音体系中也并未体现出音长信息。在论述部分只是对其进行了简要介绍。作者对音长的讨论同样分为两个部分：音节作为一个整体相对于其他音节的音长和音节内部各音段之间的相对音长。

首先来介绍一下音节作为一个整体的音长。作者将音节的音长等级分为四等：长音节、半长音节、半短音节、短音节。

作者认为决定音节整体长度的因素有三个：

第一，不同的重音带来不同的音长，只有这样才是自然的。其他条件相等的情况下，重音越强会导致音长越长。

第二，其他条件相等的情况下，自由音节比黏着音节要长。

第三，声调对音长有着很大的影响。总的规律就是阳平和上声使音节更长，而阴平和去声使音节更短。而不带重音的音节（即轻声音节）总是短的。

三个因素具体的作用方式（附录，163—164页译文），我们就不详细介绍了。作者在第一点中认为“不同的重音带来不同的音长”，即暗含重音是原生性的，而音长是次生性的意思，是因为音节的重音不同才导致了音长的不同。这与我们的观点不同。我们认为，汉语的音长和重音之间确实存在着对应关系，但是是由于时长的长短而导致感知上的轻重，时长长短是感知上轻重的根据之一。林茂灿、颜景助、孙国华（1984）的声学实验和听感测试的结果表明感知上“重”的主要根据是时长。

第二点中作者认为自由音节比黏着音节要长，这与我们通常的认识是一样的。如林茂灿等（1984）早已通过声学分析表明，后有停顿时，普通话两字组中后字的时长明显长于前字。

第三点中作者认为轻声音节总是短的，阳平和上声使音节更长，而阴平和去声会使音节更短，也跟我们的认识是一致的。阳平和上声，尤其是上声，确实是时长相对较长的声调。而轻声音节确实比正常音节要短得多。林茂灿等（1980）、林焘（1983）、曹剑芬（1995）的研究表明，轻声的最主要的声学特征之一就是“音长缩短”。轻声音节的时长平均为正常音节的一半，最长可到正常音节的五分之三，最短不足正常音节的三分之一。

作者说除以上三个因素之外，“没有其他因素需要考虑了。音节是由一个还是由很多个成分组成的一点儿都没有影响。一个带强重音的自由的·i¯（带上平声）肯定是和一个带强重音的自由的·tɕ‘iau¯（带上平声）一样长的。”（附录，163 页译文）这种认识也是很科学的，我们也认为，汉语的正常音节，不管音节内部有几个音段，其长度都是一样的。

而音节内部各音段之间的相对音长，则与音节内各音段的重音相对应。正如作者所说：“从在音节内部的分布情况来看，总的来说重音和音长之间形成了很好的对应。只有在带上平声的字中重音和音长的表现才有所差别。”（附录，166 页译文）

3.4 韵律层级

3.4.1《读本》标音系统所体现的韵律层级

上文是对《读本》论述部分韵律观的整理与评述。在作者对实际语篇的标音中，其实是暗含着不同层级的，我们将结合作者在故事部分对语篇的实际标音来探讨《读本》标音系统所体现的韵律层级。

我们先来看作者对一段话的标音（故事 IV《谦虚的主人》）：

有　一個 人。他 和 人　說　話　　肯　　用　　謙　　虛　 字眼兒。

iọuˇ i-kə-·ʐ̧ɜn´, t‘ᴀ¯ χə-·ʐ̧ɜn´ ʂ̧uo¯-·χuᴀ`, ·k‘ɜnˇ juŋ` ·tɕ‘iɛn¯-çy¯ ·tsʅ`-iɛˇ‿ɹ.

有　一天　他 請　 客。 在 家　裹 喝　酒。會 兒 不 多

iọuˇ i-·t‘iɛn¯ t‘ᴀ tɕ‘iŋˇ ·k‘ɤ`, tsai-·tɕiᴀ¯-liˇ χɤ¯-·tɕiuˇ. χu`‿œɹ pu ·to¯,

那 月 亮　就　上 來 了。那　客　人　歡　喜 着　說。啊。

nᴀ-·yɛ`-leᴀŋ tɕiọ ·ʂ̧ᴀŋ`-lai´-lᴀ.　nᴀ-·k‘ɤ`-ʐ̧ɜn´ ·χuan¯-çiˇ-tʂ̧o ·ʂ̧uo¯: ·ᴀ¯!

今　晚　上　這 月 亮　怎　麽　這　麽　明　快　呢。

tɕin¯ ·uanˇ-ʂ̧ᴀŋ` tʂ̧ə-·yɛ`-leᴀŋ ·tsɜmˇ‿mo　tʂ̧ɤ`-mo ·miŋ´-k‘uaiˆ nɪ?

那個　人　連　忙 拱　手。 答 應 說。 不 嫌 不 好。 這

nᴀ-kə-·ʐ̧ɜn´ ·leɛn´-mᴀŋ kuŋ´-·ʂ̧ouˇ, ·tᴀ¯-jiŋ¯ ʂ̧uo¯: pu çiɛn´ pu ·χɑuˇ. tʂ̧ɤ`

不 過 是 舍下 的 一個 敝 月亮。

pu-kuo ʂ̧ʅ ·ʂ̧ɤ`-çiᴀ-tɪ　i-kə ·piˆ ·yɛ`-leᴀŋ.

首先，作者会将某几个相邻的字音用连字符“-”连在一起。连在一起的一般是复合词（如：说话 ʂ̧uo¯-χuᴀ`）、复合词前后加上语缀/缀词（如：那月亮 nᴀ-·yɛ`-leᴀŋ、舍下的·ʂ̧ɤ`-çiᴀ-tɪ）、单音节词前后加上语缀/缀词（如：一个人 i-kə-·ʐ̧ɜn´、在家里 tsai-·tɕiᴀ¯-liˇ）。不与其他音节连在一起的则被看成独立的词。而这些独立的词、连字符连起来的单位之间，都用空格隔开。

其次，连在一起的各部分之间会用逗号、句号等标点隔开。需要注意的是，作者标音时出现的标点符号位置和汉字原文的标点位置并不完全相同（汉字原文的句读标记全部用“。”），而音标转写中断句的位置更多，如“他和人说话肯用谦虚字眼儿。”汉字原文中间没有点断，而音标转写中则在“他和人说话”和“肯用谦虚字眼儿”中加了逗号，等等。可以看出，音标转写中的标点并不是依赖于汉语故事文本的。而是根据实际语流中的情况进行标点，我们后面所说的标点也指的是音标转写中的标点，而非汉字原文中的。

另外，作者在声调部分介绍“自由声调”和“黏着声调”概念时，提到了“停顿”，如“在这个房子没有人”tsai tʂ̧ə-kə ·fᴀŋ´-tsʅ|| mᴇ-iọ ·ʐ̧ɜn´中，“房

子”后面有一个停顿[①]。我们可以看出这个停顿所划出的单位是大于用连字符连起来的单位，而小于或等于用逗号或句号划出来的单位。不过在作者对故事部分的实际标音中，“停顿”并未用符号体现出来。

实际上上述标音体系中的不同层次体现的即是韵律上的层级，我们可以据此来对《读本》的韵律层级体系进行归纳。韵律层级理论是近二三十年来出现的重要理论，该理论主张韵律是一个由 mora、音节、音步、韵律词、韵律短语、语调短语、话语等大小不同的韵律单位组成的层级体系，每个上级单位有一个或几个下级成员按一定的组合模式构成。我们对《读本》韵律层级的探讨采用 Selkirk（1984）的韵律层级模型。他的韵律层级模型中，从小到大的各级单位依次为：音节—音步—韵律词—小韵律短语—大韵律短语—语调短语—话语[②]。我们下面来看一下《读本》的韵律层级是怎样与此对应的。

首先，上面说的标音体系中用空格隔开的每个单位，是《读本》韵律层级中最小的韵律单元，不管是单个的音节还是用连字符连起来的几个音节，在作者看来地位是一样的，都是看作是“词”来对待的。不过这样的“词”并不是语法上的词，而是韵律上的词，我们可以将其称为“韵律词”。

第二，用“停顿”隔开的单位，大于韵律词，而小于或等于用标点符号隔开的单位，我们可以将其称为“韵律短语”。其后有停顿，其中可包含几个韵律词。

第三，用逗号、句号等标点符号隔开的单位，实际上相当于“语调短语”，后面有较大的停延。语调短语还要承载语调和句层面的重音，不过这些信息在《读本》的转写体系中并未体现出来。

最后，整个语段即为一个“话语”，可以包含若干个语调短语，形成一个完整的篇章。

需要注意的是，《读本》的标音体系中并没有与“音步”相对应的单位。

---

① 需要注意的是，“黏着声调”所指的黏着在一起的音节间并不一定有连字符连在一起，如 t‘ᴀ¯ ·tʂ‘u¯-tɕ‘y` ‘他出去’中的·tʂ‘u¯就前黏着于 t‘ᴀ¯，但它们中间并没有连字符。

② 我们对《读本》韵律层级的讨论，将“小韵律短语”和“大韵律短语”合并在一起，合称“韵律短语”。

汉语的音步多为一至三个正常音节，还可以另加一至两个轻声音节，两音节为常规。（王洪君，2008：255）《读本》体系的最小韵律单元，即前面提到的用空格隔开的“韵律词”，则有时会大于一个音步，如 k‘ɤ´-ʂʅ·nĭ nᴀ´-tiŋ-·tʂuˇ-i`-lᴀ ‘可是你拿定主意了’（故事 X《兄弟与收成》）中有三个“韵律词”，其中第三个 nᴀ´-tiŋ-·tʂuˇ-i`-lᴀ ‘拿定主意了’整个是个韵律词，五个音节全部用连字符连在一起，有三个正常音节和两个无调音节。这是不能为“音步”所容的。这个单位划分音步应该为两个音步：拿定|主意了。还有些时候，《读本》的一个“韵律词”又可能小于一个音步，如上面故事 IV《谦虚的主人》中的 pu çiɛn´pu ·χɑuˇ ‘不嫌不好’，作者的标音将每个音节都隔开，那么就是四个“韵律词”，而实际上按音步划分的话，“不嫌不好”属于两个音步：不嫌|不好。因此，“音步”这个层级在《读本》的标音体系中是并不存在的。

综合以上讨论，《读本》标音体系所体现的韵律层级从小到大依次为：音节—韵律词—韵律短语—语调短语—话语。

3.4.2 连上变调的连调域

前面我们已经介绍了作者对北京话连上变调的阐述，作者认为两个带重音的上声相连（相黏着），强重音落在后一个音节上时，前一个上声会变同阳平调。另外，作者在书中特别指出：“像以前的作者那样说‘一个上声后面跟着另一个上声时’是不对的。即使它们中间有一个非常轻微的停顿，后面那个上声也绝不会影响到前面的上声”（附录，132 页译文注释①）。也就是说作者认为弱重音上声和强重音上声相连时，只有它们紧密联系在一起，中间没有任何停顿时前一个上声才会变同阳平。作者在讨论连上变调时的用语也是说两个上声音节“黏着”在一起时，即在停顿之间。结合我们在上一节对《读本》韵律层级的探讨，作者的话即表明，北京话连上变调的连调域仅限于韵律短语之内，即由空格隔开的韵律词内、由停顿隔开的韵律短语内部的各韵律词之间可以发生连上变调，而在更大的韵律层级中则不会发生连上变调。

但是现在学界则普遍认为北京话连上变调的连调域实际上可以很大。连上变调的连调域不与最小的韵律单位重合，可以跨音步、跨停延段发生，连上变调的最大辖域可以达到语调段（相当于我们这里所说的“语调短语”）（Chen，2000/2001；邝剑菁、王洪君，2006）。如：**雨伞**，商**场广**告部，用毛**笔写**了个大字，从上**海、北**京、天津来的旅客到这里集合。粗体的两个上声相连，前一个都可以变同阳平。连上变调不能够穿透语调段的边界，比如下面的句子中，“想”和“哪”相连，“想”不会发生变调：小柳惆怅地**想：哪**个才是真正适合我的呢？

我们现在从《读本》中找出两个上声相连时的例子（包括故事部分及论述部分）来对《读本》的连上变调的辖域进行检验。不过由于很多我们不读轻声的词在作者的体系中都归为“不带重音的音节”，因此很多上声字就成为无重音因而无调的音节了，在作者的体系中，无重音的音节是不会致使其前面音节的声调发生变化的，因此可以供我们用来检验的例子并不很多。我们找到：

① 甲子 **tɕiᴀˊ-·tsɿˇ**
　永远 **juŋˊ-·yanˇ**
　二五眼 ·œɹˋ-**uˊ-·iɛnˇ**
　赶紧 **kanˊ-·tɕinˇ**
　捣鬼 **tɑuˊ-·kuᴇiˇ**
　可以 **k‘ɤˊ-·iˇ**
　苦苦的 **k‘uˊ-·k‘uˇ**-tɪ
　井口里 **tɕiŋˊ-·k‘ouˇ**-li
　拥拥挤挤 ·juŋˇ-juŋ-**tɕiˊ-·tɕiˇ**
　欢欢喜喜的 ·χuanˉ-χuanˉ-**çiˊ-·çiˇ**-tɪ

② 买米 **maiˊ ·miˇ**
　很好 **χɜnˊ ·χɑuˇ**
　你老人家 **niˊ ·lɑuˇ**-ʐɜn-tɕiᴀ
　若不请你 ʐoˋ pu **tɕ‘iŋˊ ·niˇ**
　惹气惹恼 ʐɤˇ ·tɕ‘iˋ **ʐɤˊ ·nɑuˇ**

③ 他得等后天 ·t‘ᴀ¯ **tɛi´** **·təŋˇ** ·χou` -t‘iɛn¯
可就把我打死了 k‘ɤ´-tɕio̩ pᴀ-**uo´** **·tᴀˇ̄**-sʅ-lᴀ （此句摘自附录，158 页译文）

④ 一旦发觉锁拿到官 ·i¯ tan` ·fᴀ¯-**tɕiauˇ**, **·soˇ̄**-nᴀ tɑo̩-·kuan¯

上面四组例子中加粗的都是相连的两个上声，且前一个上声带弱重音，后一个上声带强重音，在重音分布上符合作者所说的连上变调的条件。

第①组，相连的两个上声音节用连字符连起来，位于同一个韵律词内，毫无疑问前一个上声会变同阳平。

第②组，两个相邻的上声中间有空格相隔，但它们的联系十分紧密，中间无法插入停顿，即它们仍是“黏着”在一起的，属于同一个韵律短语，语法上它们也处在同一个结构中。此时前一个上声仍然会变同阳平，说明《读本》体系的连上变调是可以跨韵律词发生的。

第③组，“他得等后天”的“得等”和“可就把我打死了”中的“我打”，两个相连的上声音节中间虽无逗号相隔，但其中是可以插入停顿的，语法上它们也属于不同的句法成分。因此本组的两个相邻上声看似属于不同的韵律短语，但其实不然。按作者的观点，两个上声相黏着时才有可能会发生连上变调，既是相黏着，中间就该没有停顿，那为何此处中间可以插入停顿的两个上声音节相连也会发生连上变调？其实结合作者的记音原则——即“仅通过耳朵的帮助”，（附录，122页译文）也就是完全根据实际听到的情况来记音——这两者并不矛盾。因为像③中的情况，“得等”“我打”之间并不是必须要有停顿，而是可以插入停顿，也可以不插入停顿，因为两个上声音节虽不处在同一个最小结构中，但仍是同在一个较大语法结构中，其联系还算是比较紧密的。因此当这样的语句连贯地读出来，中间不插入停顿时，音节之间就是“黏着”在一起的，也即它们是处于同一个韵律短语之中。如果重音上也符合变调的条件，那么连上变调就依然会发生。而如若读得慢一点，把可能的停顿都实现出来，那这时音节之间就会不再“黏着”，即分属于不同的韵律短语，从而阻断连上变调的实现。“可就把**我打**死了”这个句子就是最好的一个证明。我们在《读本》的论述部分和故事部分各找到一次此句的标音（参看下文第⑤组例句），但是一例发生了连上变调，一例则未发生，这就是问题所在。我们在下文还会再进一步讨论。因此，第③组的句子中，相邻的两个上声音节实际还是处在同一个韵律短语之中的两个韵律词。此时的连上变调仍然发生在韵律短语内部。

第④组“一旦发**觉锁**拿到官”中相邻的两个上声音节“觉”和“锁”前者带弱重音，后者带强重音，但是并未发生变调。它们标音之间是有逗号相隔的，中间也一定会有较大的停顿，因此它们已属于不同的语调短语。此时前一个上声未发生变调说明《读本》体系中连上变调无法跨语调短语发生。

那么，跨韵律短语但在同一语调短语中的相连上声又是怎样的呢？我们在《读本》中还找到一些前后两个上声音节都带强重音或都带弱重音的例子，这里一并考察一下：

⑤ 水火盗贼 **·ʂ̩uᴇiˇ** **·χuoˇ** ·tɑuˋ ·tsᴇiˊ

北京里也是这个月亮 ·pᴇiˇ-tɕiŋˉ-**liˇ** **iɛˇ** ʂ̩ʅ ·tʂ̩ɤˋ-kə ·yɛˋ-leᴀŋ.

他把毋苟两字又念差了 t‘ᴀˉ pᴀ ·uˊ **kouˇ** **leᴀŋˇ** ·tsʅ ioˌ niɛnˋ-·tʂ̩‘ᴀˉ-lᴀ

不敢小看他们的 pu **·kanˇ** **·çiɑuˇ**-k‘anˋ t‘ᴀˉ-mɜn tɪ

一个大狗跑来 i-kə tᴀˋ **·kouˇ** **·p‘ɑuˇ**-lai

拿手打他 nᴀ-**·ʂ̩ouˇ** **·tᴀˇ**-t‘ᴀˉ

可就把我打死了 k‘ɤˊ-tɕioˌ pᴀ-**·uoˇ** **·tᴀˇ**-sʅ-lᴀ（此句摘自附录·读本，故事IX《不识字的先生》）

⑥ 煮了煮拣着那肥的 ·tʂ̩uˇ-leɑoˌ-**·tʂ̩uˇ**, **·tɕiɛnˇ**-tʂ̩onᴀ-·fᴇiˊ-tɪ

有弟兄俩。伙着种地。 ioˌuˇ ·tiˋ-çyŋˉ **·leᴀˇ**, **·χuoˇ**-tʂ̩o tʂ̩uŋˋ ·tiˋ.

你们想一想哪里见有个佛来。 niˇ-mɜn ·çiᴀŋˇ-iˋ-**·çiᴀŋˇ**, **·nᴀˇ**-li tɕiɛnˋ ioˌ kə-·foˊ-lai?

以上例句两个上声相连都没有发生变调现象。第⑤组相邻的两个上声分属不同的韵律短语。第③组和第⑤组例句从语法上看情况类似，两个上声音节都分属不同的句法成分，中间都可以插入停顿。但我们之前说第③组的两个上声音节属于同一韵律短语，而第⑤组则属于不同韵律短语。这是因为根据作者的记音，第⑤组两个上声之间的停顿确实实现出来了。可以看到，《读本》中两处出现同样的句子“可就把我打死了”，但是连调情况却截然不同。两个相邻的上声音节“我打”一次发生连上变调，一次完全没有变调，其差别仅在于重音。前者是两个上声音节前弱后强，后者是两个上声音节都带强重音。如前文分析，当“可就把我打死了”的“我打”未发生连读变调时，“我”和“打”中间实际是有停顿的，它们并未“黏着”在一起。也正是因为如此，它们才会同时带上强重音，因为按照作者的重音规则，黏着在一起的音节是会避免出现两个相邻的强重音的。（附录，146 页、151 页、152 页译文）所以我们才说它们是在同一语调短语内部，却分属不同韵律短语的。正是因为它们之间“可以出现”的停顿在实际语流中确实实现了，前一个上声的声调才没有受到后一个的影响而发生变化。这与作者所说的“即使它们中间有一个非常轻微的停顿，后面那个上声也绝不会影响到前面的上声”（附录，132 页译文注释①）正好吻合。第⑤组的其他例句也是如此。比如“北京里也是这个月亮”，中，“里”和“也”之间明显可以插入停顿，也确实出现了停顿。而“水火盗贼”按我们现在的习惯可能将并列结构的“水火”读得比较紧密，将其看作一个韵律词，而按作者的处理，“水火盗贼”四字之间全部没有连字符，并全部带强重音，而按作者归纳的重音分布原则，韵律词、韵律短语内部会避免连着出现两个强重音。所以这里反映出它们实际上是中间出现了停顿的松散组合，而非内部联系紧密的词语，即在这里“水”“火”“盗”“贼”实际上各自是一个韵律短语。因此我们可以说，⑤中的两个上声相连没有发生连上变调，是因为在重音分布上两个上声同是强重音或弱重音，而之所以出现这样的重音分布，则正是因为它们中间出现了停顿，并未黏着在一起。或者我们也可以说，此种情况下连上变调是否发生与重音分布直接相关，而重音分布又与停顿是否实现有关。由此可见，《读本》的韵律体系十分严整，连上变调是否发生，重音、停延等韵律因素确实起着至关重要的作用。同时我们也可以看出，《读本》体系韵律层级的划分并不受语法结构的制约，而是完全从实际发音出发的，纯韵律层面的韵律层级体系。

第⑥组三个例句中相邻的两个上声字在语法上属于不同结构，且其标音中间有逗号相隔，有较大的停顿。它们已分属不同的语调短语。此时两个上声相连自然也不会发生连上变调。

综上，通过我们的检验，可以总结出，《读本》标音体系中，连上变调可在韵律词、韵律短语内部发生，而不能跨越韵律短语以及语调短语的边界。即《读本》体系中连上变调的连调域为“韵律短语”，不能够穿透韵律短语及其以上的韵律单位边界。这与作者论述部分的阐述可以互相印证，其体系内部统一，严整自足。这比我们普遍认同的连上变调的连调域（语调段，即语调短语）要小得多。并且，《读本》体系中连上变调的实现与否和重音等韵律因素息息相关。

另外，除了两个相邻上声前弱后强时前一个上声会变同阳平之外，作者也提到当两个黏着在一起的上声前强后弱时，前一个会变为只降不升的半上，后一个则会变成像阳平那样的升调。由于这种上声连调作者在标音时是通过把上声符号标在连字符上体现出来，如‘小鬼们’·çiɑu-̌kuɛi-mɜn、‘母狗’·mu-̌kou、‘手里’·ʂ̩ou-̌li 等，不言而喻，这种连调方式的辖域就只能达到可以用连字符连起来的结构，即韵律词了，所以当两个相黏着的上声中，强重音在前弱重音在后时，连调域比上一种情况还要更小。于是我们也看到：

a. 水井台 **·ʂ̩uɛiˇ tɕ̩iŋˇ**-·tʻaiˊ

b. 替你领银子 tʻi-·**niˇ liŋ**-̌·jin-tsɿ

c. 回省署事 χuiˊ-·**ʂ̩əŋˇ ʂ̩u**ˇ-·ʂ̩ʅˋ

这几个例子中，两个相邻的上声前强后弱，它们无论是跨韵律词（a），还是跨韵律短语（b、c），都不会发生变调，跨语调短语时自然更不会发生此种变调了。

4.《读本》标音体现的语音现象个案研究

我们在第 2、3 章，对《读本》论述部分所反映出来的北京话语音面貌作了系统梳理，本章将通过对故事部分具体标音的详尽考察来分析《读本》所体现出的一些具体语言问题，对其中与现代北京话明显不同的重要语音现象进行深入探讨。

4.1 er 韵母音值

在上文第 2 章对北京话声韵母的讨论中，我们看到，高本汉在《读本》中将北京话 er（儿、耳、二）音节记为 œɹ，这和现代北京话“儿”类字 ər 的读音似有很大差别。œɹ 为卷舌元音，其韵尾为卷舌通音 ɹ，和现代北京话的情况相同；但其主元音则是个前半低圆唇元音 œ，和现代北京话“儿”类字的主元音央中元音 ə 就距离颇远了。不过高本汉在《中国音韵学研究》中说道：“国际音标分前元音 œ 跟“央”元音 ɵ 两种。瑞典方言字母不分，译文用一个 œ 来对照，所以用在北平“儿”字音觉得太前，如果记得现在“œ”也包括 ɵ 音就差不远了。”（高本汉 1940/2003：181）因此，《读本》对“儿”类字的标音虽为 œɹ，但其实主元音也是个央元音，这个央元音为央低圆唇元音 ɵ，比央元音 ə 的发音部位略低，但也比较接近。然而用一个圆唇元音来记录北京话“儿”类字的读音在我们现在看来终究还是与现代北京话的情况相去甚远。

作者在论述部分将自己所用的隆德尔字母与其他一些外国学者对北京话的语音转写进行了对比，《中国音韵学研究》中也列举过一些外国传教士对北京话“儿”类字读音的转写。笔者将上述记音进行整理，再加上 W. Hillier (1909)、H. C. Hopkins (1907)、L. Wieger (1903)等作者对“儿”类字读音的标写，汇总如下：

表 4.1　不同作者对 er 韵母的标音

Wade①、Hillier、Hopkins	Mateer②	BEFEO③	Wieger	Lessing④	Russian⑤	W. Schott⑥	其他教士
êrh	êr	eul	eull	örl	эр	orl	ulh, urh, orl, eul, (öl)

由此可见，除了前面的两种标音，大部分国外作者都将北京话的 er 音节的元音标为圆唇元音。但是现代北京话的“儿”类字读音为 er[ɚ]，我们较难想象它会是从一个主元音为圆唇元音的韵母发展而来的。我们发现早在 17 世纪，西方传教士金尼阁所著的《西儒耳目资》中，对“儿”类音的记录即为 ul，其主元音同样是个圆唇元音。那么，百年前北京话的“儿”类字是否确为圆唇的呢？

《西儒耳目资》所记录的语音的方言归属，学界主要有三种看法：

① 以北方语音为基础的明末普通音，即官话（罗常培，1935）；

② 明末山西方音（陆志韦，1947；李新魁，1982）；

③ 南京音为基础的明末官话（鲁国尧，1985；曾晓渝，1991；张卫东，1991）。

其中以支持《西儒耳目资》反映的是南京音的为多。问题是，上述这三种方言的“儿”类字读音都不是圆唇的。那么何以《西儒耳目资》会以圆唇元音来标记“儿”类音，同样也有那么多的国外作者用圆唇元音来标记北京话的“儿”类音呢？

---

① 威妥玛（Wade, Thomas Francis），*A Progressive Course Designed to Assist the Student of Colloquial Chinese*（《语言自迩集》），1867/1886。

② C. W. Mateer, *A course of Mandarin Lessons Based on Idiom*（《基于习语的官话教程》）。

③ *Bulletin de l'Ecole Français d'extrême Orient* [BEFEO]（《法国远东学院学报》）。

④ F. Lessing & W. Othmer, *Lehrgang der Nordchinesischen Umgangssprache*（《汉语北方话口语教程》），Tsingtau, 1912。

⑤ Пещуровъ, *Китайско-русскій словарь*（《中俄词典》），1887。

⑥ W. Schott, Chinesische Sprachlehre（《汉语语法》），Berlin, 1857。

我们认为，“ul”等记音法并不能表明“儿”类字的元音是圆唇的。李思敬（1981:87；1994:53）说，金尼阁所标的“ul”音，实际就是儿系列字的[ɚ]音值。李新魁（1982：128）也说：“‘而’等字在金书中标为 ul，这个 ul 实际上就是[ɚ]，也可能这时的[ɚ]在山西方音中舌位略为靠后一点。”可见，金尼阁虽然用“u”来记“儿”音的元音，但可能这并不表明当时的“儿”就是读为圆唇的。威妥玛在《语言自迩集》中，也用“ŭ”这样一个圆唇字母来标记“资、此、思”等字的韵母，而这些字的韵母是舌尖元音 ɿ，并不是圆唇的。同样的道理，上面的几位作者，将北京话的“儿”类字用圆唇字母来标，应该也并不足以说明当时北京话中的“儿”类字就是圆唇的。

那么现在的问题是，既然当时的“儿”类字不是圆唇的，为什么那么多的国外作者都选择用圆唇字母来为“儿”类字标音呢？尤其是高本汉在《读本》中所用的隆德尔字母，其最大的特点就是标音精细，如果作者没有听到圆唇成分，应该是不太可能用一个圆唇元音来记录的。《西儒耳目资》中的 ul 音，李新魁（1982）认为是 17 世纪时[ɚ]在山西方音中舌位略为靠后一点，因此金尼阁采用后元音 u 来记“儿”类字的元音。当时山西方言的[ɚ]音是否舌位靠后我们很难知道，而且《西儒耳目资》又有可能反映的并不是山西方音。那么这种说法就值得商榷了。而上面其他那些外国作者用圆唇元音来记录北京话的“儿”类音的原因又是什么呢？我们这里只能给出一些推测。李思敬（1994）认为，“儿”系列字的音值，从古代到现代，中间曾经存在着一个[ɻʅ]音值，并不是从中古一下子跳到[ɚ]音的。金元时代“儿”系列字的读音为[ɻʅ]，明朝早期开始蜕变为[ɚ]。并且，“儿”系列字从[ɻʅ]到[ɚ]的蜕变过程中，当失掉声母[ɻ]以后，还应该存在过一个[ʅ]音值的时代，也就是：[ɻʅ]>[ʅ]>[ɚ]。那么，我们推测，可能“儿”类字音值从[ɻʅ]、[ʅ]变为[ɚ]的过程是比较缓慢的，大概明代早期开始产生的[ɚ]音并没有迅速推广，而是较长时间内“儿”类字的音值都存在一些[ʅ]的色彩。那么由于[ʅ]是个卷舌元音，那么这个卷舌音可能听起来跟圆唇元音有些相似之处，从而使得一些国外学者，包括高本汉，将北京话的“儿”类字的元音记为圆唇元音。而根据潘晓声（2011）的声学实验，汉语中 ʅ 在内外唇宽度等参数上的表现，确实与圆唇元音（o、u、y 等）更加相似，ʅ 的确是比其他非圆唇元音更偏圆唇的。这就为我们的推论提供了较为有力的证据。

4.2 儿化韵

《读本》的标音中，对儿化音有所记录。本节主要考察《读本》儿化韵的分合情况。现代北京话的儿化韵分合规则如下：（王洪君，2008:184）

ər(ï ei en)	ar(a)	ɐr(ai an)	ɤr/or(ɤ/o)	
iər(i in)	iar(ia)	iɐr(ian)		iɛr(iɛ)
uər(uei un)	uar(ua)	uɐr(uai uan)	uor(uo)	
yər(y yn)		yɐr(yan)		yɛr(yɛ)
ur(u)				
aor(aor)	our(ou)	ãr(aŋ)	ə̃r(əŋ)	
iaor(iao)	iour(iou)	iãr(iaŋ)	iə̃r(iəŋ)	
		uãr(uaŋ)	uə̃r(uəŋ)/ũr(uŋ)	
			iũr(iuŋ)	

以上是北京话老派儿化韵的情况，新派与老派的主要分歧在于新派 ar 类儿化韵并入 ɐr 类，即 a、ia、ua 的儿化和 ai/an、ian、uai/uan 的儿化合并了。此外还有一些人的 iɛr 和 iə̃r 开始并入 iər。

“儿化”是词根＋“儿”不断合音，最后融合为一个韵母的过程，赵元任（1968/1979）对儿化音变提出过一个“总原则”，即“可共存发音的同时性”。如果词根语素的韵母跟卷舌韵尾能够共存，则倾向于化合在一起，如果词根语素的韵母跟卷舌韵尾不能共存，词根韵母就需要作出一定调整才能与“儿”合音，如失落韵尾、加入过渡的 ə 元音等。王洪君（2008:200—211）指出，儿化的形成过程并不是直接从两个音节融合为一个音节的，而是经历了两个正常音节→一个正常音节＋轻声音节（一个半音节）→一个长音节→一个正常音节的过程。那么北京话的儿化韵形成和发展过程中，也经历过这些阶段。王福堂（2002）结合北京周边一些河北方言儿化韵的情况指出，北京话的儿化韵是在明清之间开始产生的，各组儿化韵的生成并不同步。ar 类和 ər 类儿化韵最先生成，-u、-ŋ 尾韵和 u、i、y 韵母与“儿”的合音过程则比较慢，可能很晚才结束了“一个半音节”或“一个长音节”的阶段，进而融合为一个正常长短的卷舌韵母。江海燕（2000）、李巧兰（2007）等人对河北方言儿化韵的研究也能支持王福堂（2002）的结论。

接下来我们将对《读本》中出现的所有儿化字音进行穷尽考察，来看一下《读本》的儿化音体系，与上面的现代北京话儿化音体系有何不同，以及各儿化韵在合音过程中所处的阶段。不过由于《读本》的标音文读色彩重，发音人又是照着文本念故事，所以儿化出现得本来就不算多，加上全书只出现了一部分韵母的儿化韵，还有很多韵母的儿化韵我们无从知晓，所以我们无法通过《读本》的标音来建立其完整的儿化韵系统，只能通过其中出现的儿化音来窥其一角。

《读本》全书共出现儿化词 87 次，50 例。我们将其整理在表 4.2 中（表中只为“X 儿”标音）：

表 4.2　《读本》儿化统计

/a、ia、ua/	/ian/	/ou、iou/
ᴀ/iᴀ/uᴀ＋œɹ→ᴀ‿ɹ/iᴀ‿ɹ/uᴀ‿ɹ	iɛn＋œɹ→iɛ‿ɹ	ou＋œɹ→ou‿ɹ
		iu＋œɹ→iu‿ɹ
奶妈儿 mᴀˉ‿ɹ	一点儿 tiɛˇ‿ɹ	米肉儿的 z̧ouˋ‿ɹ
法儿 fᴀˇ‿ɹ	有点儿 tiɛˇ‿ɹ	点头儿 t‘ouˊ‿ɹ
那儿 nᴀˋ‿ɹ	天天儿 t‘iɛˉ‿ɹ	坟头儿 t‘ouˊ‿ɹ
那（哪）儿 nᴀˇ‿ɹ	两天儿 t‘iɛˉ‿ɹ	猴儿 χouˊ‿ɹ
旮旯儿 lᴀˉ‿ɹ	打着千儿 tɕ‘iɛˉ‿ɹ	门口儿 k‘ouˇ‿ɹ
一家儿 tɕiᴀˉ‿ɹ	一边儿 piɛˉ‿ɹ	
三下儿 ɕiᴀˋ‿ɹ	地边儿 piɛˉ‿ɹ	酒儿 tɕiuˇ‿ɹ
笑话儿 χuᴀˋ‿ɹ	字眼儿 iɛˇ‿ɹ	
脑瓜儿 kuᴀˉ‿ɹ	死心眼儿 iɛˇ‿ɹ	

/iaŋ/ iᴀŋ+œɹ→iᴀ‿ɹ 这样儿 iᴀ̀‿ɹ 照样儿 iᴀ̀‿ɹ 跟班的样儿 iᴀ̀‿ɹ	/uai/ uæi+œɹ→uæ‿ɹ 一块儿 k'uæ̀‿ɹ	/u/ u+œɹ→u‿ɹ 路儿 lù‿ɹ 岁数儿 ʂù‿ɹ 功夫儿 fū‿ɹ
/in/ in+œɹ→i‿œɹ 一个劲儿 tɕī‿œɹ 今儿 tɕī‿œɹ/tɕī‿ɹ	/ai/ ai+œɹ→ai‿ɹ 小孩儿 χaí‿ɹ	/o/ o+œɹ→o‿ɹ 昨儿 tsó‿ɹ
/ʅ/ ʅ+œɹ→ʅ‿ɹ 事儿 ʂʅ̀‿ɹ	/en/ ɜn+œɹ→ɜ‿ɹ 屋门儿 mɜ́‿ɹ 盆儿 p'ɜ́‿ɹ	/uei/ uᴇi+œɹ→u‿œɹ 会儿不多 χù‿œɹ 小鬼儿 kǔ‿œɹ
/uaŋ/ uɑŋ+œɹ→uɑŋ‿ɹ 村庄儿 tʂuɑŋ̄‿ɹ	/iŋ/ iŋ+œɹ→iŋ‿ɹ / i‿œɹ 影儿 jiŋ̌‿ɹ/ jǐ‿ɹ 明儿个 mi‿œɹ́	/uŋ/ uŋ+œɹ→uŋ‿ɹ 窟窿儿 luŋ́‿ɹ

通过表 4.2 我们看到，《读本》的标音体系中，北京话“儿”读音为 œɹ，儿化韵的标写是在原韵母或去掉韵尾的原韵母上加卷舌成分 ɹ 或儿音 œɹ，并用“‿”连接。具体情况如下：

① 原韵母为单元音或二合元音，则在韵母后直接加卷舌成分 ɹ，如ᴀ→ᴀ‿ɹ、ou→ou‿ɹ、ai→ai‿ɹ；

② 原韵母为三合元音，则去掉原韵尾，再加卷舌成分 ɹ 或儿音 œɹ，如 uæi→uæ‿ɹ、uᴇi→u‿œɹ；

③ 原韵母为-n 尾韵母，则去掉-n 韵尾再加卷舌成分 ɹ，如 iɛn→iɛ‿ɹ、ɜn→ɜ‿ɹ；

④ 原韵母为-ŋ 尾韵母，则或者直接在原韵母后加卷舌成分 ɹ，如 uɑŋ→uɑŋ‿ɹ，或者去掉韵尾再加卷舌成分 ɹ，如 iᴀŋ→iᴀ‿ɹ，或者去掉韵尾加儿音 œɹ，如 iŋ→i‿œɹ。

我们看到，《读本》不同韵母儿化后能合为一个儿化韵的很少，大多数都是韵母儿化后自成一个儿化韵类。这可能是当时北京话的儿化韵本来就比较多，不同韵母儿化后还倾向于保持自己的独立身份；也可能是作者对儿化韵的标音并不是单纯的记音，而是兼顾了儿化韵与原韵母的同一性，所以才会出现数量众多的儿化韵。

ᴀ、iᴀ、uᴀ（a、ia、ua）韵母儿化后为ᴀ͜ɹ、iᴀ͜ɹ、uᴀ͜ɹ，从形态上看应该是已经完全合音为一个长度正常的韵母了。由于我们找不到 an、uan 韵母的儿化词，所以不知道它们的儿化韵是否与 a、ua 的儿化韵相同，但 iɛn（ian）韵母儿化后为 iɛ͜ɹ，其主元音仍保持 iɛn 中的 ɛ，不与 iᴀ的儿化韵 iᴀ͜ɹ 相同。Hopkins（1907）中也有对儿化音的记录，经过整理我们发现，Hopkins 的记音中，iɜn（ian）的儿化形式与 ia 的儿化形式也不相同，如‘北**边儿**’pierh—‘还**价儿**’chiarh，但是 a 与 an 的儿化、ua 与 uan 的儿化却是相同的，如‘写法儿’**farh**—‘搭**伴儿**’parh、‘笔**画儿**’huarh—‘拐**弯儿**’uarh。那么我们推测《读本》中的情况大概是与此类似的，即 a 与 an 的儿化、ua 与 uan 的儿化形式可能是相同的，但 ia 与 ian 的儿化形式不同。

ɜn、in（en、in）韵母的儿化形式都没有了-n 韵尾，是由于-n 韵尾的[-持续]特征与卷舌韵尾的[＋持续]特征不相容，-n 韵尾在合音初期就被删除了，剩下元音 ɜ、i。ɜ 是个央元音，与卷舌动作不冲突，于是合音成 ɜ͜ɹ，相当于现代北京话的 əɹ。而原韵母为 in 的“劲儿”标音为 tɕi`͜œɹ，“今儿”，共出现六次，其中四次标音都为 tɕi¯͜œɹ，出现于不同故事中；两次标音为 tɕī͜ɹ，且这两次 tɕī͜ɹ 都出现在第 XVII 篇故事《皮袄》中，可能表明了不同发音人之间的个体差异。可以说 in 韵母儿化后 i͜œɹ 是大多数人的读法，i͜ɹ 则可能是少数人的读法。由于 in 韵母的-n 被删除之后，i 的[＋前，＋高]的特征与卷舌也不相容，所以与卷舌韵尾之间需要加入一个央元音，成为多数人的读法 i͜œɹ，类似于现代北京话 in 儿化后的 iər（前面提到过，这里的 œ 实际上是个央元音 ɵ），而少数人的 i͜ɹ 读法则或许是“今儿”作为一个高频口语词而导致此儿化形式其进一步合音的表现。uᴇi（uei）韵母儿化后为 u͜œɹ，情况与-n 尾韵相似，-i 韵尾由于与卷舌不相容被删除，然后原来的主元音ᴇ可能由于太偏前，而在儿化韵中换为了 œ（ɵ），成为 u͜œɹ，类似于现代北京话 uei 的儿化韵 uər。不过还有一个问题是，如果 in 为大多数人采用的儿化形式和 uᴇi 的儿化形式已经完成了合音的过程，那么这两个儿化韵的主元音就应该是 œ 了，但在作者的转写中，则将其写成 i͜œɹ、u͜œɹ 的形式，如果 œ 成为韵母的主元音，应该记为 iœ͜ɹ、uœ͜ɹ 才更能反映实际情况。那么，这也许表明了另外一种可能性，这两个韵母的儿化形式还不是完全融合为一个正常长度的韵母，由于原韵母的韵尾已经删除，它们也不可能是前一个音节还保持完整的“一个半音节”，而有可能是与正常韵母不同的“一个长韵母”的形式，这样的话，in 韵母为少数人采用的儿化形式 i͜ɹ 才会是真正合音为一个正常长度韵母的形式。

uæi（uai）韵母儿化后原-i 韵尾失落，并加上卷舌韵尾，成为 uæ͜ɹ，ai 儿化后却为 ai͜ɹ，-i 韵尾并未失落。-i 韵尾舌位前、高的特性和卷舌动作相矛盾，带着-i 韵尾是很难再在后面紧接着卷舌的，那么，ai͜ɹ 的标音方式很可能并不是反映 ai 韵母儿化后的实际读音，而是因为作者照顾儿化韵母与原韵母的同一性而这样记的。或者也可能是 ai 韵母还没有完全与“儿”合为一个韵母。但是这后一种解释是很难说通的，因为根据周边其他方言儿化韵的表现，-i、-n 韵尾由于不跟卷舌韵尾 r 相容，通常很容易脱落，在合音前期就会被删除，而使 ai 的儿化韵成为很容易发音的 ar 形式，而不会保留着-i、-n 韵尾而形成未完全合音的儿化形式。况且 uæi（uai）儿化后韵尾已经脱落了，与“儿”合音了，ai 没有理由不与 uai 同步。另外，根据作者的标音，ai 类韵母的儿化韵和 a、an 类韵母的儿化韵都还是独立的，没有合并。而 Hopkins（1907）的记音中，ai 和 an 的儿化形式是一样的，如‘好**歹儿**’**tarh**—‘榻**板儿**’**parh**，即在 Hopkins 的体系中，a、an、ai 类的儿化韵（ia、ian 的儿化韵除外）都合并为同一个了。

而 iᴀŋ（iaŋ）韵母儿化后为 iᴀ͜ɹ，失落了韵尾-ŋ，其主元音也并没有发生鼻化，而是变得和 iᴀ（ia）韵母的儿化完全相同，这是和现代北京话很不相同的一点。而根据作者的标音，同样是-ŋ 尾韵母的 uɑŋ、iŋ、uŋ，儿化后却多保留了-ŋ 尾（uɑŋ͜ɹ、iŋ͜ɹ、uŋ͜ɹ），“明儿”以及“影儿”的另一个读法除外。实际上，-ŋ 在韵尾位置主要表现为通音性，因为韵尾位置的-ŋ 其实只有软腭的下降，舌根部位并没有突然的闭塞气流。现代北京话-ŋ 尾韵母的儿化会在元音上带上鼻化色彩，实际上就是保持了-ŋ 韵尾的舌体[＋后]特征（王洪君，2008:185—186）。那么，《读本》标音中的 uɑŋ、iŋ、uŋ 儿化后 ŋ 韵尾并未消失的读法，可能是跟现代北京话一样，-ŋ 变成了元音上的鼻化成分，与卷舌韵尾合音；也可能是-ŋ 尾韵并未和“儿”完全合音，而是一个独立的-ŋ 尾韵后加一个轻声的“儿”音节那样的“一个半音节”的形式，不过作者的标音中，uɑŋ、iŋ、uŋ 的儿化韵是这几个韵母直接与 r 韵尾相连，中间没有 œ 元音，似乎又不像是分开的两个音节。也许还是合音的可能性更大一点。而 iʌŋ 韵母儿化之后则完全失去了-ŋ 韵尾，可能是在此基础上进一步合音的结果，元音不再鼻化，-ŋ 的色彩完全失去，从而与卷舌韵尾结合得更紧密，以至于和开尾的 iʌ儿化后的形式一样了。不过《读本》中所有 iʌŋ 韵母儿化的例词都是“X 样儿”，它儿化后变为 iʌ‿ɹ 则有可能是“样儿”由于太常用而有了特殊的儿化形式，而与其他-ŋ 尾韵的儿化形式不同。而 Hopkins（1907）的《官话指南》英译本中，则是所有-ŋ 尾的儿化韵的标音都带着鼻尾字母，且标为一个紧凑的音节，如：‘车**箱儿**’ hsiangrh、‘灯**光儿**’ kuangrh、‘赏**封儿**’ fêngrh、‘手**缝儿**’ fêngrh、‘地**名儿**’ mingrh。这或许能够表明，《官话指南》英译本里的-ŋ 尾韵的儿化形式已经是一个正常长度的儿化音节了，但是还保留着-ŋ 的色彩，大概其主元音都发生了鼻化。这是《官话指南》英译本的儿化系统和《读本》儿化系统不相同的一点。

“明儿”儿化音为 mi‿œɹ́，“影儿”儿化音除 iŋ‿ɹ 外，还有 ji‿ɹ 一读（作者在论述部分（附录，154 页译文）明确指出“影儿”除 iŋ̌‿ɹ 外还有 jǐ‿ɹ 这种读音），都不带-ŋ 尾，且这两个原韵母同为 iŋ 的儿化词不带-ŋ 的儿化形式又不一样。这似乎又带来了新的可能性。“明儿”由于是非常常用的儿化词，因此使用频率高，可能在合音的道路上更进一步，把-ŋ 韵尾的色彩全部失去了，最后变为和 in 的主流儿化形式相同的 i‿œɹ。另外，李思敬（1994）指出，现代汉语北方话中的“儿化音”是由“儿”“日”“里”“了”四大来源构成的。而“今儿”“明儿”中的“儿”的来源就是“日”，即它们是由“今日”“明日”合音变来的，由于“今儿”的主流读音和“明儿”的韵母是一样的，而“明儿”与同是原韵母为 iŋ 的“影儿”的儿化韵母不同，则有可能是从“日”来的儿化音当时还并未混入从“儿”来的儿化音的表现。还有一种可能是，由于“今儿”和“明儿”属于同一个意义范畴，构词方式相同，又都是非常常用的儿化词，所以“明儿”受了“今儿”读音的类推影响，其韵母就变得和“今儿”主流读音的韵母 i͜œɹ 相同了。究竟是哪一种，我们根据现有的材料还不得而知。另外，“明儿”这个儿化词的声调标写方式是最特殊的，其他儿化音节都只为原韵母标注声调，而“明儿”mi͜œɹ́的声调则标在后面的 œɹ 上，与“今儿”tɕī͜œɹ 的声调标写方式也不同。或许是“明儿”作为一个非常高频的口语词，其合音程度已经非常高，其儿化音节已经完全被认同为一个正常音节的表现。而从“影儿”还有 jĭ͜ɹ 一读的现象来看，当时的-ŋ 尾韵的儿化形式可能并不是唯一的，就像-in 韵母的儿化形式有两种一样。或许其他的-ŋ 尾韵母鼻化后也会有不带-ŋ 色彩的一种读法。这大概表明当时的-ŋ 尾韵母的儿化形式由于合音程度的不同步而有着不同的语音形式，而合音的更进一步为 in 和 iŋ 的儿化韵变得相同提供了可能性，即都为 i͜ɹ。

其他韵母的儿化形式，则是直接在原韵母后加卷舌韵尾͜ɹ，如 ou→ou͜ɹ、o→o͜ɹ、u→u͜ɹ、ʅ→ʅ͜ɹ 等。从形式上看它们更像已经完成了合音过程的儿化韵。不过根据王福堂（2002）等的研究，u 韵母和-u 尾韵的儿化韵是很晚才完成儿化合音的过程的，如果像 ou、u 等韵母的儿化形式已经完成了合音的话，那其他的韵母的儿化形式则更应该已经成为合音完成之后的正常长度的卷舌韵母了。

综上，我们对《读本》标音反映出的儿化音体系进行了梳理，我们看到《读本》中的儿化韵形态和分合情况与现代北京话很不相同，这很可能是由于作者在对儿化韵标音时兼顾了儿化韵母与原韵母之间的同一性而造成的。这些儿化形式中有一部分甚至全部都已完成了合音过程，成为了正常长度的卷舌韵母，有少数韵母的儿化形式可能并未彻底完成合音过程，处在“一个半音节”或“一个长音节”的阶段。不过从我们的分析来看，似乎是这些儿化韵均已完成合音的可能性更大一些。由于《读本》并未提供出全部儿化韵的信息，材料所限，我们只能得出上述推论。

4.3 “了$_1$”与“了$_2$”

我们在第三章对语缀和缀词重音情况进行介绍时，在三个地方都提到了“了”。一是“了”作为附在句子上的语缀，不带重音，记作 lᴀ。二是“了”作为助动词，从“完结、结果”的意义虚化而来，作者将其归为缀词，不带重音，读音为-leaọ，但常常会说成-lᴀ。三是“了”作为情态助词，有“能够、可能”的意思，作者也将其归为缀词，有时不带重音（-leaọ），有时带弱重音（-leaǔ）甚至有时会带强重音（-·leaǔ）。“了”最后一个情态助词的用法（如“走不了”“到得了”中的“了”）是比较明确的，和现在的用法也大致相同。而前两个用法之间却存在一些密切的关系，值得我们再细致考察一下。

我们知道，现代北京话中语尾的“了”虽然只有一个读音，但实际上它出现在不同句法位置时的语法功能并不一样，如“吃了饭”的“了”是动词后缀，而“我看见他了”的“了”为句尾语气词。不少学者主张区分了$_1$和了$_2$，如黎锦熙（1924）、赵元任（1926）、吕叔湘（1980）、朱德熙（1982）等。朱德熙在《语法讲义》中指出，语气词“了”（即“了$_2$”）和动词后缀“了”（即“了$_1$”）同形。动词后缀“了”的作用在于表示动作的完成，如“下了课再去”，它可以加在单个动词后面，也可以加在述补结构后面，如“把草拔干净了再上肥”，也可以加在形容词的后面，如“短了一寸”。总的来说，动词后缀“了”出现在谓词性成分之后。动词后缀“了”只出现在句中，不出现在句尾。而语气词“了”表示新情况的出现，如“下雨了”“早就看见你了”。凡在体词后面出现的“了”只能是语气词，不可能是动词后缀。语气词“了”只在句尾出现，不在句中出现。还有语气词“了”（了$_2$）和动词后缀“了”（了$_1$）同时出现的情况，如：我早就报了$_1$名了$_2$、我在这儿住了$_1$五年了$_2$。如果句尾“了”前面是动词，这个“了”可能是语气词，也可能是动词后缀“了”和语气词“了”的融合体，即了$_1$+了$_2$。如“他笑了”有两种意思，一种意思是说他原来没笑，现在开始笑了。此时句末的“了”是语气词。另一种意思是说他刚才笑了，笑的动作现在已经完成，此时这个句尾的“了”实际上就是动词后缀“了”和语气词“了”融合在一起的产物了。（朱德熙 1982：68—72、209—210）

学界关于汉语了$_1$和了$_2$的研究非常多。现在更多的人认为了$_1$的语法意义并不是表“完成”，而是“实现”，了$_1$是“实现体”的标记，如刘月华（1988）、刘勋宁（1988）等。更新的研究则认为，了$_1$的语法意义是“完整体”，对应于印欧语时体的 perfective，而了$_2$则是“完成体”，对应于 perfect，如戴耀晶（1997）。

现在我们来看一下《读本》中附在句子上的语缀“了”和作为助动词的缀词“了”的用法。

高本汉在《读本》论述部分（附录，153 页译文）说，附在句子上的语缀“了”是语气助词，表达肯定语气，总是不带重音，如“他很聪明了”t‘ᴀ¯ χɜnˇ ·tsuŋ¯-miŋˊ lᴀ”。作者将其记作 lᴀ，与前面的词用空格隔开，而不用连字符连在一起。

而作为缀词的情态助词用法的“了”，作者是这样论述的：“动词 leɑuˇ 的意思是‘完结，终结’，由此而产生了一个总是不带重音的助动词。它似乎也在逐渐变成一个纯后缀，而它与相应实词是同一个词的感觉也完全维持不住了，从它的字音发生了很大变化这一点可以明显看出来。于是我们很少会听到 leɑo̩，而最常听到的是 lᴀ，尤其是在句尾的时候，如 t‘ᴀ¯ tʂ‘ʅ¯-leɑo̩-·fanˋ-lᴀ ‘他吃了饭了’。”（附录，156 页译文）此种用法的“了”也总是不带重音，作者将其记作-leɑo̩及-lᴀ，与前面的成分用连字符连在一起。“他吃了饭了”中的两个“了”，都是此种用法。从作者的叙述中可见，情态动词用法的“了”，读 lᴀ时比 leɑo̩更加虚化，读音的变化也更大。作者是将情态助词用法的“了”，无论是读 leɑo̩还是 lᴀ都看成同一个东西的。

作者全书对“了”的论述只限于上面的两处。其具体用法是怎样的，还有待我们深入挖掘。根据作者的叙述，我们得到了三个轻读“了”的标音形式，分别是-leɑọ、-lᴀ和 lᴀ，后面的讨论中我们将其改写作音位标音的形式，即-liau、-la 和 la。其中-la 和 la 的语音形式是一样的，而作者则认为语法上-liau 和-la 是同一个缀词，而 la 则是跟它们不同的语缀。

根据作者的叙述，结合前面提到的各学者对“了”的研究，《读本》的-liau 应该对应于我们所说的动词时体后缀“了$_1$”。la 则对应于语气词“了$_2$”。而《读本》中的-la，常出现于句尾，作者在论述部分给出的例子是“他吃了饭了”的后一个“了”，出现在“V 了 O 了”结构中，且位置在句尾，从这个例子看，-la 也对应于我们说的“了$_2$”。

不过由于作者在论述部分只对“了”的用法给出了比较简单的描写和很少的例子，还不足以让我们看到-liau、-la 和 la 用法的全貌，我们以上的论断还不能得到检验。于是我们穷尽性地检索了《读本》故事部分出现的所有虚词“了”（不包括“了不得”“去不了”等结构中的“了”），来对此作更进一步的考察。我们在故事部分共找到虚词“了”共 392 例，其中标为-liau 的 133 例，标为-la 的 206 例，标为 la 的 53 例，详见表 4.3。

我们从这些例子中发现，读-liau 的“了”，句法位置非常明确，都出现在句中，动词、动词补语、形容词等谓词性成分之后，如“把皮剥**了**去”“连皮带肉都卖**了**钱”“仿佛是自己做错**了**事情”“李能说完**了**这话”等等，且没有例外，无疑这就是我们所说的动词后缀“了$_1$”，用来表示完成、实现意义。

而标为-la 和 la 的“了”，则多出现在句尾。这二者的不同在于，-la 前面多为谓词性成分，如“我这一个儿子现在叫老虎给吃**了**”“他是同朋友喝酒喝醉**了**”等，而 la 前面则多为体词性成分，如“这么着我就都给了他**了**”“没有法子**了**”等等。我们结合前面作者对“了”的研究发现，记为-la 的“了”，多为“了$_1$+了$_2$”的情况，即出现在句尾，谓词性成分之后，是动词后缀“了$_1$”和语气词“了$_2$”重合在一起的结果。不过，记为-la 的例子有不少例外，表 4.3 标为斜体，如“走**了**不远”“哭**了**个死去活来的”“那个奶妈儿没**了**法儿了”“说**了**不算”“你看看你费**了**这么大心”等，这些句子中的“了”显然是“了$_1$”的用法，应该记为-liau才对。不过由于作者本来就认为-la和-liau是同一个东西，所以-la中混进去一些本应为-liau的例子，也算是在情理之中。另外，记为-la的例子中，还有几个例外是“就回了家**了**”“这个人听这话就为了难**了**”“你们都上了当**了**”中的后一个“了”。这几个句子都是“V了O了”的形式，前一个“了”是动词后缀“了$_1$”，后一个“了”在体词性成分的后面，且在句尾，是语气词“了$_2$”，应该归入la一类中。

标为la的“了”，全部出现在句尾，且前面多为体词性成分，符合我们所说的语气词“了$_2$”，且是不同于-la那种“了$_1$+了$_2$”的纯“了$_2$”。不过，这一类中存在大量的例外，这些例外句中的“了”也都在句尾，但前面是谓词性成分，如“你这个人可真老糊涂了”“赶他见他妹妹哭了”等等。这些句子中的“了”其实是“了$_1$+了$_2$”的用法，应该归为-la类。

综上，我们可以看到，《读本》中“了”的三种记音形式-liau、-la和la的分布还是有明显规律的，它们分别对应于动词词缀“了$_1$”、动词词缀和语气词的重合形式“了$_1$+了$_2$”，以及语气词“了$_2$”。其中“了$_1$”的用法最明确，没有例外，“了$_1$+了$_2$”-la则跟-liau和-la都有瓜葛，在两极之间有轻微的波动，而“了$_2$”la中则有不少应属于-la的例子，它跟-la之间存在一定的交叉。而根据作者的论述，他自己则是将“了$_1$”的-liau和“了$_1$+了$_2$”的-la看成同一个东西，而认为纯“了$_2$”la与它们不同，这种认识是和我们对三者的分类不一样的。

《读本》对“了$_1$”“了$_2$”从语音上进行区分，是其一大特色。我们所参考的Boucher（1906）、Hillier（1909）等人的标音都未对了$_1$和了$_2$进行区分，无论是动词后缀还是语气词的“了”，都记为liao。

表 4.3 《读本》故事部分“了”用法统计

-liau(133)	-la（206）	la（53）
租了看場院的一間草房子住。	*走了不遠。就碰見一堆破爛衣裳。*	沒有法子了
帶到城裏去賣了錢	人明明的是叫老虎給叼到窩裏給吃了	*你這個人可是真老糊塗了*
等着兒子賣了柴火。買米。回來好作早飯。	這老婆子聽見他兒子叫老虎給吃了	*我趕緊派人給你拿老虎就是了*
等了個太陽大平西	*哭了個死去活來的*	即就把拿老虎的票交他辦理去了
非瞧着知縣出了拿老虎的票他不走	我這一個兒子現在叫老虎給吃了	*可就苦了李能了*
第二天李能醒了酒兒	如同瘋了似的	*就拉倒縣衙門來了*
這麼着李能請了好些個打獵的	遇見老虎給吃了	*這瞧熱鬧的人就多了*
可就苦了李能了	他是同朋友喝酒喝醉了	這也沒有法兒了
問老虎拿着了沒有	這纔放心回家聽傳去了	由此老婆子不但不想兒子了
一連一個多月李能足挨了幾百板子	他也後悔起來了	那個孀媽兒沒了法兒了
李能說完了這話	今兒怎麼就後悔了	*比北京裏那月亮差多了*
老虎又點了一點頭兒	又來要打算吃我來了嗎	就哭着告訴給他爹了
把皮剝了去	那個打柴的他媽是把你告下來了	*不要那麼太清楚了*
連皮帶肉都賣了錢。	那打柴的人是你吃了嗎	*那小鬼們就滿世界去找的了*
這老虎有時來了趴在窗戶外頭	這老婆子就有這麼一個兒子。你給吃了	可找着了好先生了
就這樣過了十幾年。	我就開恩把你放了	你們找着好先生了麼
彷佛是自己做錯了事情	老婆子就回家去了。	你行了幾年醫了呢
有一家死了人	日子常了他也不怕人	你可治過多少人了呢
人家請了他去作祭文	一時饞了	我纔治過一個人了

续表

-liau(133)	-la（206）	la（53）
就在本上找了一篇現成的祭文	把個打柴火的誤心中給吃了	*那閻王一聽這話就惱了*
人家找了他去	既至知縣審斷了	*嚇的那家雀都不敢叫了*
請了一個秀才來給他們寫帖	簡直的也不如畜牲了	冬天那挑水的灑的水井臺上凍成冰凌了
他們三位一塊坐了席	抄下來了	就打了官司了
到了家。說起話來	這不是張三的帽子給李四戴上了麼	*你倆都不許要了*
說着就照着他臉上打了他一巴掌	先生寫差了	就跌的盆裏了
見了閻王	怎麼能彀差了呢。	拉了一屋子一院子淨是官的爹了
先得把你身上那毛都拔了去	若是差了	鬧的那官認不清那一個是他眞爹了
學生回家問了問他爹	不是我差了	忘了他老人家了
請了他去上了學。	是你家的人死差了	一個牛腦袋出不來你們就沒有法了
請了他去上了學。	*那個孀媽兒沒了法兒了*	煩勞了他一輛了
偏趕的本縣下了鄉	先生拿起書來就睡着了。	*有一個人又合二大爺去商量的了*
到了村裏	莫的也就睡着了。	沒有法了
趕官到了這學房門口兒	會兒不多那月亮就上來了。	*就有人又跑去請的了*
又打了他五下兒	有個猴兒死了	我住在一個大鎮店上客店裏了
趕到了耩莊稼的時候。	那猴說。是了罷	我不賣那隻鐲子了
趕到了分山藥的時候。	纔拔了一根	那個錢鋪的人把那隻鐲子又給了他了
趕到了第二年	你回去告訴給你們先生。說我忘了	就按着十兩銀子合好了現錢給他了
有一天閻王得了病	這對子出差了	*方大夫說是了*
走到了一個門口	怎麼昨日一個五月節就忘了呢	*趕他見他妹妹哭了*

续表

-liau(133)	-la（206）	la（53）
連找了好幾天	那官就惱了	他知道鬧賊丟了東西了
俺們找了好幾天	趕官走了	他怕是他妹妹聽見說他丟了銀子衣服了
你行了幾年醫了呢	那東家們就拿着酒菜給先生來壓驚來了	吗下夜的兵給拿住送了衙門了。
你治了一個就死了一個	房頂上那些個葦子我纔編上了	這麼着我就都給了他了
你治了一個就死了一個	可就把我打死了。	*老弟大喜了*
若吗你還了陽。你不定治死多少人呢。	偺們那莊稼趕分的時候得分均了	見題名錄了
快給我把他下了油鍋。	不如把這莊稼分上下兩頭就完了	*老弟此次中的很高足見是學問有素了*
見了閻王	該耩地了	承過獎了
氣的閻王就吗他脫生了個不會說話的魚	可是你拿定主意了	那麼您此次回省就可以補缺了罷
到了外邊	*說了不算*	人心端正風俗自然到好處了
忽然來了一個鷂子	*算了不說的*	你們心好這就是佛了
要了他的銀子	就說。行了	*以爲出了家在佛爺脚下就長命了*
走到了一個井	那小鬼們就走了	這神佛也是一個小人了
那老頭子着了忙	那小鬼們就歡喜了說	這不倒得罪佛了麼
那傻子給了他銀子	可鬧着了	
就回了家了	*可找着了好先生了*	
進了門	*就把他吗到了閻王跟前*	
笑着笑着一下子跌了個跤	那小鬼們說。找着了	
扒拉了扒拉	趕死了	
看了看	求起恩典來了	
說着就找了他去。	一聽見他把毋苟兩字又念差了	

续表

-liau(133)	-la（206）	la（53）
是你侵了我的地。	他就走了	
就打了官司了	那也行了	
他們就把這個瓦碴盆兒拿了來交給官。	趕學會了	
官驗了驗	那個傻子又上別處去了	
官就坐了堂說	牽着匹老驢。來飲來了。	
入了官罷。	就踏倒了	
就氣的找了來了說	那老頭說。行了。	
要了人家的東西不給人家。	*就回了家了*	
裏頭就又長了一個	他回來了	
又拿出來。又長了一個。	街坊鄰舍的也都來看他來了	
不成望一下子跌了個跤	那傻子的娘來了	
拉了一屋子一院子淨是官的爹了	就跌倒了	
有了遭難的事兒	耕着耕着把犁鏵子打了	
喝了水	可怎麼把犁鏵子打了呢	
眾人都着了忙說	可鬧着了	
忘了他老人家了	歡喜的了不得了	
就有人跑了去見了二大爺說	就把他一家子大小都囑咐了	
就有人跑了去見了二大爺說	他就說了。	
到了那裏大夥子都歡歡喜喜的說。	那村裏都嚷動了。	
二大爺看了看	他的地鄰也知道了	
那些個人們拿了刀來把那牛腦袋砍下來	你多耕了	
二大爺來了弄了弄	*官叫了他們去說*	
他就着了急說	*細細的往官說了一遍*	
些人們拿了鎚子來	給你們講和了罷。	

续表

-liau(133)	-la（206）	la（53）
看了看	把嘴一撇把腦袋一耷拉回去了。	
他們就剝了剝	官他爹聽見說了	
煮了煮	就氣的找了來了說	
給二大爺端去了一大盤子	*着上了一個元寶。*	
你費了心了。	拉來拉去那個盆也壞了。	
這村裏有了大事可怎麼着罷	這個牛渴了。	
有一個德成錢鋪這天去了一個人	那牛把韁繩揪折了就鑽的那甕裏頭喝水	
給了那個送信的一百錢	那腦袋怎麼也不出來了	
現在是我兄弟起浙江給我帶了銀子來了	可了不得了	
現在先帶了十兩銀子來	二大爺，可了不得了	
那個人就拿了走了。	那腦袋出不來了	
趕待了不大的工夫兒	說着大行大步的就去了	
你們上了當了	啊二大爺來了。	
就可以帶了你們找他去	這可就不礙了。	
叫他帶了他們找那個人去。	拿刀來砍下來就弄出來了。	
趕他們走到了一個點心鋪的門口兒	氣的把腳一跺就走了	
見了那個騙子手就說。	*煩勞了他一躺了*	
見了方大夫就說	二大爺來了弄了弄	
趕大家都瞧完了病走了	拿鎚子來把這甕砸了	
是拿了甚麼衣裳來了	管保就出來了	
到底是拿了一件甚麼衣裳來	說完了	
那個人今兒早起他到了我們鋪子裏	二大爺賭氣子就走了	

续表

-liau(133)	-la（206）	la（53）
把他的衣裳騙**了**去了。	把這個甕就砸**了**	
他有一個出**了**門子的妹妹	那牛早已死**了**	
他男人現在找**了**一個海船上管賬的事情	剝剝他煮煮喫**了**就完了	
他後墻上挖**了**一個窟窿。	剝剝他煮煮喫了就完**了**	
偷**了**幾十兩銀子和幾件衣裳去	大爺說**了**	
他知道鬧賊丟**了**東西了	要剝剝煮煮喫**了**	
他怕是他妹妹聽見說他丟**了**銀子衣服了	就大放悲聲的哭起來**了**	
叫下夜的兵給拿住送**了**衙門了。	*你看看你費**了**這麼大心。*	
這個人聽這話就爲**了**難了	誰能彀把甕砸**了**	
那個人就給他妹妹送**了**去了	你老人家別哭**了**	
趕回到家裏來見**了**他就撒了一個謊說	你費了心**了**	
這麼着我就都給**了**他了	*二大爺就大聲哭着連聲說**了**好幾回*	
出**了**房了沒有	拿着一隻鐲子到那個錢鋪裏賣去**了**	
卻不知道人若是離**了**這個五倫	這個工夫兒又進來**了**一個人	
叫他迷惑喪**了**良心	剛纔我到您府上給您送銀信去**了**	
走**了**岔路	您家裏的人說您上街來**了**	
至於爲非作歹犯**了**罪戾也就不少	這麼着我就到街上找您來**了**。	
除**了**秀才就是和尚道士皆爲邪教	可巧瞧見您進這個鋪子來**了**。	

续表

-liau(133)	-la（206）	la（53）
就是眞個成了神仙	*那個賣鐲子的人把銀信就接過去了*	
有誰看見他上了西天	那個送信的就走了。	
但是他們不過完了自己一身子之事	現在是我兄弟起浙江給我帶了銀子來了	
捨在廟裏作了和尚道士	那個錢鋪的人把那隻鐲子又給了他了	
以爲出了家在佛爺脚下就長命了	就把那封信拆開了念給他聽	
不是喪了命就是少臂沒腿的	等後來有順便人再多帶銀子就是了	
卻不知虧了爹娘的議題正是不孝之極。	*把這十兩銀子拿下去平一平都給換了現錢罷*	
從前的福緣反作了禍根	*就按着十兩銀子合好了現錢給他了*	
去了那顛險的壞事	那個人就拿了走了	
	又進來了一個人拿票子取錢	
	你們上了當了	
	你們怎麼會叫他賺了呢	
	趕緊拿的夾剪把銀子夾開了一瞧。	
	錢鋪的掌櫃的就給了這個人一吊錢	
	就帶着錢鋪的兩個人走了。	
	就拿着那包假銀子進去了	
	既是假的我還你們錢就是了	
	你們這是拿別的假銀子來訛我來了	
	鋪的那倆人聽這麼說也還不出話來了	
	就趕緊的拿着那包假銀子跑回去了。	

续表

-liau(133)	-la（206）	la（53）
	提起這騙子手來**了**我告訴你一件事	
	有一天早起來了一個人	
	我們老爺和我們太太都病**了**	
	那個底下人又來**了**	
	把那個包袱要過來就拿着出去**了**	
	趕大家都瞧完了病走**了**	
	是拿了甚麼衣裳來**了**	
	他就把衣裳拿到裏頭去**了**	
	拿來先瞧瞧合式就留下**了**	
	這麽着我就跟他來**了**	
	他們老爺和太太都病**了**要上這兒瞧病	
	我當是他們老爺和太太來到**了**	
	把他的衣裳騙了去**了**	
	前兩天已經開船出海去**了**	
	她妹妹聽他不管可就哭**了**	
	他就賭氣子出去躲開**了**。	
	另外又給他雇**了**一匹驢	
	把他送回去**了**	
	趕這個人回來**了**	
	可巧這天夜裏來**了**一個賊	
	那個賊就招**了**	
	這個人聽這話就爲了難了	
	這麽着他就想了個主意	
	那個人就應**了**。	
	替他去**了**。	
	趕起衙門把銀子和衣服都領出來了	

续表

-liau(133)	-la（206）	la（53）
	那個人就給他妹妹送了去**了**	
	趕回到家裏來見了他就撒**了**一個謊說	
	他問我是上那兒去**了**。	
	我說是到衙門替你領銀子衣服去**了**	
	老兄久違**了**	
	知道老弟高中**了**	
	不過僥倖如此就是**了**	
	老弟太謙**了**	
	都拜過**了**麼。	
	是前日座師房師都拜過**了**	
	出了房**了**沒有	
	是薦卷**了**	
	就是因爲詩不妥批落**了**	
	我是解銅來**了**	
	都交代完**了**麼	
	昨日已經都交代清楚**了**	
	那麼等過了老弟覆試偺們再談罷	
	我現在要告辭**了**	
	那麼等過了覆試我再到府上請安去罷	
	果能把貪愛嗔怒癡想都絕斷**了**	
	一些掛礙恐懼都沒有**了**	
	這句話就把佛家的底裏說盡**了**	
	不過要養的精神好多活幾年罷**了**	
	這一句話又把道家的底裏說盡**了**	

续表

-liau(133)	-la（206）	la（53）
	偏你們百姓被他哄騙信了	
	且把他皇宮六院龍樓鳳閣尚且捨棄了	
	又有一種愚極了的人	
	等爹娘好了去朝山進香一步一拜。	
	到衙門裏高聲叫幾千聲大老爺他就饒了你罷	
	風俗人心一齊都壞盡了	
	只爲人心貪了所以就走到那邪路上去	
	不能被邪教哄誘去了	
	人事全了就可以承天的福澤	
	自然斷絕了	
	那個猴就疼的受不得了	
	後來這老婆子病死了	

4.4 ɤ、o、uo 韵母分合

我们在《读本》故事部分所记字音中发现，《读本》中的 o、uo 韵母所辖的字和我们现在北京话中的情况并不完全相同。再结合威妥玛（1867/1886）《语言自迩集》、Hillier（1909）、Hopkins（1895/1907）中的记音情况，我们发现，ɤ、o、uo 三个韵母的辖字在几十年之间就发生过变动，再到现代北京话则又发生了新的变化。

读这三个韵母的字，包括舒声果摄一等字、假摄三等字、部分遇摄一等字和宕江摄入声字文读音（白读音为 au、iau）、梗摄入声陌麦二等字和曾摄职韵庄组字文读音（白读音为 ai）、曾摄入声德韵字文读音（白读音为 ei），以及一部分山咸臻摄的字。在《读本》中，它们呈现如下的分化：

ɤ： 果摄：开一：哥个可

合一：和

假摄：开三：车

宕摄入：开一：阁文乐文落文

山咸摄入：开一：合

梗摄入：开二：客

曾摄入：开一：特

开三：色

o：果摄：开一：多

合一：婆破堕坐

遇摄：所锁作

宕江摄入：开一：讬作

开二：桌

开三：弱着

山摄入：合一：脱

臻摄入：合一：没文

合三：佛

梗摄入：开二：脉百文白文

uo：果摄：合一：过火

开一：我

山摄入：合一：活

合三：说

除了“落”的文读在《读本》中为 lɤ，而在现代北京话中为 luo 之外，《读本》中的 ɤ 韵母与现代北京话的 ɤ 韵母辖字基本相同，其主要不同在于 o 和 uo 韵母上，《读本》读 o 韵母的字除了那些双唇声母字，如“佛、破、婆、脉文”等，在现代北京话中韵母也为 o 之外，其他字在现代北京话中都读 uo。

而威妥玛（1867/1886）《语言自迩集》、Hillier（1909）、Hopkins（1895/1907）中的情况却与之不同，通过和《读本》的对比可以看出一些演变的轨迹。这三本书成书年代相近，都比《读本》早一些，且在这一问题上的表现也比较一致，因此我们这里只取《语言自迩集》作为代表进行说明。

《语言自迩集》中有音节表并举了大量例字，所以反映的情况比较明晰。与《读本》的区别是，《语言自迩集》中韵母 ê（ɤ）所辖的字比《读本》少很多。只有假摄开口三等字和一些曾摄入声字的白读和少数山摄入声是 ê 韵母的，如“车、责、厕、册、色、特、撤”等。其余《读本》中为 ɤ 韵母的字，《自迩集》中全都是 o 韵母，《自迩集》中举了大量的例字，如“喝、着、座、鸵、妥、唾、多、错、作、坐、可、渴、磕、客、热、个、河、驳、朵、河、浊、左”等。而《自迩集》中，uo 韵母的辖字和《读本》差不多，有“货、过、火、活、说、芍文、烁、朔、浊又、活、或、豁”等。

可以看出，从《自迩集》到《读本》的几十年间，这三个韵母的分合发生了很大的变化。大体可以梳理出这样的演变路径：

在《自迩集》及其之前，果摄舒声见系字韵母为 uo，如“火、过、我”；非见系字韵母为 o，如“破、多、堕”等；入声字见系、知系字多为 uo 韵母，如“活、说、朔、芍文”。且在见系后 o 和 uo 有对立，如“个”和“过”，这两个韵母不能合并。而到了《读本》时期，o 韵母所辖的字出现了两种演变方向，一部分（部分果摄字，如“个、哥、河”，以及部分入声字，如“阁、乐、合、热”）并入 ɤ 韵母，这一方向的演变到《读本》中已经完成，其 ɤ 韵母的辖字已基本和现代北京话相同；另一部分（部分果摄字，如“多、堕”；部分入声字，如“弱、桌、脱”）增生 u 介音，并入 uo 韵母，o 和 uo 在见系声母后也不再对立了，这一个方向的演变在《读本》中可能还未开始，以上各字在《读本》中韵母仍是 o。经过这两个方向的演变，最后到了现在的北京话，o 韵母只剩下了唇音声母字，如“拨、破、模、佛”；uo、ɤ 韵母则出现在其他声母后，如 uo 韵母“豁、若、落、多、坐”，ɤ 韵母“河、热、乐、德、则”等。《自迩集》中大量的字都有异读，如“可”“热”等字有 o 和 ɤ 两读，“浊”等字有 o 和 uo 两读。威妥玛也表示 o/ɤ 的异读非常多，“许多词既可以说 ê（或 ngê），chê，jê，kê，mê，tê，又可以说 o，cho，jo，ko，lo，mo，to，而且都符合表音法。同样的情况对送气音 ch‘、k‘、t‘也适用。

要说出哪组是正确的表音法几乎是不可能的。我认为，在送气音后面，一般说来，o 类韵更流行些。”（威妥玛，1867/2002：28）o 韵母的字在 ɤ、uo 两边摇摆，尤其是好多都有 ɤ 的异读的表现也能够说明当时这几个韵母的辖字范围正处在变化过程之中。

王力（1985）的《汉语语音史》也证明了上述两个方向的变化，如《汉语语音史》第十章的历代语音发展总表显示，果摄合口一等的“过”类字，从宋代到现代一直是合口韵母 uɔ/uo，没有变化，而开口一等的“多”类字的韵母，从宋代到明清一直是没有 u 介音的 ɔ，直到现代才变为 uo；而“河”类字则也是从宋代到明清一直为 ɔ，直到现代才变为 ɤ。

4.5 古入声字今读问题

《读本》中的一些古入声字的读音与现代北京话不尽相同。全书中找到的例字比较少，且不成系统，这里只将例字列出以供参考。

（一）清入字归调

北京话古入声字到今声调的演变规律为：全浊入归入阳平、次浊入归入去声，清入字则归入阴阳上去四声，找不到明显的规律。多数学者认为清入归上声是北京话清入归调的本地层次。《读本》中的清入字归调情况基本和现代北京话一致，只有少数清入字归入的今调类和现代北京话不同，有些有两读，全部列举如下：

表 4.4　《读本》与现代北京话归调不同的古清入字

例字	《读本》中的声调	现代北京话声调
戚亲~	去声	阴平
惜爱~	阳平	阴平
息出~	阳平	阴平
识~字、见~	去声	阳平
薄刻~	阴平	阳平

法~子/说~	上声/去声[1]	上声
帖写~	阴平	上声
各~人/~处、~自	上声/去声	去声
刻啬~、~薄/立~、时~	阴平/去声	去声
龊龌~	阴平	去声

（二）–k 尾入声字韵母的文白异读

北京话中存在文白异读的字，主要是中古时期收-k 韵尾的入声字，包括宕、江、曾、梗、通摄的入声字。读本中这些古-k 尾入声字的读音大多和现代北京话相同，不过前文已经说过，《读本》记音有偏文读的特点。而对这些古-k 尾入声字，《读本》中的记音也多为文读音，主要集中在宕江摄和梗摄入声字上。宕江摄入声字韵母的读书音为 ɤ、o、uo、yɛ，白话音为 au、iau，梗摄入声字的读书音为 ɤ，白话音为 ai。对-k 尾入声字文读音韵母的演变，在 4.4 节中也有所涉及，本节中只将《读本》中这些入声字今韵母与现代北京话读音不同的列举出来，相同的（如“觉”表示“觉得、感觉”义时有 tɕyɛˊ和 tɕiɑuˇ两读等）则不再列举。

表 4.5 《读本》宕江梗摄入声字韵母与现代北京话对比

<table>
<tr><th></th><th>《读本》音</th><th>现代音</th></tr>
<tr><td>落（鸟）往树上一~</td><td rowspan="2">lɤˋ（文）</td><td>lau4（白）</td></tr>
<tr><td>落批~</td><td>luo4（文）</td></tr>
<tr><td>脉门~</td><td>moˋ（文）</td><td>mai4（白）</td></tr>
<tr><td>没少臂~腿、~吃~穿、有冤~处诉去</td><td>moˋ（文）</td><td rowspan="2">mei2（白）</td></tr>
<tr><td>没~处吃饭、~有</td><td>mᴇiˊ/mᴇ（白）</td></tr>
<tr><td>剥~皮</td><td>poˉ（文）</td><td rowspan="2">pau1（白）</td></tr>
<tr><td>剥~~煮煮</td><td>pɑuˉ（白）</td></tr>
<tr><td>百~鸟压音、千奇~怪、~姓、~计</td><td>poˊ（文）</td><td rowspan="2">pai3（白）</td></tr>
<tr><td>百一~、几~</td><td>paiˇ（白）</td></tr>
</table>

① 作者指出（附录，137 页译文），表“佛法”的“法”为去声；表“方法、办法”的“法”为上声。但是“王法”在第一个故事中是上声，最后一个故事中是去声，最后一个故事中“护法”“生出法来”的“法”也是佛法的意思，但是却标了上声。

另外，还有“龌龊”的“龌”字，今读为uo4，是这个韵类的文读形式，《读本》中将其记为u`，似乎是和通摄入声字的文读音混同了。

（三）其他入声字

除上面两小节所说的清入字声调和-k尾入声字今韵母问题之外，《读本》中还有零星几个浊入字声调与现代音不同，如：“读本”的“读”标音为去声tu`，现代北京话中为阳平；复（覆）试的“覆”，标音为阳平fu´，现代北京话中则为去声。

5.《读本》的性质与价值

我们对高本汉出版于1918年的《北京话语音读本》的内容进行了全面梳理，并对其中一些重要的语音问题进行了探讨。《读本》是记录北京话语音的非常有价值的资料。其论述部分对当时北京话语音的声韵母、声调、重音、音长等方面作了非常细致的描写和论述，尤其是作者对连读变调、重音等韵律因素的阐释，以与中国学者很不相同的视角去观察北京话，归纳出很多系统的规律，得出很多独到的、颇有价值的结论，为国内学者的研究提供了新的视角，很有参考价值。故事部分对大量语料的精细记音，给我们提供了很多重要的语音信息，让我们可以一窥当时北京话语音的面貌，并得以了解当时的北京话和现代北京话之间的差别和联系。

不过，《读本》所记载的一些语音现象的性质还有待探讨。比如，书中所记录的当时北京话的声调系统就和现代北京话中的情况非常不同。根据我们的对比研究，书中所记的声调其实更符合河间等地的声调面貌，或许现代北京话的单字调系统不一定是从《读本》所记的声调系统演变来的。但是，《读本》所记语音的其他方面，如在声韵母系统、清入字声调的归并等问题上的表现却又并不像河间方言，而是非常接近现在的北京话。可以说，《读本》所记的语音，其主体无疑是北京话，而其声调部分的方言性质值得怀疑。这就使问题更加复杂了。遗憾的是当时记载河间话的Wieger（1903）的*Narrations Populaires*，通篇都是对长篇语料的翻译和转写，并没有对河间音系进行归纳和说明的文字，让我们无从知道当时河间话声调的面貌，无法了解当时河间话的调型调值信息，也就不能将其与《读本》的声调情况进行对比。我们只能从Wieger（1903）的记音中看出，当时河间话的声韵特点跟北京话还是多有不同的。对于《读本》所记北京话的声调系统和河间话以及和现代北京话之间的关系，还有待日后进行更加深入的研究。

还有，高氏对北京话连读变调、轻重音分布的阐述，由于作者的语言背景和观察角度，所揭示的一些轻重音规律很可能与当时的实际语言情况并不完全吻合，现代北京话中相关问题的表现也与作者所记的情况不尽相同，这种差别可能并不是继承与演变的关系，而是由于观察角度不同而得出的不同结论。这些是对《读本》进行研究时需要注意的。

总体来说，《北京话语音读本》是不可多得的记录与描写北京话语音的资料，对北京话语音、音系、韵律、历史演变等方面的研究都非常有帮助。笔者期望本书对《读本》全文翻译，并进行系统整理与研究的做法会有助于该书在国内的推广，有助于更多人了解这部重要的著作，并从中获取有益的启发和收获。

参考文献

中文文献：

保定市地方志编纂委员会（1999），《保定市志》（第四册），方志出版社，北京。

北京大学中文系现代汉语教研室（2003）《现代汉语》，商务印书馆，北京。

曹剑芬（1995）连读变调与轻重对立，《中国语文》第 4 期，北京。

陈保亚（2009）《当代语言学》，高等教育出版社，北京。

陈重瑜（1985）华语（普通话·国语）与北京话，《语言教学与研究》第 4 期，北京。

初　敏、王韫佳、包明真（2004）普通话节律组织中的局部语法约束和长度约束，《语言学论丛》第 30 辑，商务印书馆，北京。

戴耀晶（1997）《现代汉语时体系统研究》浙江教育出版社，杭州。

东光县地方志编纂委员会（1999），《东光县志》，方志出版社，北京。

端木三（1999）重音理论和汉语的词长选择，《中国语文》第 4 期，北京。

——　（2000）汉语的节奏，《当代语言学》第 4 期，北京。

阜城县地方志编纂委员会（1998）《阜城县志》，中国文联出版公司，北京。

傅　林（2006）《变调的成因和变异》，北京大学中文系硕士学位论文。

高本汉[瑞典]（1940/2003）《中国音韵学研究》，赵元任、罗常培、李方桂译，商务印书馆，北京。

高晓虹（2001）北京话入声字文白异读的历史层次，《语文研究》第 2 期，太原。

耿振生（2003）北京话文白异读的形成，《语言学论丛》第 27 辑，商务印书馆，北京。

河北省泊头市地方志编纂委员会（2000）《泊头市志》，中国对外翻译出版公司，北京。

河北省任丘市地方志编纂委员会（1993）《任丘市志》，书目文献出版社，北京。

河间市地方志编纂委员会（2003）《河间市志》，中国三峡出版社，北京。

胡壮麟、朱永生、张德禄、李战子（2005）《系统功能语言学概论》，北京大学出版社，北京。

忌　浮（宁继福）（2003）《谈威妥玛氏〈语言自迩集〉所记的北京音系》读后，《语言学论丛》第28辑，商务印书馆，北京。

江海燕（2000）河北迁西方言的儿化，《徐州师范大学学报》（哲学社会科学版）第1期，徐州。

金立鑫（1998）试论“了”的时体特征，《语言教学与研究》第1期，北京。

金薰镐[韩]（1996）《西儒耳目资》非山西方言辨析，《语文研究》第2期，太原。

邝剑菁、王洪君（2008）连上变调在不同韵律层级上的声学表现——兼论连上变调的性质，《中国语音学报》第一辑，商务印书馆，北京。

黎锦熙（1924/1992）《新著国语文法》，商务印书馆，上海/北京。

吕叔湘（1980/1999）《现代汉语八百词》（增订版），商务印书馆，北京。

李巧兰（2007）《河北方言中的“-儿”形式研究》，山东大学博士学位论文。

李思敬（1981）汉语音韵学史文献上的儿化音记录考，《语文研究》第1辑，太原。

——　（1994）《汉语“儿”[ɚ]音史研究》（增订版），商务印书馆，北京。

李新魁（1982）记表现山西方音的《西儒耳目资》，《语文研究》第1辑，太原。

林　焘（1962）现代汉语轻音和句法结构的关系，《中国语文》7月号，北京。

——（1983）探讨北京话轻音性质的初步试验，《语言学论丛》第10辑，商务印书馆，北京。

林茂灿、颜景助、孙国华（1984）北京话两字组正常重音的初步实验，《方言》第1期。

刘勋宁（1988）现代汉语词尾“了”的语法意义，《中国语文》第5期，北京。

刘月华（1988）动态助词“过$_2$过$_1$了$_1$”用法比较，《语文研究》第1期，太原。

六角恒广（2002）《日本中国语学书志》，王顺洪译，北京语言文化大学出版社，北京。

鲁国尧（1985）明代官话及其基础方言问题——读利玛窦《中国札记》，《南京大学学报》第4期，南京。

陆志韦（1947）金尼阁《西儒耳目资》所记音，《燕京学报》33期。

罗常培（1935）《耶稣会士在音韵学上贡献补》，北京大学国学季刊。

孟　琮（1982）一些与语法有关的北京话轻重音现象，《语言学论丛》第9辑，商务印书馆，北京。

麦　耘（1994）《西儒耳目资》没有儿化音的记录，《语文研究》第4期，太原。

南皮县地方志编纂委员会（1992），《南皮县志》，河北人民出版社，石家庄。

宁继福（1985）《中原音韵表稿》，吉林文史出版社，吉林。

潘晓声（2011）《汉语普通话唇形协同发音及可视语音感知研究》，北京大学中文系博士学位论文。

王　伟（2006）《现代汉语“了”的句法语义定位》，中国社会科学院语言研究所博士学位论文。

王福堂（2002）北京话儿化韵的产生过程，《语言学论丛》第26辑，商务印书馆，北京。

王洪君（2002）普通话中节律边界与节律模式、语法、语用的关联，《语言学论丛》第26辑，商务印书馆，北京。

——（2007）普通话语音标准中声韵调音值的几个问题《语言学论丛》第35辑，商务印书馆，北京。

——（2008）《汉语非线性音系学》（增订版），北京大学出版社，北京。

王骥德（明）《王骥德曲律》，陈多、叶长梅注译，湖南人民出版社，长沙，1983。

王澧华（2006）日编汉语读本《官话指南》的取材与编排，《上海师范大学学报》（哲学社会科学版），第35卷第3期，上海。

王理嘉、贺宁基（1983）探讨北京话儿化韵的听辨实验和声学分析，《语言学论丛》第10辑，商务印书馆，北京。

王　力（1985）《汉语语音史》，中国社会科学出版社，北京。

王绍新（1992）谈谈后缀，《语言学论丛》第17辑，商务印书馆，北京。

威妥玛[英]（1867/2002）《语言自迩集——19世纪中期的北京话》，张卫东译，北京大学出版社，北京。

魏钢强（2000）调值的轻声和调类的轻声，《方言》第1期，北京。

——（2005）北京话的轻声和轻音及普通话汉语拼音的注音，《中国语文》第6期，北京。

吴启太、郑永邦（1811）《官话指南》，杨龙太郎出版，东京。

吴启太、郑永邦 著　金国璞 改订（1921）《改订官话指南》文求堂书店，东京。

献县地方志编纂委员会（1995）《献县志》，中国和平出版社，北京。

徐世荣（1982）双音节词的音量分析，《语言教学与研究》，第2期，北京。

殷作炎（1982）关于普通话双音常用词轻重音的初步考察《中国语文》第3期，北京。

俞　敏（1984）《北京音系的成长和它受的周围影响》，《方言》第4期，北京。

曾晓渝（1991）试论《西儒耳目资》的语音基础及明代官话的标准音，《西南师范大学学报》（哲学社会科学版），第1期，重庆。

张卫东（1991）论《西儒耳目资》的记音性质，《王力先生九十诞辰纪念文集》，山东教育出版社，济南。

——（1998）威妥玛氏《语言自迩集》所记的北京音系，《北京大学学报》（哲学社会科学版），北京。

赵元任（1926）北京、苏州、常州语助词的研究，《清华学报》第3卷第2期，北京。

赵元任（1968/1979）《汉语口语语法》，吕叔湘译，商务印书馆，北京。

周德清（元）《中原音韵》，艺文印书馆股份有限公司，台北，2005。

朱德熙（1982/2004）《语法讲义》，商务印书馆，北京。

朱宏一（2009）论轻声与轻音之区分，《南开语言学刊》，第2期，商务印书馆，北京。

外文文献：

Boucher, Henri (1906) *Bossole du Langage Mandarin: Traduite et Annotée*, 4e éd, Chang-hai: Imprimerie de la Mission Catholique.

Chen, Matthew(陈渊泉, 2000/2001) *Tone Sandhi: Patterns across Chinese Dialects* (汉语方言的连读变调模式》), London: Cambrige University Press; 外语教学与研究出版社，北京。

Courant, Maurice (1914) *La Langue Chinoise parlée: Grammaire du Kuan-kwa Septentriona*, Paris: Ernest Leroux.

Edkins, J. (1864) *Grammar of the Chinese Colloquial Language Commonly Called the Mandarin Dialect*. Shanghai : Presbyterian Mission Press.

Halliday (1985/2000) *An Introduction to Functional Grammar*, 2nd edition, London: Edward Arnord (Publishers) Ltd.; 外语教学与研究出版社，北京。

Hillier, Walter (1909/1923) *The Chinese Language: How to Learn It*, 3rd edition, Shanghai: Kelly & Walsh Limited.

Hopkins, L. C. (1895/1907) *Guide to Kuan Hua: A Translation of the "Kuan Hua Chih Nan"*, 4th edition, Shanghai: Kelly & Walsh Limited.

Jesperson, Otto (1913), *Lehrbuch der Phonetics*, Leipzig: B. G. Yeubner.

Karlgren, Bernhard (1918) *A Mandarin Phonetic Reader in the Pekinese Dialect*, Stockholm: Kungl. Boktryckeriet. P. A. Norstedt & Söner.

Selkirk, E. (1984) *Phonology & Syntax*. Cambridge, MA.: MIT Press.

—— (1984a) On the major class features and syllabletheory. M. Liberman & R. T. Oehrle (eds.). *Language Sound Structure. Cambridge*, Mass.: MIT Press. pp.105—136.

Wade, Thomas Francis (1867/1886) *A Progressive Course Designed to Assist the Student of Colloquial Chines,* 2nd ed., Shanghai: Statistical Department of the Inspectorate General of Customs.

Wieger, L. (1903) *Narrations Populaires*, 3e éd., Hokienfou: Imprimerie de la Mission Catholique.

附录：《北京话语音读本》（中文译本）

北京话语音读本[①]

含一篇介绍发音的文章

高本汉

① 本书在翻译过程中尽可能忠实于原书的风格和体例，包括标题层级、用语、格式等，以期最大程度上为读者呈现高本汉《北京话语音读本》的原貌。原著版本：Karlgren, Bernhard（高本汉）（1918）*A Mandarin Phonetic Reader in the Pekinese Dialect*, Stockholm: Kungl. Boktryckeriet. P. A. Norstedt & Söner. 该书现藏于台湾“中研院”历史语言研究所图书馆。——译者注

目 录

前 言

在我的著作《中国音韵学》[①]中，除了其他的研究，我还对若干汉语方言的语音作了系统的调查（248—336 页）[②]。上述这部著作的目的并不是描绘这些方言中连贯话语的概貌；这项工作只得留给一系列独立的研究去完成。而下文则是此项工作的第一个尝试，旨在为这种概貌描绘提供所需信息。

我选择在本研究中再现的方言是北京方言。北京方言是在差不多整个中国，包括长江以北地区和长江以南的大部分地区都在使用着的许多紧密联系的方言之一。如果我们不考虑那些不太重要的区别，只注意那些最显著的适用于所有成员的普遍特点[③]，这些方言可以被归在一起，冠上“官话方言”这个名称。

在这些为数众多的官话方言中，北京方言是朝廷和首都的用语，它超越了其他任何方言，是现今最为流行的。大体上说，在受过教育的说某种官话方言的中国人当中，采用北京话的发音是一种显著趋势。于是在中国的各种口语中，欧洲人投入最多注意的就是北京话。他们出版了许多教科书来教北京话，而且字典上、参考图书上、科学文献上能找到的最重要的转写系统也是基于这种方言。[④]

为这种已有很多研究的方言出版语音课本可能显得有些多余。然而在我看来，早期关于北京话发音的研究远不能令人满意，当前的转写方式只是给出了

---

① 高本汉，*Phonologie Chinoise* （《中国音韵学》），1—316 页；Leyde et Stockholm 1915， 316—468 页；Stockholm 1916（东方研究档案，第 15 辑）。

② 指《中国音韵学》法文原本的页码，下同。——译者注

③ 比如，丢失古塞音韵尾 p，t，k；韵尾 m 变为 n；古浊声母 b‘(v)，d‘，g‘，ȡ‘，dʑ‘，dʐ‘，dz‘，z，ʒ，ɣ 发生清化；上、去、入声阴阳调合并。

④ A. Vissière（主体由《法国远东学院学报》所承袭）和 F. Hirth，他们所采用的转写系统实际上主要基于最流行的官话方言，即北京方言，但在一些重要特点上又偏离北京方言，这是为了适当兼顾其他官话方言，从而发展出一种人为的、审慎规范过的字典性的语言，我们可以合宜地将其称为“高层汉语”。其中最重要的修正是：在 i 和 ü 之前保留古代的 k(k‘)、ts(ts‘)和 h、s，而它们现在在北京话中已经分别合并成 tɕ(tɕ‘)和 ɕ 了。不那么重要的一点是在那个法语系统中，北京话韵母 un（‘oun’）采用的转写是 uen（‘ouen’）。

它们自称去表现的语音最为初级的概念。正因如此，我认为出版一些语音课本的做法是可取的，通过这些语音课本来说明此方言在连贯话语中的情况，这是对我前面提到的理论阐释所作的实践补充。这些课本也是为没有机会通过亲自听当地人说话来了解北京话发音的欧洲科学家设计的。为了让这些课本尽可能有助于自学中国北方口语，我选择文本的方式是：任何感兴趣的人都可以轻易地找到对这些文本用某种欧洲语言所进行的很好的翻译。另一方面，这些课本会在北京话的基础教学中很有用，这一点也会得到证明。我不需要细说语音课本在这类教学中的重要价值；这已经太广为人所知了，并且也已经在教育学文献中有过充分讨论了。

用哪种符号系统来描写汉语的语音似乎并没有什么不同，如果现有转写体系中有任何一种是足够精确的，就可以很方便地为我们所采用，而免去更多的麻烦。实际上，为了能够阅读一个转写过的文本，最需要的是对这些音自身完全的了解，以及大量的口头练习，这些从来不会只通过符号就能学到，不论那些符号有多么精细。而且优质的转写在技术上有一定的要求，根据一个转写系统对这些要求满足程度的大小，一套语音转写本身的方便程度大小不同。比如这些技术要求包括：一符对一音，不同符号很容易相互区分并且读起来很容易。更进一步，它们必须不能引导读者形成错误的联想，如果为人们熟知的符号被用来表示与通常情况不同的意思，这样的事情就会发生，比如用 h 来表示 χ 或 ç。此外如果为相近而相关的音所选择的符号之间彼此相像，这种语音转写就会更易读，这也是显而易见的。

本书用到的语音标记法是为人熟知的由 J.-A. Lundell 教授发明的“方言字母”[①]。读者可以在我的《中国音韵学》中找到详细说明（227—336 页）。

由于北京话的定性语音学研究在引用的著作中已经详细讨论过了，这里我将只对此给出一个简短的概述，从实用目的出发这个概述已经足够了。

相反，我在《中国音韵学》中对韵律方面关注甚少。因此在本文中我将会详细讨论北京话的声调、重音和音长问题。

① 中译本将其改为国际音标。——译者注

定性语音学[①]

辅　音

双唇音：p，p‘，m

p 就像法语中那样，是不送气的，通常发音的时候伴随着某些德语方言中“不带音的 b”那样的轻微肌肉紧张特征。这里说的关于 p 的情况也适用于 t，k，以及下文描写到的塞擦音 ts，tʂ[tʃ]，tɕ 中的塞音成分。

p‘ 发音的时候带有强烈的肌肉紧张和有力的送气。这也适用于 t‘，k‘，以及下文描写到的塞擦音 ts‘，tʂ‘[tʃ‘]，tɕ‘中的塞音成分，在这些塞擦音中送出的气流只有在经过了擦音成分之后才能有自由的走向。

当元音 u 为音节中的第一个音时，一个双唇擦音成分常常会加进来。然而这种现象又太个别太不规则了，从而不能支持我们引入 w 类音来统一表示这样的音。因此，在我的文本中也从来找不到 w。其他特别的音的说明请见《中国音韵学》263—265 页。

唇齿音：f

齿音：t，t‘，s，n，l（法语和德语的 l，不是英语或俄语的 l），ts，ts‘。

舌尖-齿龈音：[tʃ，tʃ‘，ʃ，ʒ]。它们发音时的舌位和英语的 hurt，dry，瑞典语的 bord，fors 是一样的。至于 tʃ 和 tʃ‘，就像英语“heartshaking”那样，但是它们发音时只有一个发音动作，而且它们的肌肉紧张和送气情况与前面说过的 p，p‘是一样的。ʃ 和 ʒ 就像法语的 chat 和 jour 偏舌尖发音时那样。

舌尖-前腭音：tʂ，tʂ‘，ʂ，ʐ，ɹ。这些音形成的位置比上一组音更后更高，舌尖抵住上腭的某一部分，斜伸向齿槽，常常很接近齿槽。ɹ 只出现在 œɹ 这个音节中；它是个舌尖向前腭只迅速敲击一两下的 r 音。

舌面-齿龈音：tɕ，tɕ‘。他们发音时舌面前部会抵到齿龈——经常同时也抵到牙齿——就像意大利语的 citta 那样（其中的塞音成分仍然要遵循前面关于 p，p‘所说过的内容）。

① 只出现在个别人口中的音或者偶然出现的音（在不带重音的音节中）写在括号中。

舌面-前腭音：ç，德语的 ich 音。

当元音 i 成为音节中第一个音时，通常都会产生一个摩擦音，即 j，这个浊擦音与 ç 相对应，就像德语的 j。然而这个现象又太个别太不规则了，从而不能支持 j 的辅音用法。只在韵母-in，-iŋ，-yn，-yuŋ 中，这个摩擦音才会非常普遍地出现，因此我想将它们标记成-jin，-jiŋ，-jyn，-juŋ 是很合宜的。

舌面-腭后音：k，k‘，ŋ（英语中 song）；[ɣ]，北部德语 wagen 中“擦音化”的 g，Бoгa。

舌面-软腭音：χ，如瑞士德语的 ach。

元　音

ʅ：发 z 音并把舌尖和齿龈之间的通路放宽到刚好可以止住摩擦。唇的位置就像在发 i 或ᴀ那样。

ʅ：发 ʒ 音（法语 jour 中偏舌尖的 j）并把舌尖和牙龈之间的通路放宽到刚好足够摩擦停止，唇的位置就像在发 i 或ᴀ那样。

i：法语的 mari，德语的 wie。

[ɪ]：德语的 mitte，wirken，英语的 bit。

e：德语的 see，法语的 été。

ᴇ：法语 aimer，德语 Bett，英语 men。

ε：德语 Bär，法语 père，英语 air。

y：与 i 的舌位相同，唇形更窄；有点像法语的 u，只是舌脊的位置更高一些。

œ：法语 seul，德语 Götter，Völker，瑞典语 öppna。

ɜ：包括几种细微差别：法语的 peur，接近 œ；英语的 bird，hurt（唇化的），瑞典方言的 kɵma。

ə：德语的 gabe，英语的 about（唇化的）。

ɤ：比 ə 高，即，舌脊与硬腭软腭相交的区域之间形成狭窄的通路；俄语 быкá 中的 ы（不带重音的俄语 ы）。

u：德语的 Kuh，法语的 tous，德语的 Nutter，法语的 toute。

[ọ]：法语的 beau，德语的 Sohn。

o：德语的 Gott，Sonne，瑞典语的 komma。

a：德语的 er hat，法语的 il part。

ᴀ：英语的 father，德语的 Vater。

ɑ：法语的 pas，瑞典语的 hat。

[ɐ]：英语的 but，gun，hurry。

声母和韵母

中国人有一种对于汉语来说非常方便的老办法，将汉语的音节分为两个部分：声母，即在（第一个）元音之前的部分；和韵母，即音节中剩下的部分，包括其中所有的元音成分。北京话的声母和韵母如下：

22 个声母：f，[ɣ̃[1]]，χ，ç，k[2]，k‘，l，m，n，p[2]，p‘，s，ʂ[3]，ʐ[3]，t[2]，t‘，ʦ[2]，ʦ‘，tʂ[2,3]，tʂ‘[3]，ʨ[2]，ʨ‘。

41 个韵母：ᴀ，ai[4]，an[5]，ᴀŋ，ɑu[6]，ᴇi[7]，ɤ[8]，ɜn[9]，əŋ[10]，œɹ，i，ɿ，ʅ，iᴀ[11]，iæi，iᴀŋ，iɑu，iɛ[12]，iɛn，in[13]，iŋ[13]，iu[14]，o[15]，ou[16]，u，uᴀ，uæi，uan，uɑŋ，ui

① 许多，可能是绝大多数的北京人都已经丢掉了这个声母，如 ɣ̃an¯或者 an¯，‘安’。

② 不送气的塞音和塞擦音，当其所在音节不带重音时，尤其是当前面的音节不带强重音时，有时会被其相应的浊音 g，b，d，dz，dʐ，dʑ 所替代。这个现象完全是偶然性的，在我的转写中并没有将其考虑进来。

③ 个别人发成 ʃ，ʒ，tʃ，tʃ‘。

④ 个别人在发上平声时，a 会变成 ɐ：ɐi。偶尔 i 听起来更像 ɪ、e 甚至ᴇ：aɪ，ae，aᴇ；同样的情况适用于 uæi，iæi 上：uæe 等。

⑤ 个别人在发上平声时，a 会变成 ɐ，同样的情况适用于 uan 和 yan 上：ɐn，uɐn，yɐn。

⑥ 偶尔是 ɑọ或者甚至是 ɑo，同样的情况适用于 iɑu。

⑦ 个别人发成 ɛi，尤其是在发上声时；在 f 后面常发成 əi：fəi 或者 fᴇi。

⑧ 常发成 ɤɜ，尤其是发上声和去声时。

⑨ 个别人在平声中将其发成 ən。

⑩ 个别人在平声中将其发成 ɤŋ。

⑪ 在带 i-的二合元音或三合元音 iᴀ，iɑu 等中，i-在 l 后通常变成 e-：leᴀ，leɑu 等。

⑫ 个别人发上平声时将其发成 iᴇ。

⑬ 当前面没有辅音声母时通常发成 jin，jiŋ。

⑭ 个别人在下平声、上声和去声将其发成 iọu。

⑮ 个别人发成 ọo；同样，uo 会发成 uọo。

⑯ 在上平声中常发成 ɜu。

和 uɛi[①]，uɜn，uəŋ，un，uŋ，uo，y，yan，yɛ[②]，yn[③]，yo[②]，yuŋ[③]。

转　写

初学汉语的学生都会被当前所使用的那么多不同的转写体系搞得不知所措。汉学家没能在某个通用的转写系统上达成共识，而且这些系统在原则上就有很大的不同。所以对我来说，如本文这样给出一个对比表格，来对这些不同转写中的几种进行比较，将会有一定实际价值。我将它们选出来以便对处理北京话语音的几个较重要的转写法做一介绍。这些不同的处理方式的优劣在我的《中国音韵学》中已有详细讨论。为了尽可能地便于参考，我不仅对这些转写体系表现出来的声母和韵母给出一个分析的列表，还对北京话中存在的所有音节给出一个综合的列表。

所选择的转写体系有：

1）Sir Thomas Francis Wade（威妥玛爵士）的著作《语言自迩集》中的系统，这本书是教学生学汉语口语的渐进性教程，1867 年出版于伦敦。这个体系可以堪称是所有现存的系统中应用最广泛的，比如 H. A. Giles，除了别的著作外，他的重要作品 *A Chinese-English Dictionary*（《汉英词典》）和 *A Chinese Biographical Dictionary*（《中国人名大字典》）就是以此为基础的。

2） C. W. Mateer 的系统，发表于他那本优秀的手册 *A Course of Mandarin Lessons Based on Idiom*（《基于习语的官话教程》）（几种版本）。它只是威妥玛系统的修正版，但是所作的修正都很重要，因为这些修正已被为数众多的汉语学习者所接受。这本《教程》可能是最为广泛使用的手册了。

3）*Bulletin de l'Ecole Français d'Extrême Orient* [BEFEO]（《法国远东学院学报》）所采用的现代法语系统，这个系统似乎成为了法国汉学界的主导系统。它由 A. Vissière 所创制，并稍微作了一些修正。

4）F. Lessing 和 W. Othmer 在他们的著作 *Lehrgang der Nordchinesischen*

---

① 二者被看成同一个韵母：ui 是其平声形式，uɛi 是其上声和去声形式。

② 某些古入声韵母（参看 127—128 页）在北京话中变成了多种不同的现代韵母。据我的经验，到目前最普遍的是 yɛ。yɜ 或 yœ 也不少见，中国人只是把它们看成 yɛ 的变体。yo 是南方官话的常规韵母，在北京话中却很罕见，而很多作者给出来的 io，我却从来没能听到。

③ 当前面没有辅音声母时通常发成 jyn，juŋ。

Umgangssprache（《汉语北方话口语教程》）中所用的系统（Tsingtau 1912）。

5）普通的俄语转写，比如这种转写用于Пещуровъ的著作*Китайско-Русскій словарь*（《中俄词典》），1887。

所有这些系统本质上都是以北京话为基础的。然而有时一种转写法会由于其他的原因而被选中，比如按照广义的官话所作的标准化处理，或者为了词源上的原因。这些情况很容易就能辨别出来。

IPA 国际音标[①]	**Wade （威妥玛）**	**Mateer**	**BEFEO**	**Lessing**	**Russian**
ᴀ, ɣ̃ᴀ	a	a	a	a	а
ai, ɣ̃ai	ai	ai	ngai	ai	ай
an, ɣ̃an	an	an	ngan	an	ань
ᴀŋ, ɣ̃ᴀŋ	ang	ang	ngang	ang	анъ
ɑu, ɣ̃ɑu	ao	ao	ngao	au	ао
ɤ, ɣ̃ɤ	o	ê	ngo	o	э
ɜn, ɣ̃ɜn	ên	ên	ngen	ën	энь
œɹ	êrh	êr	eul	örl	эр
fᴀ	fa	fa	fa	fa	фа
fan	fan	fan	fan	fan	фань
fᴀŋ	fang	fang	fang	fang	фанъ
fᴇi	fei	fei	fei	fe	фэй
fɜn	fên	fên	fen	fën	фэнь (фынь)
fəŋ	fêng	fêng	fong	fëng	фэнъ (фынъ)
fo	fo	foă	fo	fo	фо
fou	fou	fou	feou	fou	фэу, фоу
fu	fu	fu	fou	fu	фу

① 原书此列为隆德尔字母，译文将其转写为相应的国际音标。——译者注

IPA	Wade	Mateer	BEFEO	Lessing	Russian
χᴀ	ha	ha	ha	ha	ха
χai	hai	hai	hai	hai	хай
χan	han	han	han	han	хань
χᴀŋ	hang	hang	hang	hang	ханъ
χɑu	hao	hao	hao	hau	хао
χᴇi	hei	hei	hei	he	хэй
χɤ	ho	hê	ho	ho	хэ
χɜn	hên	hên	hen	hën	хэнь
χəŋ	hêng	hêng	heng	hëng	хэнъ
χou	hou	hou	heou	hou	хэу, хоу
χu	hu	hu	hou	hu	ху
χuᴀ	hua	hwa	houa	hua	хуа
χuæi	huai	hwai	houai	huai	хуай
χuan	huan	hwan	houan	huan	хуань
χuɑŋ	huang	hwang	houang	huang	хуанъ
χui, χuᴇi	hui, huei	hwei	houei	hui	хуй
χun	hun	hun	houen	hun	хунь
χuŋ	hung	hung	hong	hung	хунъ
χuo	huo	hwoǎ	houo	huo	хо
çi	hsi	hsi	hi, si	hsi	си
çiᴀ	hsia	hsia	hia	hsia	ся
çiᴀŋ	hsiang	hsiang	hiang, siang	hsiang	сянъ
çiɑu	hsiao	hsiao	hiao, siao	hsiau	сяо
çiɛ	hsieh	hsie	hie, sie	hsiä	сѣ
çiɛn	hsien	hsien	hien, sien	hsiän	сянь
çin	hsin	hsin	hin, sin	hsin	синь
çiŋ	hsing	hsing	hing, sing	hsing	синъ

IPA	Wade	Mateer	BEFEO	Lessing	Russian
çiu	hsiu	hsiu	hieou, sieou	hsiu	сю
çy	hsü	hsü	hiu, siu	hsü	сюй
çyan	hsüan	hsüen	hiuan, siuan	hsüan	сюань
çyɛ çyo	hsüeh hsüo hsio	hsüe hsüoă hsioa	hio, sio hiue, siue	hsüä	сюэ cio, cё
çyn	hsün	hsün	hiun, siun	hsün	сюнь
çyuŋ	hsiung	hsiung	hiong	hsiung	сюнъ
i	i	i	yi	i, yi	и
iᴀ	ya	ya	ya	ya	я
iæi	yai	yai	yai	yai	яй
iᴀŋ	yang	yang	yang	yang	янъ
iɑu	yao	yao	yao	yau	яо
iɛ	yeh	yie	ye	yä	ѣ
iɛn	yen	yien	yen	yän	янь
jin	yin	yin	yin	yin	инь
jiŋ	ying	ying	ying	ying	инъ
iu	yu	yiu	yeou	yo	ю
kᴀ	ka	ka	ka	ga	---
k‘ᴀ	k‘a	k‘a	k’a	ka	---
kai	kai	kai	kai	gai	гай
k‘ai	k‘ai	k‘ai	k’ai	kai	кай
kan	kan	kan	kan	gan	гань
k‘an	k‘an	k‘an	k’an	kan	кань
kᴀŋ	kang	kang	kang	gang	ганъ
k‘ᴀŋ	k‘ang	k‘ang	k’ang	kang	канъ
kɑu	kao	kao	kao	gau	гао

IPA	Wade	Mateer	BEFEO	Lessing	Russian
k‘ɑu	k‘ao	k‘ao	k’ao	kau	као
kᴇi	kei	kei	kei	ge	гэй
kɤ	ko	kê	ko	go	гэ
k‘ɤ	k‘o	k‘ê	k’o	ko	кэ
kɜn	kên	kên	ken	gën	гэнь
k‘ɜn	k‘ên	k‘ên	k’en	kën	кэнь
kəŋ	kêng	kêng	keng	gëng	гэнъ
k‘əŋ	k‘êng	k‘êng	k’eng	këng	кэнъ
kou	kou	kou	keou	gou	гоу, гэу
k‘ou	k‘ou	k‘ou	k’eou	kou	коу,кэу
ku	ku	ku	kou	gu	гу
k‘u	k‘u	k‘u	k’ou	ku	ку
kuᴀ	kua	kwa	koua	gua	гуа
k‘uᴀ	k‘ua	k‘wa	k’oua	kua	куа
kuæi	kuai	kwai	kouai	guai	гуай
k‘uæi	k‘uai	k‘wai	k’ouai	kuai	куай
kuan	kuan	kwan	kouan	guan	гуань
k‘uan	k‘uan	h‘wan	k’ouan	kuan	куань
kuɑŋ	kuang	kwang	kouang	guang	гуанъ
k‘uɑŋ	k‘uang	k‘wang	k’ouang	kuang	куанъ
kui, kuᴇi	kuei	kwei	kouei	gue	гуй
k‘ui, k‘uᴇi	k‘uei	k‘wei	k’ouei	kue	куй
kun	kun	kun	kouen	gun	гунь
k‘un	k‘un	k‘un	k’ouen	kun	кунь
kuŋ	kung	kung	kong	gung	гунъ
k‘uŋ	k‘ung	k‘ung	k’ong	kung	кунъ
kuo	kuo	kwoǎ	kouo	guo	го

IPA	Wade	Mateer	BEFEO	Lessing	Russian
k'uo	k'uo	k'woă	k'ouo	kuo	ко
lᴀ	la	la	la	la	ла
lai	lai	lai	lai	lai	лай
lan	lan	lan	lan	lan	лань
lᴀŋ	lang	lang	lang	lang	ланъ
lɑu	lao	lao	lao	lau	лао
lᴇi	lei	lei	lei	le	лэй
lɤ	lê	lê	lo	lo	лэ
ləŋ	lêng	lêng	leng	lëng	лэнъ
li	li	li	li	li	ли
leᴀ	lia	lia	lea	lia	ля
leᴀŋ	liang	liang	leang	liang	лянъ
leɑu	liao	liao	leao	liau	ляо
leɛ	lieh	lie	lie	liä	лѣ
leɛn	lien	lien	lien	liän	лянь
lin	lin	lin	lin	lin	линь
liŋ	ling	ling	ling	ling	линъ
leu	liu	liu	lieou	liu	лю
lo	lo	loă	lo	lo	ло
lou	lou	lou	leou	lou	лэу, лоу
lu	lu	lu	lou	lu	лу
luan	luan	lwan	louan	luan	луань
lun	lun	lun	louen	lun	лунь
luŋ	lung	lung	long	lung	лунъ
ly	lü	lü	liu	lü	люй
lyan	lüan	lüen	liuan	lüan	люань
lyɛ, lyo	lüeh, lüo, lio	lüe, lüoă, lioă	lio, liue	lüä	лio, лё

IPA	Wade	Mateer	BEFEO	Lessing	Russian
lyn	lün	lün	liun	lün	---
mᴀ	ma	ma	ma	ma	ма
mai	mai	mai	mai	mai	май
man	man	man	man	man	мань
mᴀŋ	mang	mang	mang	mang	манъ
mɑu	mao	mao	mao	mau	мао
mᴇi	mei	mei	mei	me	мэй
mɜn	mên	mên	men	mën	мэнь, мынь
məŋ	mêng	mêng	mong	mëng	мэнъ, мынъ
mi	mi	mi	mi	mi	ми
miɑu	miao	miao	miao	miau	мяо
miɛ	mieh	mie	mie	miä	мѣ
miɛn	mien	mien	mien	miän	мянь
min	min	min	min	min	минь
miŋ	ming	ming	ming	ming	минъ
miu	miu	miu	mieou	miu	мю
mo	mo	moǎ	mo	mo	мо
mou	mou	mou	meou	mou	мэу, моу
mu	mu	mu	mou	mu	му
nᴀ	na	na	na	na	на
nai	nai	nai	nai	nai	най
nan	nan	nan	nan	nan	нань
nᴀŋ	nang	nang	nang	nang	нанъ
nɑu	nao	nao	nao	nau	нао
nᴇi	nei	nei	nei	ne	нэй

IPA	Wade	Mateer	BEFEO	Lessing	Russian
nɜn	nên	nên	nen	nën	---
nəŋ	nêng	nêng	neng	nëng	нэнъ
ni	ni	ni	ni	ni	ни
niʌŋ	niang	niang	niang	niang	нянъ
niɑu	niao	niao	niao	niau	няо
niɛ	nieh	nie	nie	niä	нѣ
niɛn	nien	nien	nien	niän	нянь
nin	nin	nin	nin	nin	нинь
niŋ	ning	ning	ning	ning	нинъ
niu	niu	niu	nieou	niu	ню
no	no	noă	no	no	но
nou	nou	nou	neou	nou	---
nu	nu	nu	nou	nu	ну
nuan	nuan	nwan	nouan	nuan	нуань
nuŋ	nung	nung	nong	nung	нунъ
ny	nü	nü	niu	nü	нюй
nyɛ }	{ nüeh, nyo,	nüe, nüoă,	nio	nüä	нiо
nyo }	{ nio	nioă			
ou, ɣ̃ou	ou	ou	ngeou	ou	эу, оу
pʌ	pa	pa	pa	ba	ба
p‘ʌ	p‘a	p‘a	p’a	pa	па
pai	pai	pai	pai	bai	бай
p‘ai	p‘ai	p‘ai	p’ai	pai	пай
pan	pan	pan	pan	ban	бань
p‘an	p‘an	p‘an	p’an	pan	пань
pʌŋ	pang	pang	pang	bang	банъ
p‘ʌŋ	p‘ang	p‘ang	p’ang	pang	панъ

IPA	Wade	Mateer	BEFEO	Lessing	Russian
pɑu	pao	pao	pao	bau	бао
p‘ɑu	p‘ao	p‘ao	p’ao	pau	пао
pᴇi	pei	pei	pei	be	бэй
p‘ᴇi	p‘ei	p‘ei	p’ei	pe	пэй
pзn	pên	pên	pen	bën	бэнь
p‘зn	p‘ên	p‘ên	p’en	pën	пэнь
pəŋ	pêng	pêng	pong	bëng	бэнъ
p‘əŋ	p‘êng	p‘êng	p’ong	pëng	пэнъ
pi	pi	pi	pi	bi	би
p‘i	p‘i	p‘i	p’i	pi	пи
piɑu	piao	piao	piao	biau	бяо
p‘iɑu	p‘iao	p‘iao	p’iao	piau	пяо
piɛ	pieh	pie	pie	biä	бѣ
p‘iɛ	p‘ieh	p‘ie	p’ie	piä	пѣ
piɛn	pien	pien	pien	biän	бянь
p‘iɛn	p‘ien	p‘ien	p’ien	piän	пянь
pin	pin	pin	pin	bin	бинь
p‘in	p‘in	p‘in	p’in	pin	пинь
piŋ	ping	ping	ping	bing	бинъ
p‘iŋ	p‘ing	p‘ing	p’ing	ping	пинъ
po	po	poǎ	po	bo	бо
p‘o	p‘o	p‘oǎ	p’o	po	по
p‘ou	p‘ou	p‘ou	p’eou	pou	пэу
pu	pu	pu	pou	bu	бу
p‘u	p‘u	p‘u	p’ou	pu	пу
sᴀ	sa	sa	sa	sa	са
sai	sai	sai	sai	sai	сай

IPA	Wade	Mateer	BEFEO	Lessing	Russian
san	san	san	san	san	сань
sᴀŋ	sang	sang	sang	sang	санъ
sɑu	sao	sao	sao	sau	сао
sɤ	sê	sê	sö	sö	сэ
sɜn	sên	sên	sen	sën	сэнь
səŋ	sêng	sêng	seng	sëng	сэнъ
sɿ	ssŭ	sï	sseu	sï	сы
so	so	soă	so	so	со
sou	sou	sou	seou	sou	соу
su	su	su	sou	su	су
suan	suan	swan	souan	suan	суань
sui, suᴇi	sui	swei	souei	sui	суй
sun	sun	sun	souen	sun	сунь
suŋ	sung	sung	song	sung	сунъ
ʂᴀ	sha	sha	cha	scha	ша
ʂai	shai	shai	chai	schai	шай
ʂan	shan	shan	chan	schan	шань
ʂᴀŋ	shang	shang	chang	schang	шанъ
ʂɑu	shao	shao	chao	schau	шао
ʂɤ	shê	shê	chö	schö	шэ
ʂɜn	shên	shên	chen	schën	шэнь
ʂəŋ	shêng	shêng	cheng	schëng	шэнъ
ʂʅ	shih	shï	che	schï	ши
ʂou	shou	shou	cheou	schou	шэу, шоу
ʂu	shu	shu	chou	schu	шу
ʂuᴀ	shua	shwa	choua	schua	шуа
ʂuæi	shuai	shwai	chouai	schuai	шуай

IPA	Wade	Mateer	BEFEO	Lessing	Russian
ʂuan	shuan	shwan	chouan	schuan	шуань
ʂuᴀŋ	shuang	shwang	chouang	schuang	шуанъ
ʂui, ʂuᴇi	shui	shwei	chouei	schui	шуй
ʂun	shun	shun	chouen	schun	шунь
ʂuo	shuo	shwoă	chouo	schuo	шо
ʐan	jan	jan	jan	jan	жань
ʐᴀŋ	jang	jang	jang	jang	жанъ
ʐɑu	jao	jao	jao	jau	жао
ʐɤ	jê	jê	jö	jö	жэ
ʐɜn	jên	jên	jen	jën	жэнь
ʐəŋ	jêng	jêng	jeng	jëng	жэнъ
ʐʅ	jih	jï	je	jï	жи
ʐo	jo	joă	jo	jo	жо
ʐou	jou	jou	jeou	jou	жэу, жоу
ʐu	ju	ju	jou	ju	жу
ʐuan	juan	jwan	jouan	juan	жуань
ʐuᴇi	jui	jwei	jouei	jui	жуй
ʐun	jun	jun	jouen	jun	жунь
ʐuŋ	jung	jung	jong	jung	жунъ
tᴀ	ta	ta	ta	da	да
t'ᴀ	t'a	t'a	t'a	ta	та
tai	tai	tai	tai	dai	дай
t'ai	t'ai	t'ai	t'ai	tai	тай
tan	tan	tan	tan	dan	дань
t'an	t'an	t'an	t'an	tan	тань
tᴀŋ	tang	tang	tang	dang	данъ
t'ᴀŋ	t'ang	t'ang	t'ang	tang	танъ

IPA	Wade	Mateer	BEFEO	Lessing	Russian
tɑu	tao	tao	tao	dau	дао
t‘ɑu	t‘ao	t‘ao	t’ao	tau	тао
tᴇi	tei	tei	tei	de	дэй
tɤ	tê	tê	tö	dö	дэ
t‘ɤ	t‘ê	t‘ê	t’ö	tö	тэ
təŋ	têng	têng	teng	dëng	дэнъ
t‘əŋ	t‘êng	t‘êng	t’eng	tëng	тэнъ
ti	ti	ti	ti	di	ди
t‘i	t‘i	t‘i	t’i	ti	ти
tiɑu	tiao	tiao	tiao	diau	дяо
t‘iɑu	t‘iao	t‘iao	t’iao	tiau	тяо
tiɛ	tieh	tie	tie	diä	дѣ
t‘iɛ	t‘ieh	t‘ie	t’ie	tiä	тѣ
tiɛn	tien	tien	tien	diän	дянь
t‘iɛn	t‘ien	t‘ien	t’ien	tiän	тянь
tiŋ	ting	ting	ting	ding	динъ
t‘iŋ	t‘ing	t‘ing	t’ing	ting	тинъ
tiu	tiu	tiu	tieou	diu	дю
to	to	toă	to	do	до
t‘o	t‘o	t‘oă	t’o	to	то
tou	tou	tou	teou	dou	дэу, доу
t‘ou	t‘ou	t‘ou	t’eou	tou	тэу, тоу
tu	tu	tu	tou	du	ду
t‘u	t‘u	t‘u	t’ou	tu	ту
tuan	tuan	twan	touan	duan	дуань
t‘uan	t‘uan	t‘wan	t’ouan	tuan	туань
tui, tuᴇi	tui	twei	touei	dui	дуй

IPA	Wade	Mateer	BEFEO	Lessing	Russian
t‘ui, t‘uᴇi	t‘ui	t‘wei	t’ouei	tui	туй
tun	tun	tun	touen	dun	дунь
t‘un	t‘un	t‘un	t’ouen	tun	тунь
tuŋ	tung	tung	tong	dung	дунъ
t‘uŋ	t‘ung	t‘ung	t’ong	tung	тунъ
tsᴀ	tsa	tsa	tsa	dsa	цза
ts‘ᴀ	ts‘a	ts‘a	ts’a	tsa	ца
tsai	tsai	tsai	tsai	dsai	цзай
ts‘ai	ts‘ai	ts‘ai	ts’ai	tsai	цай
tsan	tsan	tsan	tsan	dsan	цзань
ts‘an	ts‘an	ts‘an	ts’an	tsan	цань
tsᴀŋ	tsang	tsang	tsang	dsang	цзанъ
ts‘ᴀŋ	ts‘ang	ts‘ang	ts’ang	tsang	цанъ
tsɑu	tsao	tsao	tsao	dsau	цзао
ts‘ɑu	ts‘ao	ts‘ao	ts’ao	tsau	цао
tsᴇi	tsei	tsei	tsei	dse	цзэй
tsɤ	tsê	tsê	tsö	dsö	цзэ
ts‘ɤ	ts‘ê	ts‘ê	ts’ö	tsö	цэ
tsɜn	tsên	tsên	tsen	dsën	цзэнь
ts‘ɜn	ts‘ên	ts‘ên	ts’en	tsën	цэнь
tsəŋ	tsêng	tsêng	tseng	dsëng	цзэнъ
ts‘əŋ	ts‘êng	ts‘êng	ts’eng	tsëng	цэнъ
tsɿ	tzŭ	tsï	tseu	dsï	цзы
ts‘ɿ	tz‘ŭ	ts‘ï	ts’eu	tsï	цы
tso	tso	tsoă	tso	dso	цзо
ts‘o	ts‘o	ts‘oă	ts’o	tso	цо
tsou	tsou	tsou	tseou	dsou	цзэу, цзоу

IPA	Wade	Mateer	BEFEO	Lessing	Russian
ts‘ou	ts‘ou	ts‘ou	ts’eou	tsou	цэу, цоу
tsu	tsu	tsu	tsou	dsu	цзу
ts‘u	ts‘u	ts‘u	ts’ou	tsu	цу
tsuan	tsuan	tswan	tsouan	dsuan	цзуань
ts‘uan	ts‘uan	ts‘wan	ts’ouan	tsuan	цуань
tsui, tsuᴇi	tsui	tswei	tsouei	dsui	цзуй
ts‘ui,ts‘uᴇi	ts‘ui	ts‘wei	ts’ouei	tsui	цуй
tsun	tsun	tsun	tsouen	dsun	цзунь
ts‘un	ts‘un	ts‘un	ts’ouen	tsun	цунь
tsuŋ	tsung	tsung	tsong	dsung	цзунъ
ts‘uŋ	ts‘ung	ts‘ung	ts’ong	tsung	цунъ
tʂᴀ	cha	cha	tcha	dscha	чжа
tʂ‘ᴀ	ch‘a	ch‘a	tch’a	tscha	ча
tʂai	chai	chai	tchai	dschai	чжай
tʂ‘ai	ch‘ai	ch‘ai	tch’ai	tschai	чай
tʂan	chan	chan	tchan	dschan	чжань
tʂ‘an	ch‘an	ch‘an	tch’an	tschan	чань
tʂᴀŋ	chang	chang	tchang	dschang	чжанъ
tʂ‘ᴀŋ	ch‘ang	ch‘ang	tch’ang	tschang	чанъ
tʂɑu	chao	chao	tchao	dschau	чжао
tʂ‘ɑu	ch‘ao	ch‘ao	tch’ao	tschau	чао
tʂɤ	chê	chê	tchö	dschö	чжэ
tʂ‘ɤ	ch‘ê	ch‘ê	tch’ö	tschö	чэ
tʂɜn	chên	chên	tchen	dschën	чжэнь
tʂ‘ɜn	ch‘ên	ch‘ên	tch’en	tschën	чэнь
tʂəŋ	chêng	chêng	tcheng	dschëng	чжэнъ
tʂ‘əŋ	ch‘êng	ch‘êng	tch’eng	tschëng	чэнъ

IPA	Wade	Mateer	BEFEO	Lessing	Russian
tʂʅ	chih	chï	tche	dschï	чжи
tʂ‘ʅ	ch‘ih	ch‘ï	tch’e	tschï	чи
tʂo	cho	choǎ	tcho	dscho	чжо
tʂ‘o	ch‘o	ch‘oǎ	tch’o	tscho	чо
tʂou	chou	chou	tcheou	dschou	чжэу
tʂ‘ou	ch‘ou	ch‘ou	tch’eou	tschou	чэу
tʂu	chu	chu	tchou	dschu	чжу
tʂ‘u	ch‘u	ch‘u	tch’ou	tschu	чу
tʂuᴀ	chua	chwa	tchoua	dschua	чжуа
tʂ‘uᴀ	ch‘ua	ch‘wa	tch’oua	tschua	чуа
tʂuæi	chuai	chwai	tchouai	dschuai	чжуай
tʂ‘uæi	ch‘uai	ch‘wai	tch’ouai	tschuai	чуай
tʂuan	chuan	chwan	tchouan	dschuan	чжуань
tʂ‘uan	ch‘uan	ch‘wan	tch’ouan	tschuan	чуань
tʂuɑŋ	chuang	chwang	tchouang	dschuang	чжуанъ
tʂ‘uɑŋ	ch‘uang	ch‘wang	tch’ouang	tschuang	чуанъ
tʂui, tʂuᴇi	chui	chwei	tchouei	dschui	чжуй
tʂ‘ui	ch‘ui	ch‘wei	tch’ouei	tschui	чуй
tʂun	chun	chun	tchouen	dschun	чжунь
tʂ‘un	ch‘un	ch‘un	tch’ouen	tschun	чунь
tʂuŋ	chung	chung	tchong	dschung	чжунъ
tʂ‘uŋ	ch‘ung	ch‘ung	tch’ong	tschung	чунъ
tɕi	chi	chi	ki, tsi	dji	цзи
tɕ‘i	ch‘i	ch‘i	k’i, ts’i	tji	ци
tɕiᴀ	chia	chia	kia	djia	цзя
tɕ‘iᴀ	ch‘ia	ch‘ia	k’ia	tjia	ця
tɕiᴀŋ	chiang	chiang	kiang, tsiang	djiang	цзянъ

IPA	Wade	Mateer	BEFEO	Lessing	Russian
tɕʻiᴀŋ	chʻiang	chʻiang	k'iang, ts'iang	tjiang	цянъ
tɕiɑu	chiao	chiao	kiao, tsiao	djiau	цзяо
tɕʻiɑu	chʻiao	chʻiao	k'iao, ts'iao	tjiau	цяо
tɕiɛ	chieh	chie	kie, tsie, kiai	djiä	цзѣ
tɕʻiɛ	chʻieh	chʻie	k'ie, ts'ie, k'iai	tjiä	цѣ
tɕiɛn	chien	chien	kien, tsien	djiän	цзянь
tɕʻiɛn	chʻien	chʻien	k'ien, ts'ien	tjiän	цянь
tɕin	chin	chin	kin, tsin	djin	цзинь
tɕʻin	chʻin	chʻin	k'in, ts'in	tjin	цинь
tɕiŋ	ching	ching	king, tsing	djing	цзинъ
tɕʻiŋ	chʻing	chʻing	k'ing, ts'ing	tjing	цинъ
tɕiu	chiu	chiu	kieou, tsieou	djiu	цзю
tɕʻiu	chʻiu	chʻiu	k'ieou, ts'ieou	tjiu	цю
tɕy	chü	chü	kiu, tsiu	djü	цзюй
tɕʻy	chʻü	chʻü	k'iu, ts'iu	tjü	цюй
tɕyan	chüan	chüen	kiuan	djüan	цзюань
tɕʻyan	chʻüan	chʻüen	k'iuan, ts'iuan	tjüan	цюань
tɕyɛ tɕyo	chüeh chüo chio	chüe chüoă chioă	kio, kiue tsio, tsiue	djüä	цзюэ цзіо цзё
tɕʻyɛ tɕʻyo	chʻüeh chʻüo chʻio	chʻüe chʻüoă chʻioă	k'io, k'iue ts'io, ts'iue	tjüä	цюэ, ціо
tɕyn	chün	chün	kiun, tsiun	djün	цзюнь
tɕʻyn	chʻün	chʻün	k'iun	tjün	цюнь
tɕyuŋ	chiung	chiung	kiong	djiung	цзюнъ
tɕʻyuŋ	chʻiung	chʻiung	k'iong	tjiung	цюнъ

IPA	Wade	Mateer	BEFEO	Lessing	Russian
u	wu	wu	wou	wu	ву
uᴀ	wa	wa	wa	wa	ва
uæi	wai	wai	wai	wai	вай
uan	wan	wan	wan	wan	вань
uɑŋ	wang	wang	wang	wang	ванъ
ui, uᴇi	wei	wei	wei	we	вэй
uɜn	wên	wên	wen	wën	вэнь
uəŋ	wêng	wêng	wong	wëng	вэнъ
uo	wo	woă	wo	wo	во
y	yü	yü	yu	yü	юй
yan	yüan	yüen	yuan	yüan	юань
yɛ, yo	yüeh, yo	yüe, yoă	yo, yue	yüä	юэ, io
jun	yün	yün	yun	yün	юнь
(yuŋ) juŋ	yung	yung	yong	yung	юнъ

韵　律

声　调

关于汉语的“声调”有着一系列复杂烦琐的问题，我确信如果不严谨应用实验方法，这些问题永远不会得到明确解决。我对几个北京本地人进行了详细的声调调查，下面是我所得出的初步结果——主要是仅通过耳朵的帮助获得的。

总的原则

1. 声调是字[①]的一种本源性成分

音节中带音成分的一种音乐性的特征，汉学家一致认同将其称为音节的声调（汉语“声”），它在汉语中非常重要，是基础性的问题，就像其他的印-汉（Indo-sinic）语言那样。因为如果音节其他部分都一样，而发音时所带的声调不同的话，就可能会产生完全不同的意思。声调是字的一部分，就像元音和辅音一样是其组成成分。

汉语的“声调”包含三个要素[②]：

1）根据不同的“屈折（inflexion）”——先用这个当前使用的但是不合适的术语来表示它吧——我们得到平调（even）[③]、升调、降调和曲折调。最后一种有几种不同的类型。在各种手册中，作者们试图找到说明性的例子。Arendt[④]给出了平声的例子“du musst es so machen”[⑤]，升调的例子“meinst du es so?”[⑥]，以及降调的例子“nein so!”[⑦]，等等。

2）根据“音高（pitch）”（音乐高度）——同样是一个不合适的术语——的不同，我们得到高调、中调或低调。

3）有些字以（clusil）-p，-t，-k 或喉塞音结尾，声音会突然中断，例如 lip，liʔ 这样的促声（exabrupto），在中国人看来这样的音所带的声调与以元音或鼻辅音结尾的字，如 li，lin 这样的舒声（perdendosi）所带的声调不同。

在北京话中，并不存在收尾的-p，-t，-k 和喉塞音，这样我们就可以完全不用去考虑第三个要素了。

在考察前两个要素时，我们很容易发现许多作者所使用的“屈折”和“音

---

① 这里的“字”，原著用的是“词”（word），但作者此处所说的“词”（word）实际对应的是汉语的“字”，因此此处和下文将其改译为“字”。——译者注

② 高本汉，《中国音韵学》，255 页。

③ Sweet 所使用的术语 level 可能比 even 更合适。后者可能带有一种重音在音节上平均分布的意味；但是 even 是汉学家所普遍使用的，我也就沿用这个词了。

④ Arendt，*Handbuch d. Nordchines. Umgangssprache*（《汉语北方话手册》），47 页。

⑤ 德语，意为：你必须这么作。——译者注

⑥ 德语，意为：你的意思是这样吗？——译者注

⑦ 德语，意为：没办法！——译者注

高”这两个术语并不适当且容易引起误解。在对这些问题的讨论中，我们将会澄清下面几点：

a）首先，很明显这两种情况都是音高的问题。

b）这两种情况中，绝对音高（振动本身的频率）到底是多少是无足轻重的。说话人是男是女都不重要。这两种情况中，真正重要的都是相对音高。这种相对关系分为不同的两类，在此基础上形成的情况 1 和情况 2 之间的不同点是特别重要的。

c）情况 1 中，我们所说的平调、声调、降调和曲折调，指的是音节中每个带声单位上的音高与相同音节中每个其他带声单位上音高的相对关系。比如，如果一个北京人发 fᴀ‘法（佛法）’（北京话的第四声，去声）中的元音 a，音高从 sol_2 开始，经过一些振动之后降到 sol_2 和 fa_2#之间的某个位置，接着到 fa_2#，然后继续下降，经过 fa_2，mi_2#，mi_2，最后降到 re_2#，经过这一音节中一系列的音高，他就发了一个降调。但这并不是因为 sol_2 或 re_2#的绝对音高——它也可能是 mi_2 或 ut_2——而是因为 fa_2#比 sol_2 低，fa_2 比 fa_2#低，等等。

如果不针对音节中的所有带声单元都有相同的音高这种很常见的情况的话，用“屈折”来指上述现象可能挺好。但将这种情况称为“平屈折”（even inflexion / level inflexion）当然是不合适的。

另一个可能使用的术语是旋律（melody）。但是这个词会让人想到一连串相连接而音高不同的音节上的旋律（句子的旋律）。因此我更喜欢“调形”（form）这个术语，说成平调形、升调形、降调形和曲折调形。

北京话声调的本质要素正是调形，因此，调形也决定着我的转写中的声调标记。

d）情况 2 中，我们所说的高调、中调和低调，其相对关系是另外一种类型。这里的问题不是两个实际上观察到的事实之间的关系，而是一种抽象：实际观察到的音节的音高——将其当作一个整体来考虑——与发音个体的嗓音平均音高[①]之间的关系。

这个总体的说法还需要进一步的检验。

① 是正常说话时的音高，不是唱歌时或情绪高涨地说话时的音高。

将音节的音高当作一个整体来考虑，这是什么意思?

人们可能很容易倾向于认为其意思就是音节带声成分的音高在数学上的平均值；因此在一个从 sol_2 降到 re_2#的声调中，应该将其当作某种中心点，如果这个说话人嗓音的平均值是 re_2#，就应该认为这个声调是一个高调，如果他嗓音的平均值是 fa_2，这个调就是中调，如果他嗓音的平均值是 sol_2，这个调就是个低调。

这种纯数学的观点是不被接受的。比如在北京话中有一个声调，(上声，见128 页）其起点较低，稍微下降之后又升到很高（比如，让一个说话时的嗓音音高范围是从 re_2#到 la_2#的人来发这个调，就是 fa_2—mi_2—la_2)。然而所有的作者都同意将这个调看成一个低调。事实是，在这种情况中，重音起了很重要的作用（强：弱)。在带这个调的音节中，最强的重音落在中间的部分，这决定了人们对这个调的印象。那么“音节的整体音高”就被定义为音节中承载最强的重音从而占主导地位的那一部分的音高。

另一方面，发音人嗓音的平均音高又是什么意思呢？显然这只靠对同一个发音人所发的许多音节进行比较就可以确定，但这样的平均处理可以用两个不同的方式来进行：量的和质的。

让我们假定一个人把一些音节用 la_2 的音高发出来，其他的音节用 fa_2 的音高来发。现在如果他的音节里有五分之四都是发成 la_2 音高，那就是说他在大多数情况下都是用这个高一些的音高来说话，那么其量的平均值就会更接近 la_2，而不是 fa_2。但在决定一个调是高调、中调还是低调时，我们考虑的并不是这种量上的平均值。

我们也可以忽略这个或那个音高值的出现频率，而只考虑这个发音人说话时音高上的极值，以及其最大音程，并计算出其数学上的平均值，这样我们就得出了质的平均值。在我们上文给的例子中，这个值是 sol_2。我们进行比较的基础正是这个质的平均值，据此我们得到高调、中调和低调。

现在我们的讨论得出了这样的结论：我们说一个音节的声调是高调、中调或低调，根据的正是该音节的主导音高与这个发音人正常语音的质的平均值相比是高的、中的还是低的。

我们已经为 c）中的关系选择了“调形”这个术语，我们还得为后面这种关系再选一个术语。至今一直为许多作者所使用的音高（音乐高度）这个词，是非常不合适的，因为如我们所知，音高也是调形的决定因素。我更喜欢 Edkins 所使用的“值域”（key）这个词，不过他没有对这个词作出任何定义。所以这个词也不是按其音乐上的严格意义使用[①]。在我看来，值域这个词在其整体概念上非常地名副其实。因此，我会说在汉语的声调上，相对音高一方面形成了平、升、降或曲折的调形，另一方面又形成了高、中或者低的值域。

在许多汉语方言中，值域是极其重要的。在许多地方，比如两个（词源不同的）声调在调形上都是平调，而它们之间的区别只在于第一个是高值域，第二个则是低值域。

在北京话中，值域远没有那么重要。事实上，有些北京人，把他们的下平声和去声（见下文 127—128 页 II）都发成降的调形，在这种情况下值域明显就是决定性的了。但是其他人，可能是大多数人，都会把这两个声调发成不同的调形，那么这个调形显然就是最重要的特征了。因此，在我的转写中，值域是没有标记出来的；而在我的介绍性调查中，这当然是值得注意的。

e）声调属于音节中全部的带声成分，而不只属于它的元音部分。比如，在 tiŋˇ‘顶’中，这个曲折调的一大部分是落在 ŋ 上的。也正因为如此，我们才把声调符号标在音节之后，而不是标在其元音之上。

II. 音节在句中的位置对声调的影响

a）音节所带的重音作为句子的组成部分，对声调会产生相当大的影响。严重失重的音节会失去声调，即，发这些音节时会缺少特别的调形和值域；在我的转写中就不给它们标声调符号了。表示强重音和弱重音的方式请见 138 页。

b）一个音节上的声调经常受临近音节的声调所影响，但是这种影响只发生在属于同一短语的音节之间。与 Noreen[②]所说的一致，我说的短语指的是两个（同时呼气和发音的）停顿之间所包含的每一个音位。这种停顿可能会非常轻

---

① Sweet（*A Primer of Phonetics*（《语音入门》），第二版，1902，71 页），他也说高值域、中值域和低值域，他用这个术语表示“一个句子或一个句群的总体音高”。这更加符合这个词音乐上的意思。

② Noreen，*Vårt språk* I（《我们的语言 I 》），362 页，1903。

微，但仍能起到分割句子的作用。例如，当说下面这个句子时，会有三个停顿：uoˇ ·fuˋ-tɕ‘inˉ|| ·tɕinˉ-t‘iɛn ·uanˇ-ʂʌŋˋ|| pu-tsai-·tɕiʌˉ ‘我父亲今天晚上不在家’。

因此，区分自由声调和黏着声调是很有必要的。我将自由声调理解成这个声调所在的音节紧邻停顿或与停顿之间只隔着不带重音的音节。而黏着声调指的是通过一个其他的带重音音节[①]与停顿相隔开的音节上的声调。

显然，一个声调可能从其前面的音节来看是自由的，而从其后面的音节来看是黏着的，反之亦然。因此我们得到四种类型：

α）前后都自由的声调，如这两个短语中的 fʌŋˊ和 ʐ̧ɜnˊ：tsai tʂ̧ə-kə· fʌŋˊ-tsʅ || mᴇ-iọ·ʐ̧ɜnˊ ‘在这个房子没有人’；下面短语的第一、第二、第三和第五个音节：·t‘ouˊ|| ·çinˉ|| ·tuˋ-tsʅ|| ·iɑuˋ-tsʅ|| tuˉ ·t‘əŋˊ-lʌ ‘头、心、肚子、腰子都疼了’。

β）前后都黏着的声调，如这两个短语 t‘ʌˉ ·tʂ̧‘uˉ-tɕ‘yˋ ‘他出去’ 和 t‘ʌˉ-mɜn ·tʂ̧‘uˉ-pu-tɕ‘yˋ ‘他们出不去’ 中的·tʂ̧‘uˉ。

γ）前自由后黏着声调，如这两个短语 kanˇ-·tʂ̧‘ɤˉ-tɪ || tsai-·fʌŋˊ-tsʅ-liˇ ‘赶车的在房子里’ 中的 kanˇ和 fʌŋˊ。

δ）前黏着后自由声调，如这两个短语 kanˇ-·tʂ̧‘ɤˉ-tɪ || tsai-·fʌŋˊ-tsʅ-liˇ ‘赶车的在房子里’ 中的 tʂ̧‘ɤˉ和 li ˇ。

北京话的声调

I. 北京话的第一个声调叫作上平声（shang p‘ing shêng）。包括古汉语中清声母（喉塞音也包括在内）的平声字（平的舒声），以及一些原来的入声字（促声）。

北京话上平声的调形是平的。因此在我的转写中将其标记为：ˉ，如：kuŋˉ ‘工’。

上平声的值域是比较高的。

II. 北京话的第二个调叫作下平声（hia p‘ing shêng）。包括古汉语中浊声母（不爆破发声的元音性起始音也包括在内）的平声（平的舒声）字，以及一些原来的入声字（促声）。

---

① 如果某音节和这个其他的带重音音节之间还隔着一个或多个不带重音的音节，该音节还是黏着音节。

至于调形，下平声在北京话中表现为两个变体。很多人将其发成一个高值域的降调（与去声的低值域降调相对）。可参见《中国音韵学》257 页的图表。其他人，可能是大多数人，则将其发成一个迅速上升的调。本文用符号 ´来标记，以表示这后一个变体，如 t‘ou´ ‘头’。就在这座北京城里，这个声调就表现出了让人惊讶的双重特性，这个现象已经被 Edkins①观察到了。

北京话下平声的值域是比较高的。

III. 北京话的第三个调叫作上声（shang shêng）。包括古汉语上声（上升的舒声）字的大部分，以及一些原来的入声字（促声）。

北京话上声的调形是降+升②型的曲折调。它以一个轻微的下降开始，持续大概整个音节长度的三分之一，然后稳定地上升到音节结束。我将它标记为：ˇ，如 çiɑuˇ ‘小’ 。

上声的值域是比较低的。

IV. 北京话的第四个调叫作去声（k‘ü shêng），包括，第一，古汉语中的去声（下降的舒声）字，第二，古汉语上声字（上升的舒声）中特定的一类，第三，一些原来的入声字（促声）。

北京话去声的调形是下降的。我将其标记为ˋ，如 k‘anˋ ‘看’。

北京话去声的值域是比较低的。

---

① Edkins，*Grammar of the Chinese Colloquial Language Commonly Called the Mandarin Dialect*（《通常称为官话方言的汉语口语语法》），上海，1857，17 页。

②《中国音韵学》259 页。确实有时是平+升型的曲折调，就像一些作者所说的那样，比如 Courant 在他的著作 *La Langue Chinoise Parleé, Grammaire du Kuan Kwa Septentriona*（《汉语口语，北方官话语法》），1914，19 页中所讲的那样。在 Joural Am. Or. Soc.（1915）第 35 卷中，C. B. Bradley 发表了一篇对汉语的两种方言（广东话和北京话）的声调进行实验研究的简短文章。他的研究结果非常奇怪。根据他的研究，北京话的下平声和上声就会一样了。两个调主要都是简单的上升调，有时上升部分前面会有引导性的平或降的时段。这个说法会让任何一个熟悉这种方言的人都感到非常惊讶——作者承认他自己不懂汉语——并且肯定是错误的。这表明如果对所研究的语言缺乏完整的了解，仅靠单纯的实验语音学研究是不够的。

北京话声调的变化[①]

音乐性的变化在许多语言中都会出现,被称为语调(intonation)。语调在汉语中并不占有很高的地位。表示断言、疑问或感叹的**逻辑语调**几乎不存在,因为它们会与前面描述的那些非常重要的声调相冲突。比如欧洲人说汉语时可能采用一种疑问的语调,这是一个普遍的错误,这样会使说出的句子不能被当地人所理解。**情绪语调**只在这样的范围内存在:某个完整的短语、某个句子或某个句群可能被用比正常情况更高或更低的值域说出来。

A. 调形变化

1. 强重音和弱重音音节

不那么突出的弱重音音节,跟强重音音节相比,应该不会那么清晰,也更加容易发生改变,只有这样才自然。因此我们观察到下列情况:

a)总的来说强重音音节的声调所跨越的音程要远比弱重音音节大。根据Courant[②],强重音的下平声音程有两度(大二度或小二度),而根据我的经验,这个音程是三度或至少是小三度。根据 Courant 以及一个对汉语的实验分析[③],

---

① M. Courant(*Langue Chin. Parlée*,19 页)这样写道:“其他情况一样,元音是钝元音 **u**,**o** 时,声调会被发得(比如比元音是 **a** 时)低大约四度,当元音是锐元音 **i** 时,声调会被发得更高,也是高出同样的幅度”。从而造成这样的影响:

a)值域方面,当音节中的元音是单元音时。根据 Courant 的说法,liˇ的值域比 mᴀˇ高,mᴀˇ的值域又比 kuˇ高,等等。如果这是真的,句子就会产生一种非常奇怪的旋律。

b)调形方面,如果音节包含一个以-u(-o)结尾的二合元音或三合元音。他说:“这样 kāo[kɑuˉ]‘羔’被发成 sol 到降 mi(低音),而不是 sol 一直延长下来;lyeû[leuˊ]‘流’则被发成升 ut 到 la(低音),而不是升 ut 到 re(高音)”;等等。如果证实这是真的,我们就得制定一个上平声的变体调形ㄱ,一个下平声的变体调形︿,一个上声的变体调形﹀了。但是,M. Courant 的这些言论是建立在一个误解之上的。这些不同元音的谐波在音高上有着恒定的差异,这是一个众所周知的事实,见 f. i. Helmholtz, Tonempfindungen$_4$, p.168 sq., Pipping, Z. Lehre v. den Vocalklängen in Zeitschr. f. Biol. XXXI。但是当然这绝对不表示底层的声调会有不同的音高。在·niˇ pu iɑo ·tᴀˇ ni-ti ·muˇ tɕ‘inˉ‘你不要打你的母亲’中,niˇ、tᴀˇ和 muˇ的底层调是或者可能是完全一样的。相似地,kɑuˉ‘羔’的调形也正是和 tᴀˉ‘他’一样平;leuˊ‘流’和 t‘iˊ‘提’也有完全相同的调形。

② *Langue Chin. Parleé*,19 页。

③ 见高本汉《中国音韵学》257 页的图表。C. B. Bradley 在他关于北京话声调的实验研究(Journ. Am. Or. Soc. 1915)中得出的音程非常大:下平声有五度或六度,上声有七度甚至八度。这样的音程很难在语流中出现,而只在特别夸张地解释性地大声读单独的音节时才会出现。然而非常有趣的是,Bradley 的结论是:“北京话的主要特征……是……音高较高以及在说话时所使用的的嗓音范围较小(!)”。

上声的音程是四度，去声是小二度[①]或是三度，[②]弱重音音节声调的音程会小得多，通常只是那些强重音音节的一半。

b）弱重音音节的声调与强重音音节的声调比起来更容易受临近声调的影响，这一点在下文将会看到。

2. 自由和黏着声调

a）一个音节是前自由还是前黏着有着一定的重要性。有这样一种情况，一个声调如果黏着于前面的声调，其调形会发生改变。这发生在当一个弱重音的上声音节黏着于前面紧邻的一个强重音的上声音节时，如 tᴀˇ‘打’＋sɑuˇ‘扫’，一起就是·tᴀ-sɑu‘打扫’。第二个音节的声调完全被前一个音节的声调所取代了。借助实验仪器的研究是有可能建立这样一个调形序列的：✓✓，但是耳朵听来，这个组合给人的印象是，一个上声曲线连接着发在了这两个音节上。这个曲线的主要部分是落在第一个音节上的，只有最后上升段的一部分落在第二个音节上，使其听起来很像个下平声。因此我们可以将这个组合写成：·tᴀˇ-sɑuˊ。但是由于下面 135 页提到的原因，我更愿意将正在讨论的这个声调组合记成一个在这两个音节间的连字符上面的上声符号：·tᴀ-̌sɑu。

b）一个音节是后自由还是后黏着仍然非常重要。我们需要观察下面的现象：

α）音渡。

αα）北京话的声调，像我们看到的那样，全部都以或高或低的音高收尾。现在当一个音节是后自由时，其声调的最后时段，随着嗓音向着后面的停顿减弱，应该趋向于接近中值，这才是自然的。这就会经常，虽然肯定不总是，产生某种音渡，高的收尾最后会往下偏转，低的收尾最后会向上偏转。下面的短语 tʂ̥ə-kə ·tʂ̥oˉ-tsɿ‘这个桌子’，tʂ̥ə-kə ·fanˋ‘这个饭’中，tʂ̥oˉ和 fanˋ常被发成 tʂ̥o¬和 fan﹀。

这种现象导致了多种错误的想法。Edkins 甚至将北京话的上平声定义成一个“较高的下降”调，而将去声，至少是其变体，定义成是个曲折调。Hopkins[③]已经对此表示过反对了。关于去声，他已经正确地看到了这里只是一个寄生性

① *Langue Chin. Parleé*，19 页。

② 同 129 页注释③。

③ L. C. *Hopkins, Guide to Kuan Hua*（《官话指南》），上海，1889，160 页。

成分——音渡的问题。对于上平声来说也是同样的问题，不过他却没有意识到这一点。他质疑了 Edkins 给出的“较高的下降调”的定义，但是他自己却说北京话的上平声有两个不同的调形，一个是“较高的平调”，一个是“较高的斜调”。

这当然是夸大问题了。我们所讨论的音渡，即下降的偏转，在强重音的高平调末尾尤其容易捕捉到，不过也常常会存在于其他以高音收尾的声调，即下平声和上声之后，而这并不太重要。

Mateer[①]比 Edkins 走得更远。他将这些偏转误认为是声调的真正改变，还说声调的改变在不带强重音的音节上是极其常见的。他以 tung^1 si^1 ‘东西’举例，据他所说在山东会被念成 tung^1 si^2（si 从上平声变成下平声），以及下面这个句子 ni^3 yao^4 ta^3 wo^3 ma ‘你要打我吗’中，wo^3 受带更强重音的 ta^3 的影响，变成了 wo^4。他得出这样一个总的规律：“在短语中的某个字上用力强调，就很可能掩盖住后一个字的声调——一般是将其变成第四调”。

这肯定是个不正确的观点，不过很容易用我们刚描述过的那种现象来解释。在山东方言中上平声是低平调；因此 tung^1-si^1 中 si^1 这个音节中上升的偏转很容易给人一种很像升调（第二调）的感觉。根据前面定下的规则（130 页规则 a），ta^3 + wo^3 必须得发成·tʌˇ-uo。后一个音节只占了上升时段的一部分，如果它这时又发生一个下降的偏转，它的声调就会很容易和第四调（去声）相混了。

ββ）在后自由音节中，声调不会发生这样的偏转，这是成规则的。例如下面这几个短语的第一个音节：·tɕinˉ-t‘iɛnˉ ‘今天’，·tʂ̩oˉ-tsɿ-ʂʌŋˋ ‘桌子上’，nʌˊ-tɕ‘yˋ ‘拿去’，·tʌˇ pu-leɑuˇ ‘打不了’，·panˋ-t‘iɛnˉ ‘半天’。就算从一个音节发到另一个时会变到一个相当不同的音高，如·panˋ-t‘iɛnˉ ‘半天’（panˋ低，t‘iɛnˉ高），人们也几乎听不出那些肯定应该存在的过渡音；这无疑是因为嗓音并没有减弱（如情况 αα 中那样），后面没有停顿，但是嗓音却被稳定地控制着并被迫尽可能快地完成过渡。

这个规则也存在一个例外，已有好几个作者观察到了。当弱重音的去声黏着于后面紧邻的强重音去声时（在这种情况下，前一个是低值域的，后一个是高值域的，见 135 页 ββ），如 manˋ-manˋ-ti ‘慢慢地’前一个声调会发生向上的

① C. W. Mateer, *A Course of Mandarin Lessons*（《官话教程》），XXII 页。

偏转，使它听起来很像个上声，虽然不管怎么样它都不会被认作是上声。Parker 和 Hopkins 都提出了这个非常恰当的观点。

情况 α 中所说的任何一种音渡在我的转写中都没有标记出来，这一方面是因为我不觉得他们比其他一些东西更有意义，比如二合元音 ai 两端的元音之间必然存在的元音过渡，ai：a（ʌ ɛ ᴇ eɪ）i，这即使在极其精细的转写中我们都没有注意到；另一方面也是因为只要我们用一种轻松连贯的方式去读一个句子，我们就是用最自然的方式无意识地发出这些音渡的。

β）更具重要意义的是当一个弱重音的上声后黏着于[①]后边紧邻的一个上声时所发生的声调缩减。这种情况下，前一个音节的声调会发生缩减，以至于实际上和下平声变得一样。也就是，前一个音节声调开始的降（或平）的部分被切掉了，只有上升部分还留下来，比如 k‘uˇ ‘苦’：k‘u´-·k‘uˇ-tɪ ‘苦苦的’。人们对这个重要的现象已经有过很多讨论了。威妥玛爵士也已提到过这种现象。日本的 Goh Keita（吴启太）在他的读本《官话指南》中也提到了这个事实，但是将其简单地说成了“上声遇到上声的时候”，而没有考虑重音的问题[②]。这给了 Vissière 在 *T‘oung Pao* 里面作冗长辩论[③]的机会，而这完全是多余的，因为 Edkins 和后来的 Hopkins 已经说过这种声调的缩减只发生在“当重音落在后一个音节上时”。

这里所描述的由声调的黏着所引起的调形变化与下面现象的性质是不同的：一个包含两个以上带声调音节的短语中，一个或多个声调因此会变得同时是前黏着又是后黏着，这样它们之间就会发生冲突。在这样的情况中，前面归纳的规律仍然是站得住的。根据上面说的规则 b β 和规则 a，tɕiŋˇ ‘井’ ＋k‘ouˇ ‘口’ ＋liˇ ‘里’ 连在一起是 tɕiŋ´-·k‘ouˇ-li ‘井口里’。

就像我们看到的，黏着声调的调形变化取决于这样的事实：一个弱重音音节的声调黏着于一个强重音音节的声调。不过在包含两个以上带声调音节的短语中，出现一连串弱重音音节的情况却并不少见。前面所研究的调形变化在这

---

① 像以前的作者那样说“一个上声后面跟着另一个上声时”是不对的。即使它们中间有一个非常轻微的停顿，后面那个上声也绝不会影响到前面的上声。

② kan´-·tɕinˇtɪ ‘赶紧地’（kanˇ＋tɕinˇ），但是·tʌˇ-sɑu ‘打扫’。

③ Vissière, La chute du ton montant dans la langue de Pékin（《北京话中升调的下降》），*T‘oung Pao*， 1904.

些情况中也适用，其表现则是，在对调形的影响方面，这些弱重音音节会像强重音音节一样，如果句子被更慢更仔细地读出来，它们就会带上强重音。这样，如果我们将这个组合 t‘ᴀ¯（他）＋tʂʅˋ（只）＋sɑuˇ（扫）＋·k‘ᴀŋˋ（炕）读成一个短语，我们就得到·t‘ᴀ¯ tʂʅˇ-sɑu ·k‘ᴀŋˋ ‘他只扫炕’，其中 tʂʅˋ和 sɑuˇ一样都是弱重音的。根据前面的规则 b β，二者连在一起成为 tʂʅˇ-sɑu，而不是根据前面的规则 a 变成 tʂʅˊ-sɑuˇ，因为这个句子如果读得更慢就是·t‘ᴀ¯ ·tʂʅˇ-sɑu ·k‘ᴀŋˋ。与此相反，·t‘ᴀ¯（他）＋tᴇiˇ（得）＋təŋˇ（等）＋·χouˋ-t‘iɛn¯（后天），如果读成一个短语，则是·t‘ᴀ¯ tᴇiˊ təŋˇ ·χouˋ-t‘iɛn¯ ‘他得等后天’，其中“得等”应该根据前面的规则 b β 读成 tᴇiˊ təŋˇ，而不是根据前面的规则 a 读成 tᴇiˇ-təŋ，因为如果读慢点这个句子就会是：·t‘ᴀ¯ tᴇiˊ ·təŋˇ ·χouˋ-t‘iɛn¯。

B. **值域变化**

I. 自由和黏着声调

1）自由声调，如·tʂo¯-tsɿ ‘桌子’，·iˊ-tsɿ ‘椅子’，ʂʅ ·niˇ-ti ‘是你的’。tsai-·tʂɤˋɹ ‘在这儿’，有着出现在说话人正常话语中的最高和最低的值域。总体来说下平声比上平声要高一些，去声有时会比上声低一点。M. Coutant 举例说，上平声是 sol_2，下平声是 ut_3—re_3，上声是 re_2—sol_2，去声是 ut_2#—ut_2。两个极值之间有如此大的距离，比一个八度还多，根据我的经验，只有在让中国人大声念单个的音节时才会出现这种情况；为了强调音之间的区别，发音人会念得非常夸张。在连贯的话语中音高的跨度很难大到 Courant 所说的那种程度。语音实验显示有一个北京人（《中国音韵学》，257 页）最高音发到 la_2，最低音发到 re_2#。

2）黏着声调。

a）当两个声调黏着在一起（前自由后黏着声调＋前黏着后自由声调）时，我们必然会观察到一些有趣的现象。如果这两个音节都带强重音，虽然这种情况很少出现，如 tsiuˋ ʂʅ ·niˇ ·laiˊ ‘就是你来’（even if you do come）——很少会被读成一个短语，在 niˇ和 laiˊ之间通常有停顿——它们之间不会有任何相互影响。因此我们也许应该将讨论限制在一个强重音音节和一个弱重音音节的声调黏着在一起的情况上。

α）黏着在一起的两个声调调形不同。

αα）如果两个声调都是低调（上声或去声），二者的值域都和自由声调中相同，如·kanˇ-çiɛ｀‘感谢’、χɑuˇ-·k‘an｀‘好看’、·sɿ｀-çɪʌŋˇ‘思想’、ʂʌŋ｀-·mʌˇ‘上马’、k‘uˊ-·k‘uˇ-tɪ‘苦苦地’（本来是 k‘uˇ+k‘uˇ+tɪ，见 132 页）也适用于这种情况。

ββ）如果两个声调都是高调（上平声或下平声），第一个会不像第二个那么高，如·çinˉ-tʂ‘ʌŋˊ‘心肠’、pʌŋˉ-·mʌŋˊ‘帮忙’、·ʐuˊ-tɕinˉ‘如今’、χuiˊ-·tɕiʌˉ‘回家’。

γγ）如果第一个声调是高调（上平声或下平声），第二个声调是低调（上声或去声），就会产生同化作用，如·çinˉ-çiʌŋˇ‘心想’、·t‘iɛnˉ-tɕ‘i｀‘天气’、·χuiˊ-piŋˇ‘回禀’、·miŋˊ-tsɿ｀‘名字’、ʂɜnˉ-·ʂouˇ‘伸手’、ʂuoˉ-·tiŋ｀‘说定’、fʌŋˊ-·tiŋˇ‘房顶’、χuiˊ-·tɕiŋ｀‘回敬’。

弱重音音节的声调是最容易因其他声调而发生调整的，实际上一般发成中值域，上述八个例子都是这样的情况。

如果强重音音节是两个音节中的前一个，其声调也会因同化倾向受到些影响；如果强重音的是后一个音节，其声调的值域就和自由声调时相同。所以前四个例子中的·çinˉ、·t‘iɛnˉ、·χuiˊ和·miŋˊ的声调就不如它们为自由声调时高，但是没有中值域那么低。这一点有关上平声的情况 Hopkins 已经观察到了。后四个例子中的 ʂouˇ、tiŋ｀、tiŋˇ和 tɕiŋ｀是非常低的。

δδ）如果第一个声调是低调（上声或去声），而第二个是高调（上平声或下平声），问题就更加复杂了。我们选取下面的例子加以说明：·tʌˇ-t‘iŋˉ‘打听’、·pan｀-t‘iɛnˉ‘半天’、·ʂɿ｀-tɕ‘iŋˊ‘事情’、tɕ‘iŋˇ-·anˉ‘请安’、niɛn｀-·ʂuˉ‘念书’ pi｀-·mɜnˊ‘闭门’。（上声＋下平声的情况见 135 页）

前三个例子，强重音落在第一个音节上，当第二个音节是上平声时我们能观察到异化现象，倾向于发生某种对比效应；而当第二个音节是下平声时，我们则能观察到同化现象。所以在·tʌˇ-t‘iŋˉ和·pan｀-t‘iɛnˉ中，tʌˇ和 pan｀就非常低，而 t‘iŋˉ和 t‘iɛnˉ就非常高。但在·ʂɿ｀-tɕ‘iŋˊ中，音节 tɕ‘iŋˊ实际上是一个中值域，而 ʂɿ｀则不像它自由时那么低。

后三个例子，强重音落在第二个音节上，同化倾向会影响到弱重音音节的声调，而强重音音节的值域和它作自由声调时相同。因此 tɕ‘iŋˇ、niɛn`和 pi`就没有自由时那么低，而 an¯、ʂu¯和 mɜn´则非常高。

β）黏着在一起的两个声调调形相同。

αα）在某些情况下，值域会被调整，使得说话者可以将我们所讨论的调形特征接连着发在两个音节上。

当下平声后面紧跟着另一个下平声并黏着于后者时，总是符合此种情况。因此在 nᴀ´‘拿’+χui´‘回’中，nᴀ´比其自由时值域要低一些，这样下平声的上升调就是从 nᴀ´一开始一直发到 χuí 结束。在我的转写中，将声调符号标在两个音节之间的连字符之上，来标写这种重要的现象：·nᴀ-́χui‘拿回’。同样的道理，kɤ´+tʂʅ´会发成 kɤ-́·tʂʅ‘革职’。

当一个去声黏着于后面紧邻的一个去声时，也会遵循这个规则，但只是当强重音落在第一个音节上时才会这样（弱重音去声+强重音去声的情况见下文的 ββ）；因此在 kuo`‘过’+ tɕ‘y`‘去’中，kuo`的值域比自由的去声稍微高一点，这样才能让一个降调连贯地发在·kuo-̀tɕ‘y‘过去’上。

而上声的后半段的调形是上升的（✓），同样下平声的调形也是上升的（´），所以当一个上声黏着于后面紧邻的一个下平声时，也会导致完全相同的现象：lɑuˇ+iɛ´>·lɑu-̌iɛ‘老爷’、kanˇ+tɕi´>kan-̌·tɕi‘赶集’。

最后，由于弱重音的上声紧跟在一个强重音上声后面并黏着于这个强重音上声时，弱重音上声的调形实际上被缩减成了一个下平声，（见 130 页）这就和前面说的情况相同了。因此·tᴀˇ+sɑuˇ>（·tᴀˇ-sɑu´>）·tᴀ-̌sɑu。

ββ）当弱重音的去声黏着于其后面紧跟着的强重音去声时，前者会像自由去声一样值域很低，但是后者则会变成高值域。这是一种真实并且很规律的值域变化，因为正常的去声是比较低的。这样，在 man`-·man`-tɪ‘慢慢地’中，第一个 maǹ 是低调，第二个是高调。这个事实已被以前的一些研究者观察到了。

b）当两个以上的声调黏着在一起时，即当一个短语中有两个以上的带调音节时，情况就复杂了。我们需要考虑以下两点：

α）在提到的这种短语中，强弱重音音节不可能总是乖乖按照上述 a 中罗列的规则相互交替。相反，经常会出现一连串弱重音音节的情况。这些情况下，如果句子读得更慢更仔细的话，在对声调值域的影响方面，弱重音音节会和强重音音节一样带上强重音。nǐ˘（你）＋ai`（爱）＋kɑu`（告）＋su`（诉）＋ʂuí（谁）认真读的话就是·nǐ˘ aî ·kɑu`-su ·ʂui´‘你爱告诉谁？’因此当 kɑu`降级到弱重音时，就是·ni˘ ai` kɑu`-su ·ʂui´，而不是 ni˘ ai`-kɑu-su` ·ʂui´。相反，·ni˘ ·yan`-i suŋ` ·t‘ᴀ¯‘你愿意送他’当 yan`的重音减弱时，则变成了·ni˘ yan`-i suŋ ·t‘ᴀ¯，而不是·ni˘ yan`-i`-suŋ ·t‘ᴀ¯。

β）在这些含两个以上带调音节的短语中，一个或多个音节会同时成为前黏着的和后黏着的。这样其值域就会受到双重的影响。

或者是前面的影响和后面的影响不相冲突，就像·t‘ᴀ¯ χui´ ·tɕiᴀ¯‘他回家’和·t‘ᴀ¯ χui´-leɑu-·tɕiᴀ¯-lᴀ‘他回了家了’这两个短语中的情况一样，这里 χui´根据第 134 页的规则 ββ 比 t‘ᴀ¯高，而根据同一条规则它又比 tɕiᴀ¯低[①]。

或者是前面的影响确实会和后面的影响相冲突。在这样的情况下值域非常容易发生变化。我常常观察到，带双重黏着声调的音节，跟前后哪个音节联系得最紧密，哪边的影响就更加占优势。如果句子读得很慢，很容易就能看出前后哪个音节与其联系更紧密。这时带有双重黏着声调的音节会与和它联系不那么紧密的相邻音节通过一个停顿相分开，但是却从不会与和它联系得更紧密的那个音节分开。因此在句子 t‘ᴀ¯ ·mu˘-tɕ‘in¯ ·sʅ˘-lᴀ‘他母亲死了’中，如果读成短语，受前面音节的影响，tɕ‘in¯这个音节应该必须读得很高（134 页规则 δδ），但受后面音节的影响则需要读得不是很高（134 页规则 γγ）。前面的影响占了优势，这是因为这个句子慢慢读就会是：t‘ᴀ¯ ·mu˘-tɕ‘in¯|| ·sʅ˘-lᴀ。

II. 强重音和弱重音音节

我们已经看到了音节的重音经常可以决定它的值域是否受到相邻音节值域的影响。另外，在某些特定的情况下，弱重音音节并没有受相邻音节的影响，而只是因为它带了弱重音而使得其声调的值域比强重音的音节更接近中间值，这种情况发生在两个上平声结合在一起的时候。在·çiɛn¯-ʂəŋ¯‘先生’和 ʂuo¯-·tɕ‘iŋ¯‘说清’中，ʂəŋ¯和 ʂuo¯由于带了较弱的重音而在值域上比 çiɛn¯和 tɕ‘iŋ¯要低一点。

---

① 相反，如果这个句子读成两个短语：·t‘ᴀ¯|| χui´-·tɕiᴀ¯，那么 χui´就比·t‘ᴀ¯低了。

这是与 135 页规则 αα 所描述的现象相反的趋势。所以这种声调组合一定不能写成 çiən̄-ʂəŋ 等，而必须将声调符号分开写：·çiɛn¯-ʂəŋ¯。

C. 声调的改变

正如在 123 页所说的，一个特定的声调是字的一个组成部分。但是字典对某些字给出了两个或更多的声调。这或者是由于在同一方言中不固定的用法，或者是由于用不同的声调去表达不同的意思。比如 fᴀ这个字当表示‘佛法’这个意思时总是读成 fᴀˋ。当表示‘方法、手段’时，有些人会将它发成 fᴀˊ，另一些人读成 fᴀˇ。

这个语言只有非常少的字在意思不变的情况下，由同一个个人读时会带上不同的声调。这些字里最重要的就是 i ‘一’。M. Courant (57 页)曾试着总结过这个变化的规律。但在我看来，他根据不同的意思来区分这两个声调是不对的。根据我的经验，i ‘一’带重音时——它多数情况下出现时都不带重音，因此也不带声调——不管意思上的细微差别是怎样的，它有下列声调：

i 带后自由声调：总是上平声，如·tɕin¯-t‘iɛn¯ ʂʅ tʂ‘u-·ī ‘今天是初一’。

i 带后黏着声调：带强重音时总是上平声；带弱重音时，在去声之前是下平声；在上平声、下平声和上声之前是去声。如：·ī-tɕyˋ-iˊ-·tɕyˋ-tɪ ‘一句一句地’，·k‘ɤˋ ì ·laiˊ-lᴀ ‘客一来了’。

pu ‘不’的情况与之相似，除了不带重音而不带声调的情况之外，当后自由时为去声；当后黏着时，在去声前为下平声。其他声调前为去声。如 nǐ-·lai pù ‘你来不？’，tʂɤˋ ʂʅ ·uoˇ-tɪ ·puˊ-ʂʅ̀ ‘这是我的不是’，·uoˇ ʂuo¯ ʂʅ pùˋ ·çiŋˊ ‘我说是不行！’。

这两个字以前都是带入声（促声）的，而入声在北京话中已经没有了。

重 音

语流中含有不同的成分，因而总是会呈现出显著度大小上的波动，部分是由于肌肉使用的力量（呼气以及发声）相对有所不同，部分是由于所发的不同声音有不同的物理特性，因而听感上的相对响度会有所不同。

用重音（stress）这个术语来表达这种显著度似乎不太合适，因为这可能暗示着我们只考虑了发音时肌肉力量的作用。不过也不是必须得这么想。我们可以允许重音不仅指发声器官的压力（stress），也指听者的听觉器官上受到的压力（stress）。因此这个常用的英语术语就能将决定显著度的两个因素都包含进来，这样它就能很好地为我们的研究目的服务了。

我们将必须考虑两个方面，一是不同音节间的重音分布，二是音节内的重音分布。

音节间的重音分布

汉语中有着大量让人迷惑的同音异义词，对于汉语的语音转写来说，我们必须认真地去充分处理不同音节间的重音分布，因为想要人们完全理解这套转写，这样做就是极其重要的。在我看来，如果只标记强重音音节并把所有其他音节全部归类到不带重音音节的名下，肯定是不充分的，像 Lessing & Othmer[①] 和 Wieger[②]就是这样做的。

借助仪器的研究当然可以让我们区别出很多等级，但是从各种实用的目的来说，三个等级就足够了：

0） 无重音音节；

1） 弱重音音节；

2） 强重音音节。

这些类型之间存在着显著差别，比如：tᴀ$_2$-lᴀ$_0$ ‘打了’ 和 tᴀ$_2$-t‘iŋ$_1$ ‘打听’，jin$_2$-ʦɿ$_0$-tɪ$_0$ ‘银子的’ 和 jin$_2$-ʨiᴀŋ$_1$-tɪ$_0$ ‘银匠的’。

我标记这三个等级的方式如下：因为无重音音节（0）也失去了声调，（见 126 页）写的时候不加任何声调记号，这样就很容易跟标有声调记号的弱重音（1）和强重音（2）音节区别开来。强重音音节前会加一个点（·），以此来跟弱重音音节相区别。tᴀ$_2$-lᴀ$_0$ 写成·tᴀˇ-lᴀ，tᴀ$_2$-t‘iŋ$_1$ 写成·tᴀˇ-t‘iŋ¯，jin$_2$-ʦɿ$_0$-tɪ$_0$ 写成·jin´-ʦɿ-tɪ，jin$_2$-ʨiᴀŋ$_1$-tɪ$_0$ 写成·jin´-ʨiᴀŋ`-tɪ。

在北京话不同音节间的重音如何分布这个问题上，人们的观点有很大的分

① F. Lessing & W. Othmer, *Lehrgang der Nordchinesischen Umgangssprache*（《汉语北方口语教程》），Tsingtau 1912.

② 大量的口语文本在他的丛书 *Rudiments de Parler et de Style Chinois* 中，Hokienfu 1895 等。

歧。Edkins 这样表述过这个问题,“在两个(连在一起的音节)形成的组合中,重音通常落在后一个音节上”[①]。这种说法是非常不正确的。A. Seidel 在他 *Chinesische Konversationsgrammatik* 一书中,尤其是在一个关于构词的长篇章节中对重音投入了大量的关注,他得到的研究结果一般是不错的,虽然整体来看还不够充分。M. Courtant 在他的语法[②]中制定了一系列的重音法则,但是很多非常重要的问题他却并未提及。他的重读规律跟 Vissière (T'oung Pao 1905) 的以及 Lessing & Othmer[③]的重读规律,都在这方面与我自己的调查结果大相径庭。另一方面,L. Wieger 对北京稍南的一个地区——河间府(Hokienfu)的语言进行了调查,这一地区的语料所提供的全面信息却和我的研究结果有显著共识。我想在这个意义上,给出我所测试的北京话不同发音人的语言当中,对重音起着制约作用的最重要的规则是很有用的。需要说明的是,我们得到的结果只是不需要借助仪器就可以获得的那些。我想强调一下这样一个事实:我绝不是认为前面提到的那些学者所给出的重音规律就一定是错误的。我倒是非常愿意承认在北京这么大一个城市里,重音的表现可能会有不同的变体。所以下面的观点也仅是作为对正在讨论的这些错综复杂的问题进行更彻底的研究所作的一个贡献。这里指定的规则绝不是要求不能有例外。类推以及诸如此类的影响无疑都会经常违反这些规则。

句子中相对独立的成分之间重音分布的表现非常多样,由于逻辑关系、文体风格、句法结构等不同原因而有所变异。如 t'ᴀ¯ ·tsouˇ 他走(没有停下):·t'ᴀ¯ tsouˇ 他走(不是我);iọuˇ i-kə tᴀ` ·kouˇ ‘有一个大狗’:i-kə ·tᴀ` kouˇ tsai-·uæi`. i-kə ·çiɑuˇ-kou tsai-·liˇ ‘一个大狗在外,一个小狗在里’;等等。如果研究所有这些变异的话,我们就会离题太远。在这方面,汉语的重音规则实际上和其他语言的情况一样。我认为没有必要再详细考察了。

因此我们的讨论将仅限于紧密联系在一起的音节上的重音,即,一方面是构成双音节或多音节词的音节;另一方面是主要作用为指示语法类别的音节

① J. Edkins, *Grammar of the Chinese Colloquial Language Commonly Called the Mandarin Dialect*, 26 页。

② M. Courant, *La Langue Chinoise Parlée*. 48—62 页。

③ Lehrang 等,见前文 138 页。

——简言之就是所有种类的语缀和缀词（语法上的辅助词）。

A. 双音节和多音节词

基本词（简单词）

由一个以上的音节组成，却又不能根据语义值划分出组成部分的词一直存在于[①]“单音节”的汉语中，并且现在也还存在着，虽然数量相当有限。我们观察到：

a）若干词源不明的双音节词，可能本来是借词或复合词，如·p‘iˊ-pᴀˉ ‘琵琶’、·kᴀˉ-lᴀˉ-ɹ ‘旮旯儿’，通常第一个音节带强重音，第二个带弱重音。

b）许多拟声词，重音的位置当然取决于所模拟的声音，如·χᴀˉ-χᴀˉ或 χᴀˉ-·χᴀˉ ‘哈哈’、kᴀˉ-·tᴀŋˉ ‘噶当’。

c）很多借词，大多数是现代借词，如 t‘iɛˇ-ly-·fəŋˉ ‘铁律风（telephone）’，其重音表现变化无常并且因人而异，如果分析起来，会花费太长的时间，不再赘述。

复合词（合成词）

I. 跟自己复合的词——重叠词

我们注意到下面这几组词：

1）相当多的双音节名词，是这个语言中一些最常用的词，它们的重叠可能来源于幼儿语。第一个音节带强重音，第二个带弱重音：·kɤˉ-kɤˉ ‘哥哥’，另外还有 kɤˉ ‘哥’；·naiˇ-nai ‘奶奶’，另外还有 naiˇ ‘奶（milk）’；等等。

2）分配词（distributives）：

a）一个音节重叠。第一个音节带强重音，第二个带弱重音：·t‘iɛnˉ-t‘iɛnˉ ‘天天’，·ʐ̨ənˊ-ʐ̨ən ‘人人’。

b）两个音节都重叠——强重音落在第一个和第四个音节上，弱重音落在第二个和第三个音节上：·iˉ-tɕyˋ-iˊ-·tɕyˋ-tɪ‘一句一句地’；·iˉ-puˋ-iˊ-·puˋ-tɪ ‘一步一步地’。不过我们应该注意量词 kə ‘个’，它总是不带重音：·iˉ-kə-·iˉ-kə-tɪ ‘一个

① 见 A. Conrady 的 *Der Altchinesische Fragesatz und der Steigende Ton*, Mitt. d. Sem. f. Orient. spr. 1915, I Abt.

一个地’。

3）重叠动词：

或者是表达反复的动作，许多其他语言也是如此，如·fəŋ-fəŋ ‘缝缝’、·ʦ‘ᴀ¯-ʦ‘ᴀ¯ ‘擦擦’。

或者是表达短暂性动作，而这些动词在其他时候为持续性的动词。如·ʂuo¯-ʂuo¯ ‘说说’，另外还有 ʂuo¯ ‘说’；·çiᴀŋ-çiᴀŋ ‘想想’，另外还有 çiᴀŋˇ ‘想’。[①]这种类型的重叠在汉语中很常见。

这些重叠动词的重音规则如下：

a）单音节动词重复之后中间插入一个其他的音节，如助词 leɑọ（lᴀ，见 156 页 d）。强重音会落在重复了的两个音节上，如·çiᴀŋˇ-leɑọ-·çiᴀŋˇ ‘想了想’。

b）单音节动词重复之后中间没有插入别的音节，强重音落在第一个音节上，弱重音落在第二个音节上：·çiᴀŋ-çiᴀŋ ‘想想’。

c）双音节动词，重叠之后中间有或者没有 a 中提到的插入成分，两个音节上的重音分布和未重叠的动词一样：·ʂᴀŋ¯-leᴀŋ` ‘商量’，·ʂᴀŋ¯-leᴀŋ`-·ʂᴀŋ¯-leᴀŋ` ‘商量商量’，·ʂᴀŋ¯-leᴀŋ`-lᴀ-·ʂᴀŋ¯-leᴀŋ` ‘商量了商量’。

4）语义加强：

a）发生重叠的单音节词，语义上的加强是通过引进重音层标记出来的：弱重音落在第一个音节上，强重音落在第二个音节上。如：miŋ-·miŋ ‘明明’，k‘uæi`-·k‘uæi`-tɪ ‘快快地’。

b）每个音节都发生重叠的双音节词，强重音落在第一个和第四个音节上，弱重音落在第二个和第三个音节上（和 140 页 2，b 中的韵律现象是一样的）。如：·li`-li`-χai`-·χai`-tɪ ‘厉厉害害地’，·kuŋ¯-kuŋ¯-ʨiŋ`-·ʨiŋ`-tɪ ‘恭恭敬敬地’。

c）只第二个音节重叠的双音节词，强重音落在第一个和第三个音节上，弱重音落在第二个音节上。如：·mᴀŋ´-χuo-·χuo-tɪ ‘忙活活地’。

---

① 欧洲人通常都把·çiᴀŋˇ-i`-·çiᴀŋˇ这样的表达方式解释成 ‘think a thought（想一想）’，这样的话 i`-·çiᴀŋˇ就成了一个动名词，也是宾语。这样的解释当然是很自然的。但是我们一定不要忘了，一方面，像·çiᴀŋˇ-kə-çiᴀŋˇ（‘想个想’）这样的结构是没有的，另一方面，持续性动词表达相同的短暂性动作时也经常不用第一个 çiᴀŋ，而只需要有 i 的帮助就行，如·t‘u¯-ʦɿ i`-·çiᴀŋˇ ʦ‘ai ·p‘ɑuˇ-lᴀ ‘秃子一想才跑了’。

II. 跟其他词复合的词

A. 并列连接关系的复合词（“coordination”“erweiterungsgruppe”）

1）联系性复合词（copulative compounds）。下面这几种类型尤其应该注意：

a）数词。并列的数字复合词的构成需要简单数词的帮助，如 san¯‘三’、sɿ`‘四’等，也需要有偏正复合数词，如·san¯-ʂʅ‘三十’、·san¯-paiˇ‘三百’（见150 页）。复合词的组成成分可能有两个或更多，如 san¯-ʂʅ|-·san¯‘三十三’、·san¯-tɕ‘iɛn¯ | ·sɿ`-paiˇ|-·tɕ‘ī-ʂʅ | ·leu`‘三千四百七十六’。

强重音总是落在最后一个成分上——如果是偏正性的复合词，其重音分布如 150 页说的那样——至于前面的成分，其重音规律如下：

α）如果最后一个成分前面只有一个音节，如果它是 ʂʅ´‘十’，那么这个音节不带重音，如 ʂʅ|-·san¯‘十三’。如果是别的字，则带弱重音，如 paiˇ|-·san¯-ʂʅ‘百三十’（130）、tɕiᴀ´|-·tsɿˇ‘甲子’（第一个天干和第一个地支，循环计数）。

β）当最后一个成分前面有两个音节时，它们或者是偏正性的复合词构成一个成分——这样原本独立的词中带着强重音的音节就带上了弱重音，另一个音节就变得不带重音了：·san¯-ʂʅ+·san¯变成 san¯-ʂʅ|-·san¯‘三十三’，·san¯-paiˇ+·san¯-ʂʅ 变成 san¯-pai|-·san¯-ʂʅ‘三百三十’。

或者它们构成两个成分——第一个带弱重音，第二个不带重音：paiˇ+ʂʅ´+san¯变成 paiˇ|-ʂʅ|-·san¯，tɕ‘iɛn¯+liŋ´+·san¯-ʂʅ 变成 tɕ‘iɛn¯|-liŋ| -·san¯-ʂʅ。

从这两种情况我们都得到序列：重音等级 1+重音等级 0+重音等级 2。

γ）最后一个成分前面有三个或三个以上音节时——如果是不带重音的 liŋ´‘零’，单独出现时不带重音；重复两次出现时，第一次带弱重音。除此之外——我们会发现，其中的一个或几个成分自己本身就是偏正性复合词，其重音分布和 150 页所描述的一样，重音没有减弱：ʂʅ-·san¯-uan`|-liŋ´|-liŋ|-·tɕ‘ī-ʂʅ|-pᴀ¯‘十三万零零七十八’（130078），·ī-tɕ‘iɛn¯|-liŋ|-·sɿ`-ʂʅ‘一千零四十’。

b）语义加强。语义上的加强是通过重音的层进标记出来的（参看 141 页）：juŋ´-·yanˇ‘永远’，tɕiɛnˇ-·tʂʅ-tɪ‘简直地’，kan´-·tɕinˇ-tɪ‘赶紧地’，pu-tʂʅ¯-pu -·tɕiɑu´-tɪ‘不知不觉地’。

c）表示相反意义的词结合在一起从而形成一个整体——这种情况在相互关

联的概念中很常见[①]。其组合往往会获得一种间接的比喻义。第一个音节带强重音，第二个带弱重音[②]。例如：·fuˋ-muˇ（父亲—母亲）‘父母’，·tiˋ-çyuŋˉ（弟弟—哥哥）‘弟兄’，·tɕ‘inˊ-ʂouˋ（禽—兽）‘禽兽（动物）’，·tʂouˋ-iɛ-tɪ ‘昼夜地’，·ʂanˉ-ʂuᴇiˇ（山—水）‘山水（景色）’，·piˇ-moˋ（笔—墨）‘笔墨（创作）’，·çinˉ-tʂ‘ᴀŋˊ（心—肠）‘心肠（性情）’。

2）反义复合词（disjuctive compounds）。

强重音落于第一个音节，弱重音落于第二个音节。能归为此类的词包括：

a）由两个名词组成的新名词：·tuŋˉ-χiˉ ‘东边或西边’（我不知道是哪边）=‘东西’（a thing）。

b）两个形容词组成一个名词：·kɑuˉ-tiˉ（高或者低）=‘高低（高度）’，·tᴀˋ-çiɑuˇ（大或者小）=‘大小（尺寸）’。

c）副词：·toˉ-ʂɑuˇ（多或者少）=‘多少（how much）’。

B. 偏正连接关系的复合词（“subordination”“bestimmungsgruppe”）

由于我们正在讨论复合词，所以显然我们没有考虑主语+谓语这样的主谓结构（封闭词类）的情况，而只讨论修饰语（性质或状态表达）和中心语组成的偏正结构（开放词类）。

在属于此类的诸多词例中，只有表现出这样一种趋势才是自然的：将强重音放在更具重要性的修饰语上，将弱重音放在不那么重要的修饰语上。部分或

---

① Seidel（45、47 页）写道：“zwei artbegriffe warden zum ausdruck eines gattungsbegriffes zusammengesetzt”（将两个具体的概念组装起来，来表达一个一般的概念）。Seidel 举了下面的例子：ti-hiung（弟兄）：弟（年幼的兄弟）+兄（年长的兄弟）=兄弟（bruder），tsie-mei（姐妹）：姐（年长的姐妹）+妹（年幼的姐妹）=姐妹（schwester），tsu-fu（祖父）：爷爷+爸爸=祖先（vorfahren），等等。但是 ti-hiung（弟兄）的意思不是 bruder（单数，一个哥哥或弟弟），而是 brüder（复数，兄弟们），tsie-mei（姐妹）的意思不是 schwester（单数，一个姐姐或妹妹），而是 schwestern（复数，姐妹们），tsu-fu（祖父）的意思不是 vorfahren（祖先，复数），而是 grossvater（爷爷，单数）。在这一点上，Seidel 并没有显示出对自己所描写的语言有足够充分的了解。

② M. Courant 写道（50 页）：“如果一个名词由两个并列的表示不同意思的字组成，重音更常落在第二个字上，但是也能找到落在第一个上的情况。”他举了以下例子：êr-nü’ ‘儿女’，mi-ku’ ‘米谷’，但是 fu’-mu ‘父母’。这是不正确的。像 êr-nü’（儿女）这样的例子不是复合词，而是以下的偶然并列：“儿子和女儿”。相反，fu’-mu（父母）则是一个复合词。判断的标准是重音的分布情况。Seidel 在 46 页也犯了相同的错误。

全部意义落在中心语概念范围之内的修饰语显然不如全在中心语范围之外的修饰语重要。下面的分类就基于这个观点。

1）修饰语表达的概念全部或部分与中心语重叠。

这种情况下通常会有这样一种趋势：强调中心语，而只给修饰语一个弱重音。不过在某些情况下，这种趋势可能不得不让步于韵律的要求。我们注意到下面的情况：

a）由意义相同或相近的词组成的复合词，如·tau̖-lu（道—路或路—道）‘道路’。

如果将 lù 看成 taù 的一种性质，将这一整体看成一个偏正结构，举这类型的词作为例子就似乎不对了。将 taù 和 lù 看成平等的关系，将其整体看成并列结构似乎比较自然，tau` 或者（选取另外一个词）lu`。不过我还是认为，从历史的观点来看，这个组合应该看成一个偏正结构，其中的修饰语是中心语的解释性同义词。古词 taù ‘道’表达得还不够清楚，因为还有很多词都是读 taù 的，所以现代的中国人会说 taù lù（即这个“道”是“路”）。这样的来源意味着这个例子需要按前面刚刚给出的重音规则来处理。这种类型的复合词非常常见。下面是一些例子：

名词：·p‘əŋ´-iuˇ ‘朋友’，·yan´-kù ‘缘故’；

形容词：·fù-kuᴇi ‘富贵’，·kan¯-tɕiŋ` ‘干净’；

动词：·ʂᴀŋ¯-leᴀŋ` ‘商量’，·çiˇ-χuan¯ ‘喜欢’；

两个形容词>动词：·miŋ́-pai ‘明白’；

代词：·tsɿ`-tɕiˇ ‘自己’；

副词：·piŋ`-tɕ‘iɛˇ ‘并且’。

b）修饰语所表达的概念暗含在中心语的概念之中，因此这种修饰语就是“epitheton ornans（彩饰）”：ʂəŋ`-·tɕiŋ¯ ‘圣经’——（神圣的）经典，yan´-·pɜnˇ ‘原本’——（原来的）本来。

c）修饰语表示属，中心语表示的东西属于这个属中的一个种。

名词：·iᴀŋ´-ʂu` ‘杨（树）’，·suŋ¯-ʂu` ‘松（树）’，·fu`-tɕ‘in¯ ‘父（亲）’，·muˇ-tɕ‘in¯ ‘母（亲）’。iᴀŋ́，suŋ¯，fù 和 muˇ 这几个词本身就能表达

同样的意思；ʂuˋ 和 tɕʻinˉ 是解释性的修饰语，带弱重音。

动词：·kʻanˋtɕiɛn ‘看（见）’，·tʻiŋˉ-tɕiɛnˋ ‘听（见）’，·çiauˇ-tɤ ‘晓（得）’，·tuŋˇ-tɤ ‘懂（得）’。

如果中心语和修饰语之间被一个音节隔开，重音表现还是一样的：·kʻanˋ-pu-tɕiɛnˋ ‘看不见’。相反，如果它们之间被两个音节隔开，那么两个成分上面都要带上强重音：·kʻanˋ-pu-tə-·tɕiɛnˋ ‘看不得见’。

很多地名属于这一类。如果一个地方本来的名字是 tʂauˋ ‘赵’，而 tʂʻəŋˊ ‘城’是后来加上去的，这样就成为了·tʂauˋ-tʂʻəŋˊ ‘赵（w.-adj.）城’。这样这个整体就被看成是一个专有名词了，然后·çiɛnˋ ‘县’这个词又被加上去了。于是我们就得到了·tʂauˋ-tʂʻəŋˊ-·çiɛnˋ ‘赵城（w.-adj.）县’。

这个例子说明了另一个法则：如果中心语本身就是个复合词（·tʂauˋ-tʂʻəŋˊ ‘赵城’），且其最后一个音节不带强重音，那么由于韵律的原因，修饰语就会带上强重音。

d）修饰语和中心语部分地落入对方的概念范围，它们体现出“干涉表达（interferierende begriffe）”。注意下面的情况：

α）人名。第一个部分，即姓，带强重音；第二个部分，即人的名字，带弱重音，如·liˇ-nəŋ ‘李能 Li Nêng’，或者，按欧洲名字的顺序 Nêng Li。如果这两个成分中的任何一个本身就是个复合词，那么这两部分都带上强重音，重音的分布会防止连着出现两个强重音音节：·sʅˉ-mᴀˇ|-·kuᴀŋˉ ‘司马光’；·tʂᴀŋˉ|-tᴀˋ-·çyɛˇ ‘张大雪’（但是这个人的名字本身的重音分布为·tᴀˋ-çyɛˇ大雪 ‘很大的雪’）。

β）动作动词 laiˊ ‘来’、tɕʻyˋ ‘去’、ʂᴀŋˋ ‘上’、çiᴀˋ ‘下’、χuiˊ ‘回’、kuoˋ ‘过’、tɕʻiˇ ‘起’、tɕinˋ ‘进’、tʂʻuˉ ‘出’，经常作为一个修正性的修饰语加在其他表示动作的动词后面，如·pʻauˇ-laiˊ ‘跑-来’（跑向这个方向），·pʻauˇ-tɕʻyˋ ‘跑-去’（跑向那个方向），·nᴀˊ-lai ‘拿来’，·nᴀˊ-tɕy ˋ ‘拿去’。此外，它们用在不表示动作的动词后面时，经常会有一种间接的比喻义，如·piˇ-ʂᴀŋˋ ‘比上’（比）、·çiᴀŋˇ-tɕʻi ‘想起’（想起）等。虽然后面的几个例子中没有“干涉表达”的问题，但它们的重音分布和前面的例子是一样的，遵循 143—144 页的总规则，强重音在中心语上，弱重音在修饰语上：·nᴀˊ-lai，·çiᴀŋˇ-tɕʻi。

两个成分中的一个或两个本身就是复合词的情况经常出现，如 tʌˇ-sɑu＋tɕ‘yˋ‘打扫去’、p‘ɑuˇ＋tɕinˋ-laiˊ‘跑进来’，或者两个成分之间插入别的词的情况也常出现，如 p‘ɑuˇ＋pu＋tɕinˋ-laiˊ‘跑不进来’、nʌˊ＋tɕinˋ＋ʂuɛiˇ＋laiˊ‘拿进水来’（tɕinˋ和 laiˊ分开了）。对这类情况，我们注意到韵律方面对重音的如下修正：

αα）任何在其他时候应是两个连着的强重音音节，中心语上的强重音都会变为弱重音。下面第一个例子中，nʌˊ就变成带弱重音了，而第二个例子中 kuoˋ，nʌˊ和 tʌˇ还保持着它们的强重音：

nʌˊ| ·ʂuɛiˇ-|lai ‘拿水来’；

但是：

·kuoˋ|-pu|-tɕ‘yˋ ‘过不去’，

·nʌˊ| uoˇ ·mɑuˋ-tsɿ| laiˊ ‘拿我帽子来’，

·tʌˇ-sɑu|-·t‘uˇ|-tɕ‘yˋ ‘打扫土去’。

ββ）如果前面的音节带弱重音或前面的两个音节都不带强重音，修饰语上的弱重音就会变成强重音：

·tʌˇ-sɑu-·tɕ‘yˋ ‘打扫去’，

·nʌˊ| tʂə-kə ·tuŋˉ-χiˉ|-·tɕ‘yˋ ‘拿这个东西去’，

·p‘ɑuˇ| pu-leɑo̦|-·tɕ‘yˋ ‘跑不了去’；

但是：

·p‘ɑuˇ|-pu|-tɕ‘yˋ ‘跑不去’，

·nʌˊ|-tɕinˋ| ·mɑuˋ-tɕɿ|-laiˊ ‘拿进帽子来’。

通过这些例子我们总结出：如果修饰语和中心语之间只有一个不带重音的音节，修饰语的重音，可以依赖其中心语（即保持其弱重音）；如果中间有两个音节，而且哪个都不带强重音，那么中间这个空隙就太大了，韵律上就需要加重修饰语。同样，2+1+1 这样的组合在韵律上并不是一个受欢迎的类型；最后的 1 就加重成了 2。

γγ）如果修饰语是由两个联系在一起的音节组成的，这两个音节上的重音分布会遵循与我们在 ββ 中讨论的韵律原则相似的规律，其表现如下：

重音 2+1：当前面的音节带弱重音或前面的两个音节都不带强重音时，如·p‘ɑuˇ|-pu-leɑo̦|-·kuoˋ-tɕ‘y ‘跑不了过去’。

重音 1+0：当修饰语与前面相邻的强重音之间只被一个不带重音的音节隔

开，如·p‘ɑuˇ|-pu|-tɕinˋ-lai ‘跑不进来’。

重音 0+1：当前面的音节带强重音时，如·p‘ɑuˇ|-tɕin-laiˊ ‘跑进来’，nᴀˊ | ·ʂuᴇɪˇ|-tɕin-laiˊ ‘拿水进来’。

2）修饰语表达的概念完全落在中心语的概念范围之外。前面给出的重音法则（143 页）在不同情况下作用的方式不同，且全都是出于心理上的原因。

两个成分之间的限定作用是相互的，这当然是一个问题。于是在像“金表”这样的例子中我们发现：

a）这块表被限定为是金的，不是银的或铜的；

b）这块金子被限定为是一块表，不是个胸针或戒指。

不过偏正和主谓之间存在着重要的平行性。主谓结构中，一个应该是为人熟悉的主语，需通过谓语引入关于这个主语的新的和必要的信息来对它加以限定。正是用相同的方式，偏正结构这个限定结构中的两个成分有一个会成为主要成分，而另一个则会变得不重要。说话者希望陈述这块表是金子做的，而不会注意到他同时也告诉了我们这块金子是块手表。

这里 2）这种类型的汉语偏正复合词中，总是新的必要成分，即心理上的谓语带上主要重音，不管它是在前还是在后。如·tɕinˉ-piɑuˇ ‘金表’（主谓：这块表是金的），·ɤˋ-sʅˇ（饿-死）‘饿死’（主谓：死是饥饿所致），ʂuoˉ-·uanˊ ‘说完’（主谓：说话结束了）。

不过这绝不表示强重音总是落在修饰语上，而弱重音总是落在中心语上。

像很多作者已经申明过的那样，一个句子心理上的主语肯定不总是语法上的主语，心理上的谓语也肯定不总是语法上的谓语。如果我们说“他来了”，确实是心理上的主谓语和语法上的主谓语相对应，但是相反的情况也很常见，比如‘谁（心理上的谓语）来了（心理上的主语）’（＝‘来的人是谁？’）。

偏正结构中，情况也相同：

a）最常见的情况是心理上的谓语就是修饰语，心理上的主语就是中心语。偏正结构·tᴀˋ-mɜnˊ ‘大门’ 与主谓结构 mɜnˊ ·tᴀˋ ‘门大’ 相对应。tᴀˋ是心理上的谓语，也是修饰语，mɜnˊ是心理上的主语，也是中心语。因此强重音落在修饰语 tᴀˋ上。

b）但是有时候会发生这样的情况：心理上的谓语成了中心语，而心理上的主语成了修饰语。在偏正结构 ʂan¯-·tiŋˇ ‘山顶’中，主要的目的不是将‘山顶’与 fʌŋ´-·tiŋˇ ‘房顶’（房脊）或者 tɕiɑu`-·tiŋˇ ‘轿顶’相区别开，想要实现的是将山顶与山脚、山腰等等区别开来。因此这个偏正结构和主谓结构“此山有顶”相对应，而不是与“这个顶是山的”相对应。汉语，像许多其他语言一样——英语“at the top of the mountain”，德语“auf dem Gipfel des Berges”——将心理上的主语 ʂan¯ ‘山’作为修饰语，心理上的谓语 tiŋˇ ‘顶’作为中心语，而拉丁语则根据的是情况 a（·tʌ`-mɜn´）那样的构词理据，有 summo（心理上的谓语，修饰语） monte（心理上的主语，中心语）。

另一个例子：偏正结构 niɛn´-·tɕ‘iŋ¯ ‘年轻’对应主谓结构“（他的）年纪很轻”，而不是对应“他的轻是关于年纪的（而不是关于体重、影响力等的）”。因此 niɛn´ ‘年’是心理上的主语和修饰语，·tɕ‘iŋ¯ ‘轻’是心理上的谓语和中心语。

偏正结构中心理上的主语和谓语不总是分别与中心语和修饰语相等，而经常是恰恰相反的情况，这一事实并不影响北京话的重音。仍然是心理上的谓语带强重音，不管它是偏正结构的中心语还是修饰语：

·tʌ`-mɜn´ ‘大门’，·tɕin¯-piɑuˇ ‘金表’；

但是 ʂan¯-·tiŋˇ ‘山顶’，niɛn´-·tɕ‘iŋ¯ ‘年轻’。

于是我们观察到了一个非常有趣的事实：在这样的情况中，重音反映出了其他方式没能表现出来的心理事实。

应该注意的是，在所有这些情况中，我所讨论的都是汉语的复合词，而不是句子中偶然形成的偏正短语。在北京话中我们发现一种这样的重音分布：·uæî -t‘ou´ioụˇ i-kə tʌ` ·kouˇ ‘外头有一个大狗’，这里 tʌ` 是偏正结构‘大狗’的修饰语和心理上的谓语，带弱重音，这似乎违背了前面全部的推论。然而实际上像‘大狗’这样的情况并不是我们这里研究的东西。

这里 2）讨论的所有修饰语的意义都完全落在了中心语的概念之外，因此有着非常重要的意义。但是从句子的角度来看——在语言中这是基本的单位——它们并不同等重要。这种情况下需要有一个本质的区分。

显然在如下实例中：

Outside there is a big dog.

I walked down the long, fine street.

中间的修饰语可以拿开而不会在整体上改变句子的大意。但像下面的例子中的修饰语就不一样了：

He stayed in bed half the day.

This is not a work for an old man.

I beat the boy.

因此，我们应该分辨句子的非必要修饰语和必要修饰语。后者就算只是在偶然形成的偏正结构中，也会带强重音，这是其遵守的规则。前者如 i-kə tʌ̀ ·koǔ ·p'ɑǔ̯-lai ‘一个大狗跑来’，我们对偏正结构中概念组合的兴趣——‘狗是大的’——应该比我们对这个句子的主谓结构‘一个狗跑来’中概念组合的兴趣小得多。那么 tʌ̀ 的重音就必须让给 koǔ，这是非常自然的，因为后者对句子来说是不可缺少的。当然决定一个修饰语对句子来说在何种程度上是必要的或是非必要的，也是件细致入微的工作。

很明显如果一个复合词是来源于一个偶然形成的偏正结构的话，只能是这个偏正结构出现得很频繁或者是结合的强度很大。因为其修饰语必须本就是对句子来说必要的那类，那么很自然，只有那些在代表心理谓语的成分上保持了强重音的偏正结构才会形成复合词。

我已经给出了管辖 2 中所讨论的那类复合词重音的总的原则。下面几组情况进一步丰富了这一法则的实例：

a）放在中心语前面的修饰语，表示整体，而中心语表示一部分。中心语是心理上的谓语，带强重音，如 yɛ̀-·tʂ'ū ‘月初’、yɛ̀-·tǐ ‘月底’、uɑŋ́-·sān ‘王家的第三个（儿子），王三’。

b）修饰语指明了我们看待中心语的视角。

中心语——放在后面——可能是心理上的谓语而带强重音，如 niɛń-·lɑǔ ‘年老’、niɛń-·iù ‘年幼’；

或者，修饰语——放在后面——可能是心理上的谓语而带强重音，如 χɑǔ-·k'àn（看着好）‘好看’、χɑǔ-·t'īŋ（听着好）‘好听’、nań-·ʂòu ‘难受’、

nan´-·tso` ‘难做’、k‘ɤ´-·i˘（可用来）‘可以’、k‘ɤ˘-·χɜn`（可被恨）‘可恨’。

c）放在中心语前面，作为心理上的谓语而带强重音的修饰语，决定着中心语：在空间上的位置，如·tuŋ¯-iᴀŋ´（日本）‘东洋’；时间上的位置，如·çiɛn`-tʂ‘əŋ´（提前准备好的）‘现成’；方向，如·pei˘-fəŋ¯ ‘北风’；度量，如·t‘iɛn¯-kɑu¯ ‘天高（像天那么高）’；材质，如·tɕin¯-piɑu˘ ‘金表’；性质，如·tᴀ`-mɜn´ ‘大门’；原因，如：·ɤ`-sɿ˘ ‘饿死’；领属，如·ʐ̩ɜn´-çin¯ ‘人心’；等等。很多中国的地名是通过这种方式制定的，如·an¯-î ‘安邑’（安静的城）、·χi¯-an¯ ‘西安’（西边的安宁）、·ʂan¯-çi¯ ‘山西’（山的西边）等。

至于通过这种方式形成的偏正结构数词，我们应该注意 ʂʅ´ ‘十’，作为中心语，是不带重音的，而根据总的规则，所有其他的中心语都带弱重音[1]：·san¯-ʂʅ（三个十）‘三十’、·san¯-pai˘ ‘三百’、·san¯-tɕ‘iɛn¯ ‘三千’。而“一千”的重音则相反，根据 144 页的规则 b 应为 î -·tɕ‘iɛn¯。tɕ‘iɛn¯自己来表达“一千”就很好了，i 只是为了表达得更清楚而加在前面的一个“彩饰”。不过当“千”后面还有其他数字，并且强调其对比时，i 可能带强重音：·i¯-tɕ‘iɛn¯|-·san¯-pai˘|-·leu`-ʂʅ´|-·u˘ ‘一千三百六十五’。

大量的动物名组成了一个很有趣的集合，如 χu˘ ‘虎’，ʂu˘ ‘鼠’，kuᴀ¯ ‘鸹’，iᴀ¯ ‘鸦’，yan´ ‘鼋’，等等。和 lɑu˘ ‘老’组合在一起，这样使用的‘老’就倾向于变成一个形成动物名字用的前缀：·lɑu˘-χu ‘老虎’，·lɑu˘-ʂu ‘老鼠’，·lɑu˘-kuᴀ¯ ‘老鸹’，等等。

像·lɑu˘-iɛ（老＋爷，老的男人）‘老爷’和·lɑu˘-p‘o-tsɿ（老婆子，老＋老年女人，）‘您妻子’这样的表达，人们可能倾向于认为它们是属于“彩饰”现象的例子。但情况并不是这样的，因为 lɑu˘是表达尊敬的一个称号（＝阁下，尊敬的……）。如果真的是“彩饰”的情况，其重音就会像 144 页 b 所提到的那样，而下面的词其实是都存在的：·lɑu˘-p‘o-tsɿ ‘老婆子（您妻子）’和 lɑu˘-·p‘o-tsɿ ‘老婆子（老女人）’。

---

① 根据我的经验，像 Courant（53 页）所引用的 san-shi‘-ko ‘三十个’这样的重音分布情况是完全不可能的。

在 c）中所考察的多种类型里，重音的变化有时候也会发生。请注意下面的情况：

α）在像 tɕ'iɛn¯-·tɕin¯ ‘千金’（＝您的女儿）或者 sɿ`-·χaiˇ ‘四海’ [之间的国家]（＝世界，各处）这样的情况中，数字失去了其原本的限定作用。这样的词整体感觉都不太像一个复合词，而更像是一个单纯词。重音的变化表明了这一事实。

β）由于韵律原因重音发生改变的现象发生在下列情况中：

αα）当两个复合词组合成了一个四音节的韵律单元，强重音会落在第一个和第四个音节上，弱重音则落在第二个和第三个音节上（参看 140 页）：niˇ ·tai` uoˇ ·t'iɛn¯-kɑu¯-ti`-·χou`-tɪ ‘你待我天高地厚的＝非常慷慨地’。

ββ）如果中心语本身就是个复合词，它的音节之一会带强重音：

很多情况下二次组合不会导致中心语内部的重音发生转移：·ʂuᴇiˇ ‘水’ ＋·iɛn¯-tai` ‘烟袋’ ＞·ʂuᴇiˇ-·iɛn¯-tai` ‘水烟袋’。

多数情况下中心语的重音会发生转移，将重音移到最后一个音节上，以防连着出现两个强重音音节：tᴀ` ‘大’ ＋·çye´-t'ᴀŋ ‘学堂’ ＞·tᴀ`-çye´-·t'ᴀŋ ‘大学堂’，tᴀ` ‘大’ ＋·ku¯-niᴀŋ´ ‘姑娘’ ＞·tᴀ`-ku¯-·niᴀŋ´ ‘大姑娘’（大女儿）。

γγ）如果修饰语本身就是个复合词，且强重音落在第一个音节，中心语上的重音会增强为强重音，如·χuoˇ-tʂ'ɤ¯ ‘火车’ ＋tʂan` ‘站’ ＞·χuoˇ-tʂ'ɤ¯-·tʂan` ‘火车站’，·san¯-ʂʅ ‘三十’ ＋uan` ‘万’ ＞·san¯-ʂʅ-·uan` ‘三十万’。

如果修饰语本身就是个复合词，且强重音落在第二个音节上，是数词的话重音还会保持不变，如 ʂʅ-·san¯ ＋uan` ＞ʂʅ-·san¯-uan` ‘十三万’。

其他情况下，中心语的重音会加强为强重音，修饰语内部的重音会发生转移，以防连着出现两个强重音音节，如 çi¯-t'iɛˇ ‘吸铁’（参看 152 页的 γγ）＋ʂʅ´ ‘石’ ＞·çi¯-t'iɛˇ-·ʂʅ´ ‘吸铁石’。

d）置于中心语之后且作为心理上的谓语而带强重音的修饰语，会在以下方面对中心语进行限定：表结果，如 tʂ'ʅ¯-·pɑuˇ ‘吃饱’，çiˇ-·tɕiŋ` ‘洗净’；表限制（‘表内容的受格’），如 tsouˇ-·lu` ‘走路’，niɛn`-·ʂu¯ ‘念书’；表对象（宾语），如 fan`-·tsuEɪ̂ ‘犯罪’，χaɪ̂-·pA` ‘害怕’①，kanˇ-·tʂ‘ɤ¯-tɪ ‘赶车的’；等等。

有些情况发生了重音的改变。注意下面的例子：

α）在·tʂʅ¯-tɑu` ‘知道（知道道路）’这样的情况中，其宾语已经失去了本来的限定作用，它在整体上已经让人很难觉得是一个复合词，而更像一个单纯词（这一点可以通过一些事实表现出来，其中之一即为助词 liao（了）不能插进两个成分之间，参见 152 页注释①），这已经通过重音表现出来了。

β）由于韵律原因而发生的改变：

αα）如果中心语本身就是一个复合词，它的第一个音节会带上强重音，如·ʂAŋ¯-leAŋ`|-·χɑuˇ ‘商量好’。

ββ）如果复合词的两个成分之间插入两个不带重音的音节，则会导致强重音落在中心语上，如·fan`-pu-leɑu-·tsuEɪ` ‘犯不了罪’、·tʂ‘ʅ¯-pu-tə-·fan` ‘吃不得饭’。与之相反，如果中间只插入一个不带重音的音节，则不会影响重音：tʂ‘ʅ¯-leɑo̤-·fan` ‘吃了饭’。

γγ）d 中讨论的这类复合词，即强重音落在第二个音节的复合词，当它成为第二次组合的第一个成分时，第一个成分上的重音会往回移一步（参看 151 页 γγ）：çɪ̄-t‘iɛˇ ‘吸铁’ +·ʂʅ́ ‘石’ >·çɪ̄-t‘iɛ̌-·ʂʅ́ ‘吸铁石’，liŋˇ-·ʂʅ` ‘领事’ +·kuan¯ ‘官’ >·liŋˇ-ʂʅ`-·kuan¯ ‘领事官’。这正和瑞典语如 kaptén ‘captain’：kápten Péttersson 的重音情况相对应。这种现象还会解释一个明显与 d 中给出的规则不一致的现象，即“porte-feuille②”“casse-tête③”这类的动词样的名词：·tʂʅ̌-nan ‘指南（罗盘）’，·tʂʅ¯-fuˇ ‘知府’。显然它们是从组合中分离出来的，如·tʂʅ̌-nan|-·tʂ‘ɤ¯ ‘指南车’、·tʂʅ̌-nan|-·tʂɜn¯ ‘指南针’正和·çɪ̄-t‘iɛ̌|-·ʂʅ́ ‘吸铁石’相对应。这就解释了像·tʂʅ̌-nan 这样的重音分布。同样的道理，在瑞典语中，本来应该是 tobák ‘tobacco’ 的“烟草”这个词受到了像 tóbakspípa ‘tobacco-pipe（烟斗）’这样的复合词的影响，而采用了 tóbak 这样的重音形式。

---

① 很明显这些真的是复合词而不是自由的组合，因为这些动词允许这样的结构：t‘A¯ χaɪ̂-·p‘A`-lA ‘他害怕了’（同时还有 t‘A¯ χaɪ̂-lA-·p‘A`-lA）。

② 法语，钱包，公文包，porte-feuille 两部分的字面意思为“装—票据”。——译者注

③ 法语，棍棒，头上包铅的短棍，casse-tête 两部分的字面意思为“打破—头”。——译者注

B. 语缀和缀词

和其他语言一样，汉语中很难清晰地分辨出单纯的语缀（affixes）和缀词（affix words）。语缀指的是前缀或后缀，自己本身没有意义，或者至少是跟与它组合在一起的那个词没有相关的意义。缀词指的是本身有意义的词，在其他情况下意义很明确，但是用在某些环境里词义发生弱化，意义就不那么清晰了。不管是作为一个保持其完全意义的“实词”，还是作为意义减弱的“助词”，人们仍然会感觉它还是那同一个词。

I. 下面是**纯语缀**的一些例子，按规则它们都不带重音。

1. 附在词上的语缀：

a）复数后缀 mɜn（们），如·uoˇ-mɜn ‘我们’，·χaiˊ-tsɿ-mɜn ‘孩子们’。

b）后缀 tɪ（的/地），标记属性和副词短语，如·kouˇ-tɪ ‘狗的’，χɑuˇ-tɪ ·tuŋˉ-çiˉ ‘好的东西’，k‘uæiˋ-·k‘uæiˋ-tɪ ‘快快地’。

c）副词后缀 mo（么），mo-tʂo（么着），mo-tɪ（么地），ʐan（然）。如·tʂɤˋ-mo ‘这么’，·tʂɤˋ-mo-tʂo ‘这么着’，·tʂɤˋ-mo-tɪ ‘这么地’，·χuˉ-ʐan ‘忽然’。

2. 附在句子上的语缀：

a）句首助词（前缀）在汉语口语中几乎不存在，只有借自书面语时有这样的现象，如 tɕ‘i-·kanˇ ‘岂敢’，因此我们经常会听到它们在发音的时候更仔细，加上一些重音，虽然比较弱：tɕ‘iˊ-·kanˇ。

b）句尾助词（后缀）很多。注意如下情况：

α）语气助词：

表疑问：mo（么），mᴀ（吗），nɪ（呢），ᴀ（啊），iᴀ（呀）等，如 t‘ᴀˉ ·laiˊ-lᴀ mo？(·laiˊ-lᴀ-mᴀ) ‘他来了么（来了吗）？’，ʂuiˊ-lai nɪ？‘谁来呢？’，·çiɛnˉ-ʂəŋˉ ·χɑuˇ ᴀ？‘先生好啊？’。

pᴀ（吧/罢），表达对听话人的一种请求、祈使等。如 niˇ ·tɕ‘yˋ pᴀ！‘你去吧’，·χɑuˇ pᴀ！‘好吧’。

表肯定：lᴀ（了），nɪ（呢）等，如 t‘ᴀˉ χɜnˇ ·ts‘uŋˉ-miŋˊ lᴀ (·ts‘uŋˉ-miŋˊ nɪ) ‘他很聪明了（聪明呢）’。

β）语调助词：A（啊），nA（哪），iA（呀），leɛ（咧）等，如 uɑŋˊ-·sanˉ (n)A，uɑŋˊ-·sanˉ (n)A ‘王三啊（哪）! 王三啊（哪）!’，·tʂɤˋ-kə χɑuˇ-tɪ ·χɜnˇ A ‘这个好得很啊’。不过有时候这样的句尾助词会带上不正常的重音，如·tʂɤˋ-kə χɑuˇ-tɪ ·χɜnˇ ·Aˉ。

II. **缀词**的数量非常多。什么程度上会感觉缀词和各自对应的实词是同一个词，不同情况下差异很大。我给出下面的例子。

1. tsiˇ ‘子’，œɹˊ ‘儿’，t‘ouˊ ‘头’，tɕiAˉ ‘家’，tʂ‘uˋ ‘处’用作缀词时不带重音。此时我们开始感觉不到这些缀词和独立的实词是同一个词了，所以也可以把它们说成后缀：·tʂoˉ-tsɿ ‘桌子’、·jiŋˇ-œɹ（更常说的是·jiŋˇ‿ɹ 或·jĩˇ‿ɹ）‘影儿’、·manˊ-t‘ou ‘馒头’、·k‘anˋ-t‘ou ‘看头’、·ʐɜnˊ-tɕiA ‘人家’、·χɑuˇ-tʂ‘u ‘好处’。

2. 数词、指示词、疑问代词与名词之间的量词或类似的连接成分，不带重音：·leAŋˇ-kə ·ʐɜnˊ ‘两个人’、·sanˉ-tɕiɛn ·fAŋˊ ‘三间房’、·tʂɤˋ-tɕy ·χuAˋ ‘这句话’、nAˋ-çiɛ ·tuŋˉ-çiˉ ‘那些东西’、·tʂɤˋ-tɕi ·t‘iɛnˉ ‘这几天’、·nAˇ-pA ·tɑuˉ-tsɿ ‘哪把刀子’。我们仍然能够清晰地感觉到它们与各自对应的实词是同一个词，通过下面的事实可以看出：当后面的实词有待补充的时候，量词会带弱重音以及跟实词相同的声调，如 tʂɤˋ ·sanˉ-tɕiɛnˉ（指的是 fAŋˊ）‘这三间（房）’。不过最常见同时也是重音最被削弱的 kə ‘个’，总是保持不带重音：tʂɤˋ ·leAŋˇ-kə ‘这两个’。

3. 和其他许多语言一样，汉语里数词 iˉ ‘一’和指示代词 tʂɤˋ和 nAˋ已经能够在一定程度上作不定冠词和定冠词用。它们出现的时候后面可以有也可以没有量词。作这种功用时它们完全不带重音，并且 tʂɤˋ的元音低化成 ə。例如 i-kə-·ʐɜnˊ ‘一个人’，i-·t‘iɛnˉ ‘一天’，tʂə-(kə)-·muˋ-tɕiAŋ ‘这个木匠’，nA-lɑuˇ-·p‘o-tsɿ ‘那老婆子’。

4. 名词 ·tiˆ ‘第（顺序）’，用作形成序数词的前缀词时不带重音：ti-·sanˉ-kə-·ʐɜnˊ ‘第三个人’。

5. 形容词 çiAŋˉ ‘相’，用作表达相互性的前缀词时不带重音：t‘Aˉ-mɜn ·leAˇ çiAŋ-·tʂəŋˉ ‘他们俩相争’。

6. 前缀助动词：

a）ʂʅ` ‘是’，iọuˇ ‘有’和 mᴇi´、mo` ‘没’作为助动词（ʂʅ，iọ，mᴇi，mᴇ，mo）不带重音：·tî ʂʅ-·yan´-tɪ ‘地是圆的’；t‘ᴀ¯ mᴇ-iọ-·lai´，t‘ᴀ¯ mᴇi-·lai´ ‘他没有来，他没来’。当中心语有待补充时，ʂʅ`和 iọuˇ就会带上重音：tʂɤ` ʂʅ ·niˇ-tɪ pu ·ʂʅ` ‘这是你的不是？’；t‘ᴀ¯ ·lai´-leɑọ mᴇ-·iọuˇ ‘他来了没有？’

b）aiˇ ‘挨（接受，遭受）’和 pᴇi` ‘被（忍受，承受）’用作表示被动态的前缀词。它们一般是不带重音的，但还是能很强地感觉到它们和相应的实词是同一个词，以至于有时候能听到它们带上弱重音：·χai´-tsɿ ai-·tᴀˇ ‘孩子挨打’，t‘ᴀ¯ ·kuŋ¯-miŋ´ pᴇi-·kɤ´-lᴀ ‘他功名被革了’。我们发现一个规律，即当这个助动词与其中心语分离开的时候，助动词上会带弱重音：t‘ᴀ¯ aiˇ-lᴀ-·tᴀˇ-lᴀ ‘他挨了打了’。

c）iɑu`（iɑọ）‘要（想要，将要）’和 tɕiᴀŋ¯ ‘将（拿）’作为形成将来时的前缀词，根据规则不带重音：uoˇ iɑọ-·tɕ‘y`，uo tɕiᴀŋ-·tɕ‘y` ‘我要去，我将去’。iɑu`的这种构成将来时的能力也导致其被用作祈使式否定形式的助动词，并且它同样也一般不带重音。piᴇ´ ‘别’也是这样，piᴇ´是特别用于祈使式否定形式的助词，它本身的意思是‘分离，离开’：niˇ pu-iɑọ-·tɕ‘y`，niˇ piᴇ-·tɕ‘y` ‘你不要去，你别去！’。在所有这些情况中，这些助动词可能在某种程度上还与相应的实词相关，因此我们可能有时还会听到人们发音时会给它们带上弱重音和本来的声调。尤其当后面的音节不带强重音时更会这样：pu-iɑu`-tɕ‘y ·suŋ`（或者 pu-iɑọ-tɕ‘y ·suŋ`）‘不要去送！’，piᴇ´-tɕ‘y ·suŋ`（或者 piᴇ-tɕ‘y ·suŋ`）‘别去送！’。

d）pᴀ` ‘把（抓，拿）’用来标记放在谓语前的直接宾语。现在已经很难感觉到这个词本来是个实词——像我们的第二个例子所示的那样——而且这个前缀词似乎很有希望变成一个纯语缀。它总是不带重音：pᴀ-·tʂo¯-tsɿ ·ts‘ᴀ¯-ts‘ᴀ¯ ‘把桌子擦擦！’；uoˇ pᴀ-·iᴀŋ´-χuoˇ ·kan`-pu-tɕiɛn` ‘我把洋火看不见’。

7. 后缀助动词：

a）kuo` ‘过’用作后缀词，总是不带重音：uoˇ ·tɕ‘y`-kuo ·pᴇiˇ-tɕiŋ¯ ‘我去过北京’。

b）tʂɑu´，tʂo´ ‘着（应用、运行、起作用）’用作后缀词，当它紧跟在其中心语后面时不带重音（tṣo），当它与中心语相分离时则带弱重音（tṣɑu´）：uoˇ ·k‘ɑu`-tṣo niˇ ‘我靠着你’；tṣʅˇ-tṣo ·tṣɤ`-kə，ṣuo¯ ·nᴀ`-kə ‘指着这个，说那个’；tṣɤ` kə ·juŋ`-pu-tṣɑu´ ‘这个用不着’。

c）动词 tɤ´，意思是‘造成，结果（to effect）’，它产生了一个总是不带重音的助动词（tə）：t‘ᴀ¯ tsouˇ-tə ·k‘uæi` ‘他走得快’。它与相应实词是同一个词这件事正在被人们很快地遗忘，或者已经被遗忘了——所以，在这样的情况下，我们处理的其实是个纯后缀——这可以从 tə 已在很大程度上与后缀 tɪ 相混淆这一事实看出来（参看 153 页 1b），而 tɪ 自己已经没有动词意义了：t‘ᴀ¯ tsouˇ-tɪ ·k‘uæî ‘他走得快’，piᴇ-nəŋ`-tɪ（nəŋ`-tə）t‘aî ·jiŋ` ‘别弄得（食物）太硬’。

d）动词 leɑuˇ的意思是‘完结，终结’，由此而产生了一个总是不带重音的助动词。它似乎也在逐渐变成一个纯后缀，而它与相应实词是同一个词的感觉也完全维持不住了，从它的字音发生了很大变化这一点可以明显看出来。于是我们很少会听到 leɑo̱，而最常听到的是 lᴀ，尤其是在句尾的时候，如 t‘ᴀ¯ tṣ‘ʅ¯ -leɑo̱-·fan`-lᴀ ‘他吃了饭了’。

e）动词 tɤ´和 leɑoˇ在它们更加客观的意义（见 c 和 d 中的讨论）之外，各自还有更加主观的意义：‘成功’和‘能够实现，能够完成’，于是就又产生了两个情态助动词 tɤ´、tə ‘能够，可以’和 leɑuˇ、leɑo̱ ‘能’，它们出现时有时带重音（tɤ´、leɑuˇ），有时不带重音（tə、leɑo̱）。其重音分布受制于与 146 页所描述的完全相同的韵律法则，表现如下：

α）当助动词置于其中心语之后时，那么助动词：

带弱重音，如果前面的音节带强重音，或者助动词与一个强重音只被一个不带重音的音节隔开：·ṣuo¯-tɤ´ ‘说得（能说，可以说）’，ṣuo¯-·uan´-leɑuˇ ‘说完了（能说完）’，·ṣuo¯-pu-tɤ´ ‘说不得（不能说，不可以说）’，ṣuo¯-·uan´-pu-leɑuˇ ‘说完不了（不能说完）’。

带强重音，如果前面的音节带弱重音，或者助动词与前面相邻的强重音之间被两个音节隔开：·ṣᴀŋ¯-leᴀŋ`-·tɤ´ ‘商量得（可以商量）’，·toˇ-pî -·leɑuˇ ‘躲避了（能躲避）’，·ṣᴀŋ¯-leᴀŋ`-pu-·tɤ´ ‘商量不得（不能商量）’，·toˇ-pi`-pu-·leɑuˇ ‘躲避不了（不能躲避）’。

如果这两个助动词同时出现，它们之中只会有一个带重音（是强重音还是弱重音要根据刚才给出的规则确定）；另一个还是不带重音。在一个不带重音的或带弱重音的音节之后，第一个助动词带重音；在一个带强重音的音节之后，第二个助动词带重音：·ʂʌŋ̄-leʌŋ̀-tɤ́-leɑo̥‘商量得了（可以商量）’，·ʂuō-pu-tɤ́-leɑo̥‘说不得了（不能说）’，·ʂuō-tə-leɑǔ‘说得了（可以说）’。

β）当位于中心复合动词的两个成分之间时，助动词不带重音：·kuò-tə-tɕ‘ỳ‘过得去’，pɑù-leɑo̥-tʂ‘oú‘报了仇（能报仇）’，tsò-tə-·tʂǔ-leɑǔ‘作得主了（能作主）’，·nʌ́-pu-leɑo̥-·tɕ‘ỳ‘拿不了去（不能拿去）’，·pɑù-pu-tə-tʂ‘oú‘报不得仇（不能报仇）’。

8. 前置词和后置词

在汉语中，前置词（即介词）和后置词都是明确的缀词，不是语缀。有这样一个规则：每个前置词同时也是一个动词，每个后置词同时也是一个名词，并且它们两种词性之间的同一性绝不会被忘记。如：

tɑù ·pɛǐ-tɕiŋ̄‘到北京’和 tɑu-·pɛǐ-tɕiŋ̄ ·tɕ‘ỳ‘到北京去’

tʂ‘əŋ́-tʂʅ-·uæì‘城之外’和·tʂəŋ́-uæì ·tʂù‘城外住’

其实很难在这些动词或名词和它们意义减弱后的产物，即前置词和后置词之间划一道明确的界线。中国人可能一会儿说 nʌ́-tʂo ·ʂoǔ ·tʌ̌ t‘ʌ̄‘拿（动词）着手打他’，一会儿说 nʌ-·ʂoǔ ·tʌ̌-t‘ʌ̄‘拿（前置词）手打他’。实际上，重音成了分辨这两种情况的唯一指引。

前置词和后置词的重音规律如下：

a）双音节前置词和后置词的第一个音节带弱重音，第二个音节不带重音：tsʅ̀-ts‘uŋ nʌ̀-kə ·ʂʅ́-χoù‘自从那个时候’，taì-t‘i-t‘ʌ̄‘代替他’，·yań-tsʅ-lǐ-piɛn‘园子里边’，·tì-lǐ-t‘ou‘地里头’，·fù-mǔ-kɜn̄-tɕ‘iɛn‘父母跟前’。

b）单音节前置词和后置词：

α）按规则，前置词不带重音：tɑu-·pɛǐ-tɕiŋ̄‘到北京’，tsai tʂɤ̀-kə ·fʌŋ́-tsʅ‘在这个房子’。

β）按规则，后置词带弱重音：·t‘iɛn̄-ʂʌŋ̀‘天上’，·tʂō-tsʅ-ʂʌŋ̀‘桌子上’。我在所有发音人的话语中都听到了这种相反的表现，这似乎很让人吃惊。

即单音节前置词不带重音，而单音节后置词带弱重音——更长的双音节前置词上的重音当然是由于韵律需要——如 taọ-·pᴇiˇ-tɕiŋ¯ ‘到北京’：·pᴇiˇ-tɕiŋ¯ ·liˇ ‘北京里’，也许我们会从中看出这是我前面所提及的重音现象的一个反映。（147、148 页）如果我们让 tauˋ 和 liˇ 分别保持它们原来的实词性的动词与名词意义，我们会发现，比如 tauˋ ·tʂ‘əŋˊ ‘到城’这个组合是属于需要在修饰语‘城’上带强重音，中心语 tauˋ ‘到’上则应该为弱重音的那一类（147 页下部 a）。相反，tʂ‘əŋˊ-·liˇ ‘城里’（与‘城外’相区别），完全平行于 fᴀŋˊ-·tiŋˇ ‘房顶’（148 页 b），中心语·liˇ ‘里’必须带强重音。官话中的绝大多数的前置词和后置词是与 tauˋ 和 liˇ 同类的，并且实际上前置词是来源于可以带弱重音的动词，而后置词是来源于可以带强重音的名词，这也是一个规则。现在，当 tʂ‘əŋˊ 从 tauˋ 和 liˇ 的修饰语发展为一个中心语，而 tauˋ 和 liˇ 从中心语发展为缀词的时候，tauˋ 和 liˇ 的重音就减低了一度，tau 从 1 变为 0，li 则从 2 变为 1。

9. 连词。

a）连词是停顿后的第一个词：

α）单音节连词：

不带重音，如果后面的音节带强重音：leɛn-·uoˇ tai-·niˇ ‘连我带你’，χuo-·tᴀˋ χuo-·çiauˇ ‘或大或小’，kan ·tʂʅ¯-çiɛnˋ ·laiˊ-lᴀ ‘赶知县来了’，sui ·ʂauˇ iɛ ·çiŋˊ ‘虽少也行’。

带弱重音，如果后面的音节带弱重音或者不带重音：iuˋ pu ·tᴀˋ iuˋ pu ·tɕiɛˊ-ʂʅ ‘又不大又不结实’，kanˇ t‘ᴀ¯ ·laiˊ-lᴀ ‘赶他来了’，sui¯ pu-·to¯ iɛˇ-k‘ɤ-·iˇ ‘虽不多也可以’。

β）双音节连词的第一个音节带弱重音：χuoˋ-ʂʅ ·tᴀˋ χuoˋ-ʂʅ ·çiauˇ ‘或是大或是小’，sui¯-ʐan ·tᴀˋ，χaiˊ-ʂʅ pu ·çiŋˊ ‘虽然大，还是不行’；ʐoˋ-ʂʅ t‘ᴀ¯ ·k‘anˋ-tɕiɛn，k‘ɤˊ-tɕiọ pᴀ-uoˊ ·tᴀˇ-sʅ-lᴀ ‘若是他看见，可就把我打死了’。

b）连词在另一个词之后，且中间没有被停顿隔开。在这种情况下，不管连词是单音节的还是双音节的，如果前面的音节带强重音，它就不带重音：t‘ᴀ¯ sui(-ʐan) pu-·çinˋ ‘他虽（然）不信’；uaŋˊ-·san¯ (fan-)taọ ·χaiˋ-leaọ ·tsʅˋ-tɕʅˇ ‘王三（反）倒害了自己’。如果前面的音节带弱重音或不带重音，它就带弱重音（双音节连词只在第一个音节上带弱重音——第二个不带重音）或者不带重音：lɑuˇ-iɛ suiˉ-ʐ̩an (sui-ʐ̩an，suiˉ，sui) iọ ·piŋˋ，·tɕiˉ‿œɹ-kə k‘ɤˊ-tɕiọ (k‘ə-tɕiọ, tɕiọ) ·χɑuˇ i-tiɛ‿ɹ ‘老爷虽然（虽）有病，今儿个可就（就）好一点儿’。

音节内的重音分布

我们前面（138 页）说过，在决定一个音节内成分的相对显著度上，我们一定不能只考虑发声器官的压力，也要考虑作用在听者听觉器官上的压力。从后面这一观点看，我们一定要记住，语言的各种音，即使用同样大的力量发出来，听起来声音的响亮度也不相同，各音位可以大致排列如下，各个音根据自然属性从左到右听感上越来越响：

t—d—s—z—n—l—i—a

北京话的所有的音节，其组成都比较简单：有一个元音成分，前面可以有一个单辅音（可以带音或不带音）或一个塞擦音，也可以没有；后面可以有一个带音的单辅音，也可以没有：

a (ai)

na (nai, niau), ta (tai, tiau,t‘a 等), tsa (tsai, tsuei, ts‘a 等)

an (ien)

nan (nien), tan (tuan, t‘an 等), tsan (tsuan, ts‘an 等)

上面给出的那个序列的结果很容易推论出来，且通过自然的响度所得出的重音分布方式也从来不会由于发音的力量而失效，实际上，就音节的这些主要部分，即 n—a—n 来看，发音力量和响亮度是很和谐的关系。

当元音成分是二合元音或三合元音时，困难就来了。这样的情况有很多，此时确定这些元音中哪个是主导性的从而承载音节，是极其困难的。有些作者似乎很简单地认为 u（-o）和 i 就一定总是从属于 a，o，e 等的，比如他们就将‘关’记作 kwan，即使当实际上的重音情况是 kúan 时。其实问题远没有他们所认为的这样简单。这个自然听感上不那么响的元音发音时经常会使用比自然听感上更响的音大得多的力量，而使得它成为音节中的主导元音。我已经全然意识到这些问题无疑只能通过实验研究来解决，不过我这里将试着提出一些初步的法则。差别是非常细微的，而且只能被充分训练过的耳朵所觉察到。因此我在文本中并未对它们加以注意，而且对于 kai，tiɑu 等这样的音节，我的转写体系中并未将其中的二合元音或三和元音中的任何一个成分标注为主导性成分，我也觉得这样不会有任何严重的缺点。

决定二合元音或三合元音内部重音分布的因素有四个：

第一，这个音节整体相对于句中其他音节的重音，是非常重要的；

第二，必须要知道自然听感上不那么响的元音是在更响的元音之前还是之后；

第三，声调会对此产生重要的影响；

第四，这是我们的兴趣所在，这个音节是否是短语中的最后一个音节（即，后面有一个停顿），如果是，我们就可以将其称为自由音节[①]，或者这个音节和后面紧跟的停顿之间被另一个音节隔开了，我们可以将其称为黏着音节[①]。

这些因素是按如下方式起作用的：

I. 在不带重音的音节中，由于所有的元音成分差不多都用相同的力量来发音，所以总是自然听感上最响的元音承载音节：·pʻɑuˇ-ku̯o-tɕʻyˋ ‘跑过去’，但是：·ku̯o̭ˋ-tɕʻy ‘过去’。（参看 161 页 α）

II. 带重音的音节中，我观察到下面的趋势，这种趋势在一些说北京话的本地发音人的语言中都存在，对此我靠用耳朵听这些音进行了仔细的检验。强重音音节中的差别远比弱重音音节中更容易感觉到。重音越弱，自然听感上更响的元音成为主导元音的趋势就越强。

A. 如果自然听感上不那么响的元音在自然听感上更响的元音之后——ai，ɑu，ᴇi，æi（只在 uæi，iæi 中），ou，ui——不管声调以及音节是自由的还是黏着的，后者总是从属于前面的元音，例如 kai̯ˉ[②] ‘该’、kɑu̯ˉ ‘高’、kui̯ˉ ‘规’、χai̯ˊ ‘孩’、mɑu̯ˊ ‘毛’、χui̯ˊ ‘回’、kou̯ˇ ‘狗’、mᴇi̯ˇ ‘美’、mai̯ˋ ‘卖’、tɑu̯ˋ ‘道’、·χai̯ˇ-tsᴇi̯ ‘海贼’、pɑu̯ˇ-·χɑu̯ˋ ‘宝号’等。

① 参看自由声调和黏着声调（127 页），自由/黏着声调不一定就是自由/黏着音节上的声调。tʂo̭ˉ-tsɿ 中的 tʂoˉ ‘桌’就是一个带自由声调的黏着音节。

② 需要记住的是，“̯”表示的只是重音是从属性的，而不是指音长更短。音长会从 162 页起进行讨论。

B. 如果自然听感上不那么响的元音在自然听感上更响的元音之前——iɑ[①]（只在 iɑu 中），iᴀ，iæ（只在 iæi 中），iɛ，iu，ua，uᴀ，uɑ，uᴇ（只在 uᴇi 中），uæ（只在 uæi 中），uo，ya，yɛ，yo，yu——问题就更复杂了。

1）在升调中，即下平声（ˊ）和上声（主要部分是升调：✓）中，第二个元音是主导的，即，二合元音变成上升的了，例如 χu̯ɑŋˊ ‘黄’、tɕ‘i̯ɛnˊ ‘钱’、tɕ‘y̯uŋˊ ‘穷’、çy̯ɛˇ ‘雪’、y̯anˇ ‘远’、·çi̯ɛˇ-ʂᴀŋˋ ‘写上’、ku̯anˇ-·tʂᴀŋˋ-tɪ ‘管账的’。

如果更进一步，后边再加上一个 i 或者 u，结果就会成为– ˊ –这一类型的三合元音，例如 χu̯æi̯ˊ ‘怀’、çi̯ɑu̯ˇ ‘小’、tsu̯ᴇi̯ˇ ‘嘴’，这是现在的法则和前面的法则 A 相结合得到的结果。

2）在平调，即上平声（ˉ）和降调，即去声（ˋ）中，我们注意到：

a）在自由音节中第一个元音成为主导，即，二合元音变成下降的，例如 ʂᴀŋˋ ·tɕiɛ̯ˉ ‘上街’、·kuan̯ˉ‖ ·fɜnˉ-fuˋ ‘官吩咐’、tɕiɛˋ ·kuɑ̯ŋˉ ‘借光’、kuoˋ ·tɕiᴀ̯ŋˉ ‘过江’、pu χɑuˇ ·kuo̯ˋ ‘不好过’、tʂɤˋ-kə ·tɕiu̯ˋ ‘这个旧’、·toˉ çiɛ̯ˋ ‘多谢’。

例外是音节尾的 iᴀ，uᴀ（后面不跟着辅音）和二合元音 yu，例如 k‘anˋ ·χu̯ᴀˉ ‘看花’、tsai-·tɕi̯ᴀˉ ‘在家’、·tiˆ-çy̯uŋˉ ‘弟兄’、ʂuoˉ-·χu̯ᴀˋ ‘说话’、·tsoˋ-çi̯ᴀ ‘坐下’。

如果更进一步，i 或 u 加到后边，其结果会成为ˊ– –这一类型的三合元音，例如 pu-·tɕiɑ̯u̯ˉ ‘不交’、piɛ-·çiɑ̯u̯ˋ ‘别笑’、nuŋˋ ·χuæ̯i̯ˋ ‘弄坏’。

b）在黏着音节中韵律决定重音：

α）如果这个音节后面跟着另外一个音节，后面的这个音节带重音且由其第一个元音承载音节（当然如果音节中只有一个元音则永远都是第一个元音承载音节），那么前面的这个音节就会像个自由音节那样，有一个下降的二合元音或三合元音，例如·tuan̯ˉ-fᴀŋ ‘端方’、·tuan̯ˉ-tʂuɑ̯ŋ ‘端庄’、·çiu̯ˉ-çiˊ ‘休息’、çiu̯ˉ-·ʂuo̯ˉ ‘休说’、tɕiɑ̯u̯ˉ ·p‘əŋˊ-iuˇ ‘交朋友’、·tɕiɛ̯ˉ-ʂᴀŋˋ ‘街上’、·piɛ̯nˋ-iˊ ‘便宜’、·kuo̯ˋ-tɕ‘y ‘过去’、tsuᴇ̯i̯ˋ ·χɑu̯ˇ ‘最好’、χuæ̯i̯ˋ-·kuˇ-t‘ou ‘坏骨头（流氓）’。

① 当 i-二合元音变成 e-二合元音的时候，也就是在 l 之后（见 105 页注释⑪和 111 页）的时候，在重音方面 e-和 i-等同。

β）如果这个音节后面跟着另外一个音节，后面的这个音节或者带重音且由其第二个元音承载音节，或者不带重音，那么前面的这个音节就会很像带升调的音节，（参看 161 页 1）有一个– ́ –这种类型的上升的二合元音或三合元音，例如·ku̯an¯-χu̯ᴀ` ‘官话’、·tu̯an¯-çi̯ᴀŋ´ ‘端详’、çi̯u¯ ·tɕ‘i̯ɑu̯´ ‘修桥’、·pi̯ɛn`-tɕi̯ɛ´ ‘便捷’、·çi̯ɑu̯`-χu̯ᴀ ‘笑话’、tsu̯ᴇi̯`-·tɕi̯uˇ ‘醉酒’、ʂᴀŋ`-lᴀ-·tɕi̯ɛ¯-lᴀ ‘上了街了’、·pi̯ɛn`-tsɿ ‘辫子’。

音　长

音长[①]（length，durée）在北京话中起不到任何非常重要的作用。在这方面北京话就好比俄语，而与条顿语言[②]相反，后者中音长有着基础性的重要作用。比如，就像俄语话语的语音转写中几乎没有必要标记音长那样，北京话中也是如此，在我的文本中也没有使用表示音长的符号。不过在我们的介绍性研究中，当然还是值得对音长作一些考察的。

音长需要从两方面来考虑：音节作为一个整体相对于其他音节的音长，以及音节内部各成分之间的相对音长。

音节作为一个整体相对于其他音节的音长

我们可以将一个人日常话语中所说的那些最长的音节[③]叫作长音节，最短的那些音节叫作短音节。那我们就可以得到任意多个中间等级。从实用的目的出发，两个中间等级就足够了：半长音节和半短音节。

决定音节整体长度的因素有三个：

第一，不同的重音带来不同的音长，只有这样才是自然的。其他条件相等的情况下，重音越强会导致音长越长。

第二，其他条件相等的情况下，自由音节（即后面跟着一个停顿的音节，见 160 页）比黏着音节要长。

第三，声调对音长有着很大的影响。

---

① 本书“音长”用的术语是 quantity——译者注

② 即日耳曼语言——译者注

③ 说话的速度会因人、因场合而异，那么长和短当然总是相对的概念。

此外没有其他因素需要考虑了。音节是由一个还是由很多个成分组成的一点儿都没有影响。一个带强重音的自由的·i¯（带上平声）肯定是和一个带强重音的自由的·tɕ‘iɑu¯（带上平声）一样长的。

从下面的研究中我们可以了解到上述三个因素是怎样起作用的：

I. 强重音音节

1）上平声和上声使得：

a）自由音节成为长音节，例如下列短语中的最后一个音节：piᴇ-·lᴀ¯‘别拉！’，tsai-·t‘iɛn¯ ‘在天’，tʂə-kə ·t‘uˇ ‘这个土’，pu-·kanˇ ‘不敢’。

b）黏着音节成为半长音节，例如下列短语中的第一个音节：·lᴀ¯-tɕ‘yˋ ‘拉去’，·t‘iɛn¯-çiᴀˋ ‘天下’，·mᴀˇ-ʂᴀŋˋ ‘马上’，·tiŋˇ-ʂᴀŋˋ ‘顶上’。

2）下平声和去声使得：

a）自由音节成为半长音节，例如下列短语中的最后一个音节：piᴇ-·t‘iˊ ‘别提’，pu-·nəŋˊ ‘不能’，k‘ə-iˇ·tɕ‘yˋ ‘可以去’，pu-·juŋˋ ‘不用’。

b）黏着音节成为半短音节，例如下列短语中的第一个音节：·nᴀˊ-çiᴀˋ ‘拿下’，·χuŋˊ-ʂʅˋ ‘红事（结婚）’，·tɕ‘yˋ-leɑo̩ ‘去了’，·panˋ-t‘iɛn¯ ‘半天’。

II. 弱重音音节

弱重音音节的音长比强重音音节要短得多。靠实验研究也许能够建立一套与前面的 I，1，a，b，2，a，b 相对应的层次等级。我靠耳朵只能有把握地分辨出两组：

1）上平声和上声使得音节成为半短音节，例如下列短语中的最后一个音节：·lᴀ¯-k‘ai¯ ‘拉开’，·çiɛn¯-ʂəŋ¯ ‘先生’，·fuˋ-muˇ ‘父母’，·t‘ouˊ-təŋˇ ‘头等’；以及下列短语中的第二个音节：·çiɛn¯-ʂəŋ¯-tɪ ‘先生的’，·fuˋ-muˇ-tɪ ‘父母的’，·t‘ouˊ-təŋˇ-tɪ ‘头等的’。

2）下平声和去声使得音节成为短音节，例如下面每个短语中的第二个音节：·uæiˆ-t‘ouˊ ‘外头’，·miɛnˋ-tɕ‘iɛnˊ ‘面前’，·nᴀˊ-çiᴀˋ ‘拿下’，·nəŋˊ-kanˋ ‘能干’，·uæiˋ-t‘ouˊ-tɪ ‘外头的’，tɕ‘yˋ-niɛnˊ-tɪ ‘去年的’，·nᴀˊ-çiᴀˋ-lᴀ ‘拿下了’，·nəŋˊ-kanˋ-tɪ ‘能干的’。

III. 不带重音的音节

不带重音的音节总是短音节，例如·χai´-tsɿ-mɜn-tɪ‘孩子们的’的后三个音节。

音节内部各成分之间的相对音长

音节越长，越容易分辨音节内部各成分哪些在比例上是最长的。长音节中的音长差别靠耳朵很容易听辨。在半长音节中，差异也还是相对容易注意到的。半短音节中的音长差别只有经过很好的训练的耳朵才能够发现。而在短音节中，几乎根本觉察不到差别①，因此最后这种情况我们就可以不讨论了。

对音节内部的相对音长产生根本性影响的因素有两个：音节是自由的还是黏着的、音节的声调。

中国人将音节划分为声母和韵母，（见 105 页）我们从这样的划分出发来讨论问题将会比较方便。

I. 声母差不多总是比较短的，（参考 162 页注释③）例如 tuˉ‘都’中的 t、tsuˇ‘祖’中的 ts、ts‘uˉ‘粗’中的 ts‘、muˇ‘母’中的 m。有些作者曾描述声母的音长是根据声调而变的。由于我们下面（165 页的 a）将会探讨的一种趋势，有时候去声时声母可能不像其他声调时那么短。例如 Courant（129 页）写到上声 kau：去声 kko。然而这个观察结果在我看来是很没意义的，因为任何差别都只有在音节带上过重的重音（不正常的重音）时才能觉察得到，而在正常说话时实际上是没有差别的。当一个母语者为了让人很清晰地听出声调差别而一个音节一个音节地念时，会经常用到这种不正常的重音。这也解释了描写北京话发音的作者为什么这么爱选这样的重音情况作为研究对象。

II. 韵母承载了音节的主要音长。韵母可能由一个或几个（两个或三个）成分组成。如果只由一个成分组成就不需要讨论了。如果是由几个成分组成，几个成分所占的长度是由下面的倾向决定的：

---

① 这个说法当然还是必须斟酌一下的。在 pᴀ-·iᴀŋ´-χuoˇ ·nᴀ́-lai 中的短音节 pᴀ中，两个成分在自然属性上的差别可能使得爆破音 p 在某种程度上比元音 a 短。这种生理学上的差别对汉语来说没有什么特殊的，而是在所有的话语中都存在，当我说在短音节 pᴀ中 p 和ᴀ一样短时，我当然是指这同一个说北京话的人话语中出现了 p 的最小值，也出现了ᴀ的最小值。

1）升调，即下平声（ˊ）和上声（其最多的那一部分是上升的：✓），要求音长是递增的，跟其他词一起有一个峰值。自由和黏着音节中都是这样。于是在 tɕiɛˊ ‘结’、tɕiɛˇ ‘姐’、tɕ‘iuˊ ‘求’、tɕiuˇ ‘九’ 中，ɛ 和 u 要比 i 长；在 manˊ ‘馒’、kanˇ ‘赶’、χuŋˊ ‘红’、tuŋˇ ‘懂’ 中，n 和 ŋ 要比 a 和 u 长；在 iᴀŋˊ ‘羊’、çiᴀŋˇ ‘想’、χuanˊ ‘还’、kuanˇ ‘管’ 中，ŋ 和 n 要比ᴀ和 a 长，而ᴀ和 a 又要比 i 和 u 长。

二合元音中的-i，-u 是例外。这里的 i 和 u 变得比前面的元音短。于是在 maiˊ ‘埋’、maiˇ ‘买’、tʂ‘ɑuˊ ‘朝’ tʂɑuˇ ‘找’ 中，i 和 u 要比 a、ɑ 短。在三合元音（北京话中总是– – i，– – u 这样的类型）中，最长的是中间的元音。于是在 tɕ‘iɑuˊ ‘瞧’、niɑuˇ ‘鸟’、χuaiˊ ‘怀’、kuæiˇ ‘拐’ 中，ɑ、æ 要比 i 和 u 长。

2）在降调和平调中，音长的分布取决于音节在句子中的位置。

a）在自由音节中：

α）降调，即去声（ˋ）要求音长是递减的，完全平行于重音的分布（见 161 页 a）；

β）平调，即上平声（ˉ），要求韵母上音长的分布尽可能的平均。这里音长和重音的分布就不同了（见 161 页 a）。

例子如下：

在(tʂɤˋ-kə) ·tɕiuˋ ‘这个旧’、(·toˉ) çiɛˋ ‘多谢’ 中，i 比 u 和 ɛ 长；

在(uoˇ pu) ·maiˆ ‘我不卖’、(t‘ᴀˉ pu) ·p‘ᴀŋˆ ‘他不胖’ 中，a 和ᴀ比 i 和 ŋ 长；

在(piᴇ-)·çiɑuˋ ‘别笑’、(tʂɑuˋ-) ·çiᴀŋˆ ‘照相’ 中，i 比 ɑ 和ᴀ长，而 ɑ 和ᴀ又比 u 和 ŋ 长；

在(piᴇ-)·χuæiˋ ‘别坏’、(·tsᴀˊ-)luanˋ ‘杂乱’ 中，u 比 æ 和 a 长，而 æ 和 a 又比 i 和 n 长；

在(uoˇ iɑo̩-) ·çiuˉ ‘我要修’、(ʂᴀŋˋ-) ·tɕiɛˉ ‘上街’、(pu-) ·kaiˉ ‘不该’、(tʂɤˋ-i-kə) ·kɑuˉ ‘这一个高’、(tʂɤˋ ʂʅ) ·kᴀŋˉ ‘这是钢’、(pu-)·tɕiɑuˉ ‘不交’、(kuoˋ-)·tɕiᴀŋˉ ‘过江’、(t‘ᴀˉ χɜnˇ) ·kuæiˉ ‘他很乖’、·kuanˉ (·fɜnˉ-fuˋ) ‘官吩咐’ 中，所有带声的成分，i 和 u，i 和 ɛ，a 和 i，ɑ 和 u，ᴀ和 ŋ，i 和 ɑ 和 u 等，音

长几乎都相同。

韵母 iA，uA（后面不跟着辅音）和二合元音 yu（参看 161 页重音的情况）是例外，这些情况中第一个元音比第二个元音短：在(ʂuo¯-)·χuA`‘说话’、(k‘an`-)·χuA¯‘看花’、(·tso`-)çiA‘坐下’、tsai-·tɕiA¯‘在家’中，i 和 u 比A短；在(·ti`-)çyuŋ¯‘弟兄’中，y 比 u 和 ŋ 短。

b）在黏着音节中，和重音分布情况一样，音长是由韵律决定的：

α）如果这个音节后面跟着另一个音节，后面的这个音节带重音并且由其第一个（或唯一一个）元音来承载音节，那么前面这个音节韵母各成分音长的分布就和自由音节中的情况完全一样了（见上文）。于是

在 tɕiu`(-·ʂu¯)‘旧书’、çiɛ`(·tɕ‘y`)‘谢去’中，i 比 u 和 ɛ 要长；

在·çiu¯(-çi´)‘休息’、·tɕiɛ¯(-ʂAŋ`)‘街上’中，i 刚好跟 u 和 ɛ 一样长；

在 pan`(-·pai̯´-ʂʅ`)‘办白事’、pɑu`(-·tʂ‘ou̯´)‘报仇’中，a 和 ɑ 比 n 和 u 长；

在·pan¯(-fɜn¯)‘颁分’、·pɑu¯(-pan`)‘包办’中，a 和 ɑ 跟 n 和 u 一样长；

在·piɛn`(-i´)‘便宜’中，i 比 ɛ 长，ɛ 比 n 长；

在·piɛn¯(-i`)‘边邑’中，i，ɛ 和 n 一样长；等等。

但在·χuA¯(-ʂəŋ¯)‘花生’中，u 比A要短。

β）如果这个音节后面跟着另外一个音节，这个后面的音节或者带重音且由其第二个元音承载音节，或者不带重音，那么前面这个音节内部的音长就变成递增的了，这就和升调中的情况一样了（见前文 165 页的 1）：

在·tɕiu`(-yan´)‘救援’、çiu`(-tsʅ)‘袖子’、çiu¯(-·tɕ‘i̯ɑu´)‘修桥’、(ʂAŋ`-lA-)·tɕiɛ¯(-lA)‘上了街了’中，u 和 ɛ 要比 i 长；

在·piɛn`(-tɕi̯ɛ´)‘便捷’、·piɛn`(-tsʅ)‘辫子’、·p‘iɛn¯(-tɕ‘i̯ɑuˇ)‘偏巧’中，n 比 ɛ 长，ɛ 比 i 长；等等。

-u 和-i 仍然是例外，它们要比前面的元音短：在 k‘ai¯(-tɕ‘i̯ɛn´)‘开钱’、·χuæi`(-lA)‘坏了’中，i 比 a 和 æ 要短。

这样，从在音节内部的分布情况来看，总的来说重音和音长之间形成了很好的对应。只有在带上平声的字中重音和音长的表现才有所差别。

讀　本 ·tu`-pзnˇ

I. 趙城虎

趙城縣城外有
一家子兩口人。一個七十多
歲的老婆子跟他的兒子。
他們家裏是狠窮。租了
看場院的一間草房子
住。那老婆子天天就
仗着他兒子上山打一點
柴火。帶到城裏去賣
了錢。買一點兒米肉兒的
拿回來過日子。列位請
想。這様兒的人苦的可憐
不可憐。這老婆子的兒子有
一天進山里打柴火去。
一清早去的。這老婆子還
照様兒等着兒子賣了柴
火。買米。回來好做早
飯。這麽一等。等了個太
陽大平西。也不見他兒子
回來。這老婆子可就着急。
沒有法子了。拄上棍子去

I. The Tiger of Chao-Ch’êng

·tʂɑù-tʂ‘əŋ́-·çiɛǹ, ·tʂ‘əŋ́-uæî, io̤ǔ
i-·tɕiA̅-tsɿ leAŋ̌-k‘oǔ ·ʐ̩ɜń, i-kə ·tɕ‘ī-ʂʅ-tō
·suEî-tɪ lɑǔ-p‘o-tsɿ kɜn t‘A̅-tɪ ·œɹ́-tsɿ.
t‘A̅-mɜn ·tɕiA̅- lǐ ʂʅ χɜň-·tɕ‘yuŋ. ·tsū-leɑo̤
k‘aǹ ·tʂ‘Aŋ́-yaǹ tɪ i-tɕiɛn-·ts‘ɑǔ-fAŋ-tsɿ
·tʂù. nA-lɑǔ-·p‘o-tsɿ ·t‘iɛn̄-t‘iɛn tɕio̤
·tʂAŋ̀-tʂo t‘A ·œɹ́-tsɿ ʂAŋ̀ ·ʂan̄ ·tAˇ i-tiɛn
·tʂaí-χuǒ, ·taî tɑo̤-·tʂ‘əŋ́-lǐ ·tɕ‘y, maî-
leɑo̤ ·tɕ‘iɛń, ·maǐ i-tiɛ‿ɹ ·mǐ-·ʐ̩où‿ɹ-tɪ,
·nÁ-χui-laí, kuò-·ʐʅ̀-tsɿ. ·leɛ̀-uEi tɕ‘iŋ́
·çiAŋ̌, ·tʂɤ̀-iÀ‿ɹ-tɪ ·ʐ̩ɜń ·k‘ǔ-tɪ ·k‘ɤ̌-leɛn
pu k‘ɤ̌-leɛn. tʂə-lɑǔ-·p‘o-tsɿ-tɪ ·œɹ́-tsɿ io̤ǔ
i-·t‘iɛn̄ tɕin-·ʂan̄-lǐ tǍ-·tʂ‘ai-χuǒ ·tɕ‘ỳ,
î ·tɕ‘iŋ̄-tsɑǔ ·tɕ‘ù-tɪ. tʂə-lɑǔ-·p‘o-tsɿ χaí
tʂɑu-iÀ‿ɹ ·təŋ̌-tʂo ·œɹ́-tsɿ maî-leɑo̤ ·tʂ‘aí-
χuǒ, maí ·mǐ, ·χuí-lai χɑǔ tsò ·tsɑǔ-
faǹ. ·tʂɤ̀-mo î ·təŋ̌, ·təŋ̌-leɑo̤ kə ·t‘aî-
iAŋ́ tÀ p‘iŋ́-·çī, iɛ̌ pu tɕiɛǹ t‘A ·œɹ́-tsɿ
·χuí-lai. tʂə-lɑǔ-·p‘o-tsɿ k‘ɤ́-tɕio̤ tʂɑú-·tɕi.
mE io̤ ·fǍ-tsɿ lA. ·tʂǔ ʂAŋ-·kuǹ-tsɿ tɕ‘y

央告街坊給進山裏去
·iᴀŋ̄-kɑù ·tɕiɛ̄-fᴀŋ̄ kᴇi tɕin-·ʂan̄-lǐ ·tɕ‘ỳ,

找一找他的兒子。這街坊
·tʂɑǔ-i-·tʂɑǔ t‘ᴀ-tɪ ·œɹ́-tsɿ. tʂə-·tɕiɛ̄-fᴀŋ̄

也倒狠好。趕緊的就進
iɛ̌-tɑo̱ χɜń ·χɑǔ. kań-·tɕiň-tɪ tɕio̱ tɕin-

山裏去給找。順着這老
·ʂan̄ lǐ ·tɕ‘ỳ kᴇi ·tʂɑǔ. ·ʂùn-tʂo tʂə-lɑǔ-

婆子的兒子天天兒愛走
·p‘o-tsɿ-tɪ ·œɹ́-tsɿ ·t‘iɛn̄t‘iɛ̄‿ɹ aî-·tsoǔ-

的路兒。慢慢的找去。走了
tɪ ·lù‿ɹ, maǹ-·maǹ-tɪ ·tʂɑǔ tɕ‘ỳ. ·tsoǔ-lᴀ

不遠。就碰見一堆破爛
pu ·yaň tɕio̱ ·p‘əŋ̀-tɕiɛn i-tui ·p‘ò-lan

衣裳。扁擔繩子在一邊。
·ī-ʂᴀŋ̄, ·piɛň-tan ·ʂəŋ́-tsɿ tsai-·ī-piɛn̄,

斧子在一邊。滿地是血。
·fǔ-tsɿ tsai-·ī-piɛn̄, maň ·tî ʂʅ ·çyɛ̌.

人明明的是叫老虎給叼
·ʐɜń miŋ́-·miŋ-tɪ ʂʅ tɕɑo̱-·lɑǔ-χu kᴇi tiɑū

到窩裏給吃了。找他兒子的
tɑo̱-·uō-lǐ kᴇi ·tʂʅ̄-lᴀ. ·tʂɑǔ t‘ᴀ ·œɹ́-tsɿ tɪ

這個人趕緊的回來。告訴
tʂə-kə-·ʐɜń kań-·tɕiň-tɪ ·χuí-lai ·kɑù-su

老婆子。這老婆子聽見他
lɑǔ-·p‘o-tsɿ. tʂə-lɑǔ-·p‘o-tsɿ ·t‘iŋ̄-tɕiɛǹ t‘ᴀ

兒子叫老虎給吃了。哭了
·œɹ́-tsɿ tɕɑo̱ -·lɑǔ-χu kᴇi ·tʂ‘ʅ-lᴀ, ·k‘ū-lᴀ

個死去活來的。自己一想。
kə-·sɿ̌-tɕ‘ỳ-χuó-·lai-tɪ. ·tsɿ̀-tɕǐ î ·çiᴀŋ̌:

我這麼大歲數兒。就仗着
uǒ tʂə mo ·tᴀ̀ ·suᴇî-ʂu‿ɹ tɕio̱ ·tʂᴀŋ̀-tʂo

這一個兒子養活我。我這一個
tʂə ·ī-kə ·œɹ́-tsɿ ·iᴀŋ̌-χuo uǒ. ·uǒ tʂə-i-kə

兒子現在叫老虎給吃了。
·œɹ́-tsɿ ·çiɛǹ-tsai tɕɑo̱-·lɑǔ-χu kᴇi ·tʂ‘ʅ̄-lᴀ,

我還仗着什麼活着呀。
·uǒ χai tʂᴀŋ̀-tʂo ·ʂɜḿ‿mo ·χuó-tʂo iᴀ?

越想越急越哭。如同瘋了
yɛ ·çiᴀŋ̌, yɛ ·tɕí, yɛ ·k‘ū, ʐú-t‘uŋ ·fəŋ̄-lᴀ

似的。就拿着拐棍子進
sɿ-tɪ. tɕio̱ ·nᴀ́-tʂo ·kuæǐ-kuǹ-tsɿ tɕiǹ

城找知縣。在縣衙門
·tʂ‘əŋ́ ·tʂɑǔ ·tʂʅ̄-çiɛǹ. tsaî ·çiɛǹ-·iᴀ́-mɜn

門口跪着哭喊冤枉。
知縣坐堂。兩邊衙役
站立。說一聲。把那老婆子
給我帶上堂來。知縣問
這老婆子說。你這麼大歲
數的人有什麼冤枉。
快說。這老婆子哭着說。
我一個窮家破業的。就仗
着我一個兒子打柴度命。我
也沒有一家兒的人。也沒有
親戚。無倚無靠。今早起
我兒子進山打柴。遇見
老虎給吃了。簡直的要叫
我活活的餓死。就求縣
太爺的恩典給我公斷。
這知縣聽見他告老虎。
也樂咯。可就問這老婆子
說，你這個人可是真老
糊塗了。這個老虎也可以拿
王法制他嗎。這老婆子
簡直的不聽知縣說的那
些個話。一個勁兒哭喊。

mɜnˊ-·k‘ouˇ ·kuᴇɪ̂ -tʂ̥o ·k‘uˉ χanˇ ·yanˉ-uɑŋˇ.
·tʂ̥ʅ̥ˉ-çiɛnˋ tsoˋ-·t‘ᴀŋˊ. ·leᴀŋˇ piɛnˉ ·iᴀˊ-î
·tʂ̥anˋ-li. ·ʂ̥uoˉ i-·ʂ̥əŋˉ: pᴀ-nᴀ-lɑuˇ-·p‘o-tsɿ
kᴇi-·uoˇ ·taî -ʂ̥ᴀŋ-·t‘ᴀŋˊ-lai. ·tʂ̥ʅ̥ˉ-çiɛnˋ ·uɜnˋ
tʂ̥ə-lɑuˇ-·p‘o-tsɿ ʂ̥uoˉ: ·niˇ tʂ̥ə-mo ·tᴀˋ ·suᴇɪ̂-
ʂ̥u̥ɹ-tɪ ·ʐ̥ɜnˊ io̥ ·ʂ̥ɜmˊ‿mo ·yanˉ-uɑŋˇ?
k‘uæɪ̂ ·ʂ̥uoˉ! tʂ̥ə-lɑuˇ-p‘o- tsɿ ·k‘uˉ-tʂ̥o ʂ̥uoˉ:
·uoˇ i-kə ·tɕ‘yuŋˊ-tɕiᴀˉ-p‘oˋ-·iɛˋ-tɪ tɕio̥ ·tʂ̥ᴀŋˋ-
tʂ̥o uo ·iˉ-kə ·œɹˊ-tsɿ tᴀˇ-·tʂ̥‘ai tuˋ-·miŋˋ. uo
iɛˇ mᴇ io̥ ·i-tɕiᴀ‿ɹ-tɪ ·ʐ̥ɜnˊ, iɛˇ mᴇ io̥
·tɕ‘inˉ-tɕ‘î, uˊ-·iˇ-u-·k‘ɑuˋ. tɕinˉ ·tsɑuˇ-tɕ‘i
uo ·œɹˊ-tsɿ tɕinˋ ·ʂ̥anˉ tᴀˇ-·tʂ̥‘ai, yˋ-tɕiɛn
·lɑuˇ-χu kᴇi ·tʂ̥‘ʅ̥ˉ-lᴀ, tɕiɛnˇ-·tʂ̥ʅ̥-tɪ iɑo̥ tɕiɑuˋ
·uoˇ χuoˊ-·χuo-tɪ ·ɤˋ-sɿˇ. tɕio̥ ·tɕ‘iuˊ ·çiɛnˋ-
·t‘aî -iɛˊ-tɪ ·ɜnˉ-tiɛnˇ, kᴇi-uoˇ kuŋˉ-·tuanˋ.
tʂ̥ə-·tʂ̥ʅ̥ˉ-çiɛnˋ ·t‘iŋˉ-tɕiɛnˋ t‘ᴀ ·kɑuˋ ·lɑuˇ-χu,
iɛ ·lɤˋ-lᴀ. k‘ɤˊ-tɕio̥ ·uɜnˋ tʂ̥ə-lɑuˇ-·p‘o-tsɿ
ʂ̥uoˉ: ·niˇ tʂ̥ə-kə ·ʐ̥ɜnˊ k‘ə-ʂ̥ʅ̥ tʂ̥ɜnˉ ·lɑuˇ
·χuˊ-t‘u lᴀ. tʂ̥ə-kə-·lɑuˇ-χu iɛˇ k‘ə-iˇ nᴀ-
·uɑŋˊ-fᴀˇ ·tʂ̥ʅ̥ˋ t‘ᴀˉ mᴀ? tʂ̥ə-lɑuˇ-·p‘o-tsɿ
tɕiɛnˇ-tʂ̥ʅ̥-tɪ pu ·t‘iŋˉ ·tʂ̥ʅ̥ˉ-çiɛnˋ ·ʂ̥uoˉ-tɪ nᴀˋ-
çiɛ-kə ·χuᴀˋ. ·iˉ-kə tɕî‿œɹ ·k‘uˉ-χanˇ.

知縣威嚇他。他也不怕。	·tʂʅˉ-çiɛnˋ ·uiˉ-χɤˋ ·t‘ᴀˉ, t‘ᴀ iɛˇ pu ·p‘ᴀˋ.
知縣也瞧他怪可憐的。	·tʂʅˉ-çiɛnˋ iɛ ·tɕ‘iɑuˊ t‘ᴀ kuæî ·k‘ɤ̌-leɛn-tɪ,
可就跟這老婆子說。你回	k‘ɤˊ-tɕio̩ kɜn-tʂə-lɑuˇ-·p‘o-tsɿ ʂuoˉ: niˇ ·χuiˊ-
去聽傳罷。我趕緊派	tɕ‘yˋ t‘iŋˉ-·tʂ‘uanˊ pᴀ. uoˇ kanˊ-·tɕinˇ p‘aî
人給你拿老虎就是了。誰	·ʐɜnˊ kᴇi-niˇ ·nᴀˊ ·lɑuˇ-χu, tɕio̩ ʂʅ lᴀ. ·ʂuiˊ
知這老婆子更死心眼兒。非	tʂʅˉ tʂə-lɑuˇ-·p‘o-tsɿ kəŋˋ ·sɿˇ-·çinˉ-iɛˇ‿ɹ, fᴇi
瞧着知縣出了拿老虎	·tɕ‘iɑuˊ-tʂo ·tʂʅ-çiɛnˋ ·tʂ‘uˉ-leɑo̩ nᴀˊ ·lɑuˇ-χu
的票他不走。知縣沒法	tɪ ·p‘iɑuˋ, t‘ᴀ pu ·tsouˇ. ·tʂʅˉ-çiɛnˋ mᴇi ·fᴀˇ-
子。可就問兩邊站的	tsɿ. k‘ɤˊ-tɕio̩ ·uɜnˋ leᴀŋˇ piɛnˉ tʂanˋ-tɪ
衙役誰能拿這老虎去。就	·iᴀˊ-î, ·ʂuiˊ nəŋ ·nᴀˊ tʂə-·lɑuˇ-χu ·tɕ‘yˋ. tɕio̩
有一個皂隸上堂打着千兒	·io̩uˇ i-kə-·tsɑuˋ-li ʂᴀŋˋ-·tᴀŋˊ tᴀˇ-tʂo-·tɕ‘iɛˉ‿ɹ,
聽派差使。這皂隸名字	·t‘iŋˉ p‘aî ·tʂ‘aiˉ-ʂʅ. tʂɤˋ ·tsɑuˋ-li ·miŋˊ-tsɿˋ
叫李能。他是同朋友喝	tɕiɑuˋ ·liˇ-nəŋ. ·t‘ᴀˉ ʂʅ t‘uŋ-·p‘əŋˊ-iuˇ χɤˉ-
酒喝醉了。也沒聽明白	·tɕiuˇ χɤˉ-·tsuᴇî-lᴀ. iɛˇ mᴇi-t‘iŋˉ-·miŋˊ-pai
是怎麼回事情。他就上	ʂʅ ·tsɜmˇ‿mo-χui ·ʂʅˋ-tɕ‘iŋˊ. ·t‘ᴀˉ tɕio̩ ʂᴀŋˋ-
堂回縣太爺。我李能可以	·t‘ᴀŋˊ χuiˊ ·çiɛnˋ-·t‘aî-iɛˊ: uoˊ ·liˇ-nəŋ k‘ə-i
去辦。知縣聽他能去	tɕ‘y ·panˋ. ·tʂʅˉ-çiɛnˋ ·t‘iŋˉ t‘ᴀˉ nəŋ tɕ‘y
辦。即就把拿老虎的票	·panˋ, tɕiˊ-tɕio̩ pᴀ nᴀˊ ·lɑuˇ-χu tɪ ·p‘iɑuˋ
交他辦理去了。這老婆子	·tɕiɑuˉ t‘ᴀ ·panˋ-liˇ ·tɕ‘yˋ lᴀ. tʂə-lɑuˇ-·p‘o- tsɿ
瞧見拿老虎的票真	·tɕ‘iɑuˊ-tɕiɛnˋ nᴀˊ ·lɑuˇ-χu tɪ p‘iɑuˋ tʂɜnˉ
出來。這纔放心回家	·tʂ‘uˉ-laiˊ. tʂɤˋ ts‘ai fᴀŋˋ-·çinˉ χuiˊ-·tɕiᴀˉ
聽傳去了。第二天李能	t‘iŋˉ-·tʂ‘uanˊ tɕ‘yˋ-lᴀ. ti-·œɹˋ t‘iɛnˉ ·liˇ-nəŋ

醒了酒兒。一瞧這票是
叫拿老虎。他也後悔起
來了。後來又一想。這必是
知縣搪塞這老婆子的
法子。也沒在意。李能拿着
票上堂回繳說。沒有
地方拿老虎去。知縣聽
李能這話。大惱說。你既
說能拿老虎。今兒怎麽就
後悔了。那可不行。李能
心裏着慌。跪下磕頭
說。我能拿人。我實不能拿
老虎。我找幾個打獵的幫
着我拿罷。知縣聽李能這
話。那倒可以的。這麽着
李能請了好些個打獵的。
晝夜的在山窟窿兒里藏
着。等老虎。想着無論怎麽
樣。打着一個老虎可以銷差。
誰知一個多月連一個老虎的
影兒也沒遇見。這麽一來可不
要緊。可就苦了李能了。五

çiŋˇ-leao̗-·tɕiuˇ‿ɹ, ·iˉ tɕ‘iauˊ tʂ̗ə ·p‘iauˋ ʂ̗ʅ
tɕiauˋ nᴀˊ ·lauˇ-χu, t‘ᴀˉ iɛ ·χouˋ-χuᴇiˊ-·tɕ‘iˇ-
lai-lᴀ. ·χouˋ-laiˊ iuˋ iˆ ·çiᴀŋˇ: tʂ̗ɤˋ ·piˆ ʂ̗ʅ
·tʂ̗ʅˉ-çiɛnˋ ·t‘ᴀŋˊ-saiˆ tʂ̗ə-lauˇ-·p‘o-tsʅ tɪ
·fᴀˇ-tsʅ. iɛˇ mᴇi tsaiˆ-·iˆ. ·liˇ-nəŋ nᴀˊ-tʂ̗o
·p‘iauˋ ʂ̗ᴀŋˋ-t‘ᴀŋˊ ·χuiˊ-tɕiauˇ ʂ̗uoˉ: mᴇ io̗
·tiˆ-fᴀŋˉ nᴀˊ ·lauˇ-χu ·tɕ‘yˋ. ·tʂ̗ʅ-çiɛnˋ t‘iŋˉ
·liˇ-nəŋ tʂ̗ə ·χuᴀˋ, tᴀˋ ·nauˇ ʂ̗uoˉ: ·niˇ tɕi
·ʂ̗uoˉ nəŋ ·nᴀˊ ·lauˇ-χu, tɕiˉ‿œɹ ·tsзmˇ‿mo tɕio̗
·χouˋ-χuᴇiˇ-lᴀ? ·nᴀˋ k‘ə pu ·çiŋˊ. ·liˇ-nəŋ
·çinˉ-liˇ tʂ̗auˊ-·χuaŋˉ. ·kuᴇiˆ-çiᴀ k‘ɤˉ-·t‘ouˊ
ʂ̗uoˉ: ·uoˇ nəŋ nᴀ ·ʐ̗ənˊ. uoˇ ·ʂ̗ʅˊ pu nəŋ nᴀ
·lauˇ-χu. uoˊ ·tʂ̗auˇ tɕi-kə tᴀˇ-·leɛˋ-tɪ ·pᴀŋˉ-
tʂ̗o uo ·nᴀˊ pᴀ. ·tʂ̗ʅˉ-çiɛnˋ t‘iŋˉ ·liˇ-nəŋ tʂ̗ə
·χuᴀˋ, ·nᴀˋ tao̗ k‘ɤˊ-·iˇ-tɪ. ·tʂ̗ɤˋ-mo-tʂ̗o
·liˇ-nəŋ ·tɕ‘iŋˇ-leao̗ ·χauˇ-çiɛ-kə tᴀˇ-·leɛˋ-tɪ,
·tʂ̗ouˋ-iɛ-tɪ tsai ʂ̗anˉ ·k‘uˉ-luŋˊ‿ɹ-liˇ ·ts‘ᴀŋˊ-
tʂ̗o, ·təŋˇ ·lauˇ-χu. ·çiᴀŋˇ-tʂ̗o u-lun-tsзnˇ‿mo
·iᴀŋˋ, ·tᴀˇ-tʂ̗o i-kə-·lauˇ-χu k‘ə-i çiauˉ-·tʂ̗‘aiˉ.
·ʂ̗uiˊ tʂ̗ʅˉ, ·iˉ-kə-toˉ ·yɛˋ leɛn ·iˉ-kə ·lauˇ-χu-tɪ
·jiŋˇ‿ɹ iɛ mᴇ-·yˋ-tɕiɛn. ·tʂ̗ɤˋ-mo i ·laiˊ k‘ə pu
iauˋ-·tɕinˇ. k‘ɤˊ-tɕio̗ ·k‘uˇ-leao̗ ·liˇ-nəŋ lᴀ. ·uˇ

天知縣一傳李能當堂	t‘iɛnˉ ·tʂʅˉ-ɕiɛnˋ ·iˉ tʂ‘uanˊ ·liˇ-nəŋ tᴀŋ-·t‘ᴀŋˊ
回話。知縣問老虎拿着	χuiˊ-·χuᴀˋ. ·tʂʅˉ-ɕiɛnˋ ·uɜnˋ ·lɑuˇ-χu ·nᴀˊ-tʂo-
了沒有。李能說沒有。仍	leɑo̤ mᴇ-·io̤uˇ. ·liˇ-nəŋ ʂuoˉ mᴇ-·io̤uˇ. ·ʐəŋˊ-
是磕頭討限。知縣就	ʂʅ k‘ɤˉ-t‘ouˊ t‘ɑuˇ-·ɕiɛnˋ. ·tʂʅˉ-ɕiɛnˋ tɕio̤
說。你既沒把老虎給我	·ʂuoˉ: ·niˇ tɕi mᴇi pᴀ-·lɑuˇ-χu kᴇi-·uoˇ
拿來。就給我打他二十板	·nᴀˊ-lai, tɕio̤ kᴇi-·uoˇ ·tᴀˇ t‘ᴀˉ ·œɹˋ-ʂʅ ·panˇ-
子。一連一個多月李能足挨了	tsʅ. ·iˉ leɛnˊ ·iˉ-kə-toˉ ·yɛˋ ·liˇ-nəŋ ·tsuˊ ai-leɑo̤
幾百板子。真是有冤沒	·tɕiˇ-pai ·panˇ-tsʅ. ·tʂɜnˉ ʂʅ io̤uˇ ·yanˉ moˋ
處訴去。這一天他跪在	tʂ‘uˋ ·suˋ-tɕ‘y. tʂɤˋ-i ·t‘iɛnˉ t‘ᴀˉ ·kuᴇîˋ tsai
東嶽山神廟里。一邊兒禱	·tuŋˉ-yɛˋ-·ʂanˉ ·ʂɜnˊ-miɑuˋ-liˇ, ·iˉ piɛˉ‿ɹ ·tɑuˇ-
告一邊兒哭。忽然抬頭	kɑuˋ ·iˉ piɛˉ‿ɹ ·k‘uˉ. ·χuˉ-ʐan t‘aiˊ-·t‘ouˊ
看見廟外蹲着一個大	·k‘anˋ-tɕiɛn ·miɑuˋ-uæi ·tunˉ-tʂo i-kə tᴀˋ
老虎。您猜李能怎麼着。	·lɑuˇ-χu. ·ninˊ ts‘aiˉ ·liˇ-nəŋ ·tsɜmˇ‿mo-tʂo.
這時候也顧不得哭咯。站	tʂɤˋ ·ʂʅˊ-χouˋ iɛ ·kuˋ-pu-tɤˊ ·k‘uˉ lᴀ. ·tʂanˋ-
起來就對老虎說。好呀。	tɕ‘i-laiˊ tɕio̤ tuᴇi-·lɑuˇ-χu ʂuoˉ: ·χɑuˇ iᴀ,
你又來要打算吃我來了嗎。	niˇ io̤ ·laiˊ iɑo̤ ·tᴀˇ-suanˋ tʂ‘ʅˉ ·uoˇ-lai-lᴀ mᴀ?
上月吃那個打柴的不是你	·ʂᴀŋˋ- yɛ ·tʂ‘ʅˉ nᴀ-kə-tᴀˇ-·tʂ‘ai-tɪ pu ʂʅ ·niˇ
嗎。可是這麼着。那個打柴的	mᴀ? k‘ɤˊ ʂʅ ·tʂɤˋ-mo-tʂo. nᴀ-kə tᴀˇ-·tʂai-tɪ
他媽是把你告下來了。若是	t‘ᴀ ·mᴀˉ ʂʅ pᴀ-niˇ ·kɑuˋ-ɕiᴀ-laiˊ-lᴀ. ʐoˋ ʂʅ
你吃的。你可以跟我到衙門	·niˇ tʂ‘ʅˉ-tɪ, ·niˇ k‘ə i kɜn-·uoˇ tɑuˋ ·iᴀˊ-mɜn
投案。爲什麼你吃人。叫	t‘ouˊ-·anˋ. uᴇi-sɜmˊ‿mo ·niˇ tʂ‘ʅˉ ·ʐɜnˊ, tɕiɑuˋ
我挨打呢。李能說完了這	·uoˇ ai-·tᴀˇ nɪ? ·liˇ-nəŋ ʂuoˉ-·uanˊ-leɑo̤ tʂɤˋ

話。您看也真怪。這老
虎彷彿像懂話似的。李能拿
出鎖鏈子慢慢的往老虎
脖子上套。這老虎真
老老實實的叫他套。拉他
走。這老虎也跟着李能走。
就拉到縣衙門來了。這
時候滿城裏的人誰不
想瞧着縣太爺審
老虎呀。這瞧熱鬧的人就
多了。李能報道。老虎已經
拿來交差。知縣聽說
老虎拿到。心裏也覺詫異。
立刻坐堂傳原告上
堂聽審。把老虎拉到堂
上。這老虎也不怕人。蹲在
案前像一個大貓。這知縣
坐堂把驚堂木一拍。
叫聲。老虎。那打柴的人
是你吃了嗎。那老虎點一
點頭兒。知縣又說。皇上
家的王法。殺人償命。你

·χuᴀˋ, ninˊ ·k‘anˋ iɛ tʂɜnˉ ·kuæiˆ. tʂə-·lɑuˇ-
χu fᴀŋˇ-fu çiᴀŋ tuŋˇ-·χuᴀˋ sʅ-tɪ. ·liˇ-nəŋ nᴀˊ-
tʂ‘u ·soˇ-leɛnˋ-tsʅ manˋ-·manˋ-tɪ uɑŋ ·lɑuˇ-χu
·poˊ-tsʅ-ʂᴀŋˋ ·t‘ɑuˋ. tʂə-·lɑuˇ-χu tʂɜnˉ
·lɑuˇ-lɑu-ʂʅˊ-·ʂʅ-tɪ ·tɕiɑuˋ t‘ᴀˉ ·t‘ɑu. ·lᴀˉ t‘ᴀˉ
·tsouˇ. tʂə-·lɑuˇ-χu iɛ kɜnˉ-tʂo ·liˇ-nəŋ ·tsouˇ.
tɕioˌ ·lᴀˉ tɑoˌ-·çiɛnˋ-·iᴀˊ-mɜn ·laiˊ lᴀ. tʂə
·ʂʅˊ-χouˋ manˇ-·tʂ‘əŋ-liˇ-tɪ ·ʐɜnˊ, ·ʂuiˊ pu
çiᴀŋˇ ·tɕ‘iɑuˊ-tʂo ·çiɛnˋ-·t‘aiˆ-iɛˊ ·ʂɜnˇ
·lɑuˇ-χu iᴀ? tʂə tɕ‘iɑuˊ ·ʐɤˋ-nɑu tɪ ·ʐɜnˊ tɕioˌ
·toˉ lᴀ. ·liˇ-nəŋ ·pɑuˋ-tɑu: ·lɑuˇ-χu ·iˇ-tɕiŋˉ
·nᴀˊ-lai tɕiɑuˉ-·tʂ‘aiˉ. ·tʂʅˉ-çiɛnˋ ·t‘iŋˉ ʂuoˉ
·lɑuˇ-χu ·nᴀˊ-tɑuˋ, ·çinˉ-liˇ iɛ tɕyɛˊ ·tʂ‘ᴀˋ-i.
·liˋ-k‘ɤ tsoˋ-·t‘ᴀŋˊ, tʂ‘uanˊ ·yanˊ-kɑuˋ ʂᴀŋˋ
·t‘ᴀŋˊ t‘iŋˉ ·ʂɜnˇ. pᴀ-·lɑuˇ-χu ·lᴀˉ tɑoˌ-·t‘ᴀŋˊ-
ʂᴀŋˋ. tʂə-·lɑuˇ-χu iɛˇ pu p‘ᴀˋ ·ʐɜnˊ. ·tunˉ tsai-
·anˋ-tɕiɛnˊ çiᴀŋ i-kə tᴀˋ ·mɑuˊ. tʂə ·tʂʅˉ-çiɛnˋ
tsoˋ-·t‘ᴀŋˊ, pᴀ-·tɕiŋˉ-t‘ᴀŋˊ-muˋ iˆ ·p‘aiˉ.
tɕiɑuˋ ·ʂəŋˉ. ·lɑuˇ-χu, nᴀˋ tᴀˇ-·tʂ‘ai-tɪ ·ʐɜnˊ
ʂʅ ·niˇ tʂ‘ʅˉ-lᴀ mᴀ? nᴀ-·lɑuˇ-χu ·tiɛnˇ-i-
tiɛnˇ-·t‘ouˌɹ. ·tʂʅˉ-çiɛnˋ ioˌ ·ʂuoˉ: ·χuɑŋˊ-ʂᴀŋˋ-
tɕiᴀ-tɪ ·uɑŋˊ-fᴀˇ, ʂᴀˉ ·ʐɜnˊ tʂ‘ᴀŋˊ ·miŋˋ, niˇ

不知道嗎。並且這老婆子
pu ·tʂʅ̄-tɑù mᴀ? ·piŋ̀-tɕʻiɛ̌ tʂə-lɑu᷉-·pʻó-tsɿ

就有這麼一個兒子。你給
tɕiọ ·iọǔ tʂɤ̀-mo ·ī-kə ·œɹ́-tsɿ, ·nǐ kᴇi

吃了。他那麼大歲數怎麼
·tʂʻʅ̄-lᴀ. ·tʻᴀ̄ nᴀ̀-mo tᴀ̀ ·suᴇî-ʂu, ·tsɜm̌‿mo

活着呀。這麼着罷。你若是能
·χuó-tʂo iᴀ? ·tʂɤ̀-mo-tʂo pᴀ! ·nǐ ʐo-ʂʅ nəŋ

當這老婆子的兒子養活着
·tᴀŋ̄ tʂə-lɑu᷉-·pʻo-tsɿ-tɪ ·œɹ́-tsɿ, ·iᴀŋ᷉-χuo-tʂo

這老婆子。我就開恩把你
tʂə-lɑu᷉-·pʻo-tsɿ, ·uǒ tɕiọ kʻaī-·ɜn̄ pᴀ-nǐ

放了。老虎你想可以不
·fᴀŋ̀-lᴀ. ·lɑu᷉-χu, ní ·çiᴀŋ̌ kʻɤ́-·í pu

可以。老虎又點了一點頭兒。
kʻɤ́-·ĭ? ·lɑu᷉-χu iọ ·tiɛň-leɑọ-i-tiɛn᷉-·tʻou‿ɹ.

知縣就叫把老虎脖子
·tʂʅ̄-çiɛǹ tɕiọ ·tɕiɑù pᴀ ·lɑu᷉-χu ·pó-tsɿ-

上的鎖鏈子給摘下來。
ʂᴀŋ̀-tɪ ·sǒ-leɛǹ-tsɿ　kᴇi ·tʂaī-çiᴀ-laí.

叫老虎。你去罷。這老婆子
tɕiɑù ·lɑu᷉-χu: nǐ ·tɕʻỳ pᴀ! tʂə-lɑu᷉-·pʻo-tsɿ

很抱怨知縣不殺這老虎。
χɜň ·pɑù-yan ·tʂʅ̄-çiɛǹ pu ·ʂᴀ̄ tʂə-·lɑu᷉-χu,

給他兒子抵償。這也沒有法兒
kᴇi tʻᴀ ·œɹ́-tsɿ ·tí-tʂʻᴀŋ. ·tʂɤ̀ iɛ mᴇ iọ ·fᴀ̌‿ɹ

了。老婆子就回家去了。
lᴀ. lɑu᷉-·pʻo-tsɿ tɕiọ χuí-·tɕiᴀ̄ tɕʻỳ-lᴀ.

第二天早起老婆子起來
ti-·œɹ̀ tʻiɛn̄ ·tsɑu̇-tɕʻi, lɑu᷉-·pʻo-tsɿ ·tɕʻĭ-lai

開屋門的時候。就瞧見
kʻaī ·ū-mɜń tɪ ·ʂʅ́-χoù, tɕiọ ·tɕʻiɑú-tɕiɛǹ

有一隻死鹿在那兒擱着。
·iọǔ i-tʂʅ sʅ̌ ·lù tsai-·nᴀ̀‿ɹ ·kɤ̄-tʂo.

老婆子撿到屋裏來。把皮
lɑu᷉-·pʻo tsɿ ·tɕiɛň tɑọ-·ū-lĭ-·lai, pᴀ-·pʻí

剝了去。連皮帶肉都
·pō-leɑọ-tɕʻỳ. leɛn-·pʻí tai-·ʐoù tū

賣了錢。用這個錢過
maî-leɑọ ·tɕʻiɛń, ·juŋ̀ tʂə-kə ·tɕʻiɛń kuò-

日子咯。很覺敷餘。又過兩
·ʐʅ̀-tsɿ -lᴀ. ·χɜň tɕyɛ ·fú-y. iù kuò ·leᴀŋ̌

天兒。老虎又給叼來的銀子
tʻiɛ̄‿ɹ, ·lɑu᷉-χu iù kᴇi ·tiɑū-laí-tɪ ·jiń-tsɿ

跟布。扔在屋門兒外頭。　kɜn-·pu`, ·zə̣ŋ¯ tsai-·u¯-mɜ´͜ɹ-uæî -t‘ou.

由此老婆子不但不想兒子　iọ-·ts‘ʅ̌ lɑǔ̯-·p‘o-tsʅ pu ·tan` pu çiᴀŋ̌-·œɹ-tsʅ

了。倒很感激這老虎。這老　lᴀ, taọ χɜn´ ·kan̆-tɕī tṣə-·lɑǔ̯-χu. tṣə-·lɑǔ̯-

虎有時來了臥在窗戶外　χu iọǔ̯-ṣʅ lai´-leaọ ·uo` tsai-tṣ‘uɑŋ¯-χu`-uæi-

頭。一天一天的不走。日子　t‘ou. ·ī-t‘iɛn¯-î -·t‘iɛn¯-tɪ pu ·tsoǔ̯. ·zʅ̣` tsʅ

常了他也不怕人。就　·tṣ‘ᴀŋ´-lᴀ, t‘ᴀ ·iɛ̌ pu p‘ᴀ` ·zɜn´. tɕiọ

這樣兒過了十幾年。這老婆　·tṣɤ`-iᴀ͜ɹ kuo`-leaọ ṣʅ-·tɕǐ-niɛn. tṣə-lɑǔ̯-·p‘o-

子這十幾年的光景。倒　tsʅ tṣɤ` ṣʅ-·tɕǐ-niɛn-tɪ ·kuᴀŋ¯-tɕiŋ̌, taọ

攢下點錢。後來這　·ts‘uan´-çiᴀ` tiɛn ·tɕ‘iɛn´. ·χou`-lai´ tṣə-

老婆子病死了。拿出攢的　lɑǔ̯-·p‘o-tsʅ ·piŋ`-sʅ-lᴀ, ·nᴀ´-tṣ‘u¯ ·ts‘uan´-tɪ

這錢發送這老婆子足　tṣə-·tɕ‘iɛn´ ·fᴀ¯-suŋ` tṣə-lɑǔ̯-·p‘o-tsʅ ·tsu´-

彀。這老虎還在門外直　kou`. tṣə ·lɑǔ̯-χu χai´ tsai-·mɜn´-uæî tṣʅ́

叫。等送到墳地埋的　·tɕiɑu`. təŋ ·suŋ` taọ-·fɜn´-tî mai´-tɪ

時候。老虎也跟着。就對　·ṣʅ́-χou`, ·lɑǔ̯-χu iɛ ·kɜn¯-tṣo. tɕiọ ·tuᴇî -

着這老婆子的墳頭兒　tṣo tṣə-lɑǔ̯-·p‘o-tsʅ -tɪ ·fɜn´-t‘ou͜ɹ

叫喚半天纔走。以後　·tɕiɑu`-χuan ·pan` t‘iɛn¯ ts‘ai ·tsoǔ̯. ·ǐ-χou`

就看不見咯。看官別拿　tɕiọ ·k‘an`-pu-tɕiɛn`-lᴀ. ·k‘an`-kuan¯ piɛ´ nᴀ

這個故事當真事兒看。您　tṣə-kə ·ku-ṣʅ tᴀŋ ·tṣɜn¯ ṣʅ`͜ɹ ·k‘an`. ·nin´

可也別當個笑話兒。爲　k‘ə iɛ̌ piɛ-·tᴀŋ¯ kə-·çiɑu`-χuᴀ͜ɹ. uᴇi-

甚麼這麼說呢。這老虎他　·ṣɜm´͜mo ·tṣɤ`-mo ṣuo¯ nɪ? tṣə-·lɑǔ̯-χu, t‘ᴀ

雖是個畜牲。還有人心。　suī ṣʅ kə-·tṣ‘u`-ṣəŋ¯, χai´ iọ ·zɜn´-çin¯.

一時饞了把個打柴火的　·ī-ṣʅ́ ·tṣ‘an´-lᴀ, pᴀ-kə-tᴀ̌-·tṣ‘ai-χuǒ-tɪ

誤心中給吃了。老虎也不知道打柴的還有七十多歲的老媽仗着他養活呢。既至知縣審斷了。老虎願意當老婆子的兒子。彷彿是自己做錯了事情。願意改過來似的。不像如今土匪專能欺負人家孤兒寡婦。這樣兒。他們雖是人。簡直的也不如畜牲了。

·ù-çīn-tʂuŋ̄ kᴇi ·tʂ'ʅ̄-lᴀ. ·lɑǔ-χu iɛ̌ pu ·tʂʅ̄-tɑù tᴀ̌-·tʂ'ai-tɪ χaí iọ ·tɕ'ī-ʂʅ-tō ·suᴇî-tɪ lɑǔ ·mᴀ̄ tʂᴀŋ̀-tʂo ·t'ᴀ̄ ·iᴀŋ̌-χuo nɪ. tɕi ·tʂʅ̀ ·tʂʅ̄-çiɛǹ ·ʂɜň-tuaǹ-lᴀ, ·lɑǔ-χu ·yaǹ-i tᴀŋ̄ lɑǔ-·p'o-tsɿ-tɪ ·œɹ́-tsɿ, fᴀŋ̌-fu ʂʅ̀ ·tsɿ̀-tɕǐ tsò-·ts'ò-leɑọ ·ʂʅ̀-tɕ'iŋ́. ·yaǹ-i ·kaǐ-kuo-laí sɿ-tɪ. pu çiᴀŋ̀ ·zú̜-tɕīn ·t'ǔ-fᴇi ·tʂuān nəŋ ·tɕ'ī-fù zɜń-tɕiᴀ ·kū-œɹ́ ·kuᴀ̌-fù. ·tʂɤ̀-iᴀ‿ɹ, t'ᴀ̄-mɜn sui ʂʅ ·zɜń, tɕiɛň-·tʂʅ-tɪ iɛ̌ pu zú̜ ·tʂ'ù-ʂəŋ̄ lᴀ.

II. 祭文

有一家死了人。這村裏有個教學的先生。人家請了他去作祭文。那個先生狠二五眼。他不會作。就在本上找了一篇現成的祭文抄下來了。哼。抄的不對。人家死的是個男的。他抄的是個女的。這不是張三的帽子給李四戴上了麽。人家找了他

II. The Funeral Oration

iọǔ i-·tɕiᴀ̄, sɿ̌-leɑọ ·zɜń. tʂə-·ts'ūn-lǐ iọ kə tɕiɑù-·çyɛ́-tɪ ·çiɛn̄-ʂəŋ̄. ·zɜń-tɕiᴀ ·tɕ'iŋ̌-leɑọ t'ᴀ̄ ·tɕ'ỳ tsò ·tɕî-uɜń. nᴀ-kə ·çiɛn̄-ʂəŋ̄ χɜn ·œɹ̀-ú-·iɛň. ·t'ᴀ̄ pu χuᴇi ·tsò. tɕiù tsai-·pɜň-ʂᴀŋ̀ ·tsɑǔ-leɑọ i-p'iɛn ·çiɛǹ-tʂ'əŋ́-tɪ ·tɕî-uɜń, ·tʂ'ɑū-çiᴀ-laí-lᴀ. ·χəŋ̄! ·tʂ'ɑū-tɪ pu ·tuᴇî. zɜń-tɕiᴀ ·sɿ̌-tɪ ʂʅ kə-·nań-tɪ, t'ᴀ̄ ·tʂ'ɑū-tɪ ʂʅ kə-·ny̌-tɪ. ·tʂɤ̀ pu ʂʅ tʂᴀŋ̄-·sān-tɪ ·mɑù-tsɿ kᴇǐ lǐ-·sɿ ·taî-sᴀŋ-lᴀ mo? ·zɜń-tɕiᴀ ·tʂɑǔ-leɑọ t'ᴀ̄

去。合他說。先生寫差了。那個先生說。哎。本上印的狠清楚。怎麼能穀差了呢。若是差了。不是我差了。是你家的人死差了。

·tɕ‘yˋ, χə-t‘ᴀ¯ ·ʂuo¯: ·çiɛn¯-ʂəŋ¯ çiɛˇ-·tʂ‘ᴀ¯-lᴀ. nᴀ-kə-·çiɛn¯-ʂɛŋ¯ ʂuo¯: ·ai¯! ·pɜnˇ-ʂᴀŋˋ jinˋ-tɪ χɜn ·tɕ‘iŋ¯-tʂ‘uˇ, ·tsɜmˇ‿mo nəŋ-kou ·tʂ‘ᴀ¯-lᴀ nɪ? ʐoˋ-ʂʅ ·tʂ‘ᴀ¯-lᴀ, pu ʂʅ ·uoˇ ·tʂ‘ᴀ¯-lᴀ, ʂʅ ·niˇ tɕiᴀ-tɪ ·ʐɜnˊ sʅˇ-tʂ‘ᴀ¯-lᴀ.

III．孩子和書

有一個老秀才。他家裏有一個小孩兒。叫孀媽兒孀着。有一天那個孩子淨淘氣。怎麼着哄。他也不睡覺。那個孀媽兒沒了法兒了就往那個老秀才說。給俺們一本書罷。那個秀才笑着說。咳。你連個一字也不認得。你要本書可做什麼呢。那個孀媽兒說。哎。這個孩子淨淘氣。他不睡覺。我見先生拿起書來就睡着了。叫這個孩子拿拿。莫的也就睡着了。

III. The Baby and the Book

iouˇ i-kə lauˇ ·çiuˋ-ts‘aiˊ. t‘ᴀ ·tɕiᴀ¯-liˇ io i-kə çiauˇ-·χai‿ɹ. tɕao-·naiˇ-mᴀ¯‿ɹ ·naiˇ-tʂo. iouˇ i-t‘iɛn¯ nᴀ-kə-·χaiˊ-tsʅ tɕiŋˋ t‘auˊ ·tɕ‘iˆ, ·tsɜmˇ‿mo-tʂo ·χuŋˇ, t‘ᴀ¯ iɛˇ pu ʂuᴇiˆ-·tɕiauˋ. nᴀ-kə-·naiˇ-mᴀ¯‿ɹ mᴇi-lᴀ ·fᴀˇ‿ɹ lᴀ, tɕiuˋ uaŋ ·nᴀˋ-kə lauˇ ·çiuˋ-ts‘aiˊ ʂuo¯: ·kᴇiˇ an¯ mɜn i-pɜn-·ʂu¯ pᴀ! nᴀ-kə-·çiuˋ-ts‘aiˊ ·çiauˋ-tʂo ʂuo¯: ·χai¯! ·niˇ leɛn kə-·i¯-tsʅˋ iɛˇ pu ·ʐɜnˋ-tɤˊ, ·niˇ iauˋ pɜn-·ʂu¯ k‘ə tso-·ʂɜmˊ‿mo nɪ? nᴀ-kə-·naiˇ-mᴀ¯‿ɹ ʂuo¯: ·ai¯! tʂə-kə-·χaiˊ-tsʅ tɕiŋˋ t‘auˊ-·tɕ‘iˆ, t‘ᴀ pu ʂuᴇiˆ-·tɕiauˋ. ·uoˇ tɕiɛnˋ ·çiɛn¯-ʂəŋ¯ ·nᴀˊ-tɕ‘iˇ ·ʂu¯ laiˊ, tɕio ʂuᴇiˆ-·tʂauˊ-lᴀ. tɕiauˋ tʂə-kə-·χaiˊ-tsʅ ·nᴀˊ-nᴀ, moˋ-tɪ ·iɛˇ tɕio ʂuᴇiˆ-·tʂauˊ-lᴀ.

IV．謙虚的主人

有一個人。他和人說
話肯用謙虚字眼兒。
有一天他請客。在家裏
喝酒。會兒不多那月亮就
上來了。那客人歡喜着
說。啊，今晚上這月亮
怎麼這麼明快呢。那
個人連忙拱手。答應
說。不嫌不好。這不過
是舍下的一個敝月亮。

IV．The Modest Host

iọuˇ i-kə-·ʐ̥ɜnˊ, t‘ᴀˉ χə-·ʐ̥ɜnˊ ʂ̥uoˉ-
·χuᴀˋ, ·k‘ɜnˇ juŋˋ ·tɕ‘iɛnˉ-çyˉ ·tsʅˋ-iɛˇ‿ɹ.
iọuˇ i-·t‘iɛnˉ t‘ᴀ tɕ‘iŋˇ ·k‘ɤ ˋ, tsai-·tɕiᴀˉ-liˇ
χɤˉ-·tɕiuˇ. χuˋ‿œɹ pu ·toˉ, nᴀ-·yɛˋ-leᴀŋ tɕiọ
·ʂ̥ᴀŋˋ-laiˊ-lᴀ. nᴀ-·k‘ɤˋ-ʐ̥ɜnˊ ·χuanˉ-çiˇ-tʂ̥o
·ʂ̥uoˉ: ·ᴀ! tɕinˉ ·uanˇ-ʂ̥ᴀŋˋ tʂ̥ə-·yɛˋ-leᴀŋ
·tsɜmˇ‿mo tʂ̥ɤˋ-mo ·miŋˊ-k‘uaiˆ nɪ? nᴀ-
kə-·ʐ̥ɜnˊ ·leɛnˊ-mᴀŋ kuŋˊ-·ʂ̥ouˇ, ·tᴀˉ-jiŋˉ
ʂ̥uoˉ: pu çiɛnˊ pu ·χɑuˇ. tʂ̥ɤˋpu-kuo ʂ̥ʅ
·ʂ̥ɤˋ-çiᴀ-tɪ i-kə ·piˆ ·yɛˋ-leᴀŋ.

V．結拜兄弟

一個老鼠合一個螞蜂拜
盟兄弟。請了一個秀才
來給他們寫帖。年貌
三代連帖上的話語也
叫秀才都寫上。趕換
帖的時候。他們三位一
塊坐了席。有別人看見。
合秀才說。怎麼拿着你

V．The Sworn Brothers

i-kə-·lɑuˇ-ʂ̥u χə-i-kə-·mᴀˇ-fəŋˉ paiˆ
·məŋˊ-·çyuŋˉ-tiˆ. ·tɕ‘iŋˇ-leɑọ i-kə-·çiuˋ-tɕ‘ai
·lai kᴇi-t‘ᴀˉ-mɜn çiɛˇ ·t‘iɛˉ. ·niɛnˊ, ·mɑuˋ,
·sanˉ-taiˆ, leɛn ·t‘iɛˉ-ʂ̥ᴀŋˋ-tɪ ·χuᴀˋ-yˇ iɛˇ
tɕiɑọ ·çiuˋ-ts‘aiˊ tu ·çiɛˇ-ʂ̥ᴀŋˋ. kanˇ χuanˋ-
·t‘iɛˉ-tɪ ·ʂ̥ʅˊ-χouˋ, t‘ᴀˉ-mɜn ·sanˉ-uᴇiˆ ·iˉ-
k‘uæiˆ tsoˋ-leɑọ-·çiˊ. iọ ·piɛˊ-ʐ̥ɜn ·k‘anˋ-tɕiɛn,
χə-·çiuˋ-ts‘aiˊ ʂ̥uoˉ: ·tsɜmˇ‿mo nᴀˊ-tʂ̥o ·niˇ

一個先生家合老鼠螞蜂	i-kə-·çiɛn̄-s̥əŋ̄-tɕiᴀ χə-·lɑǔ-s̥u ·mᴀ̌-fəŋ̄
一張桌子上坐着呢。那個	·ī-ts̥ᴀŋ ·ts̥ō-tsɿ-s̥ᴀŋ̀ ·tsò-ts̥o nɪ? nᴀ-kə-
秀才說。你不知道這	·çiù-ts‘aí s̥uō: nǐ pu ·ts̥ʅ̄-tɑù, ts̥ə-
老鼠會鑽那螞蜂會	·lɑǔ-s̥u χuᴇî ·tsuān, nᴀ-·mᴀ̌-fəŋ̄ χuᴇî
螫。我是怕他們。只得就	·ts̥ɤ̄, uǒ s̥ʅ ·p‘ᴀ̀ t‘ᴀ̄-mɜn, ts̥ʅ̌-tᴇi ·tɕiù-
打着。不敢小看他們的。	tᴀ̌-ts̥o, pu ·kǎn ·çiɑǔ-k‘àn t‘ᴀ̄-mɜn tɪ.

VI. 北京的月亮	**VI. The Moon of Peking**
有一個人打京裹回來。	iọǔ i-kə-·z̥ɜń tᴀ-·tɕiŋ̄-lǐ ·χuí-lai.
到了家。說起話來。不拘	tɑù-leɑọ ·tɕiᴀ̄, s̥uō-tɕ‘i-·χuᴀ̀-laí, pu-tɕy
說什麼就是誇北京裏的	s̥uō ·s̥ɜḿ‿mo, tɕiù-s̥ʅ k‘uᴀ̄ ·pᴇǐ-tɕiŋ̄-lǐ-tɪ
好。有一天後上他合他	·χɑǔ. iọǔ i-·t‘iɛn̄, ·χoù-s̥ᴀŋ, ·t‘ᴀ̄ χə t‘ᴀ
爹在月亮地裏走道。他爹	·tiɛ̄ tsai-·yɛ̀-leᴀŋ-·tî-lǐ tsoǔ-·tɑù. t‘ᴀ ·tiɛ̄
說。今兒黑下這月亮纔	s̥uō:tɕī‿œɹ ·χᴇī-çiᴀ̀ tsə-·yɛ̀-leᴀŋ ts‘ai
明快呢。那個人就說。	·miŋ́-k‘uæî nɪ! nᴀ-kə-·z̥ɜń tɕiọ ·s̥uō:
這個不算明快。比北京	·ts̥ɤ̀-kə pu suan ·miŋ́-k‘uæî. pí ·pᴇǐ-tɕiŋ̄-
裏那月亮差多了。氣的他爹	lǐ nᴀ-·yɛ̀-leᴀŋ ts̥‘ᴀ̄ ·tō lᴀ. ·tɕ‘î-tɪ t‘ᴀ ·tiɛ̄
就罵他說。你糊說。天下	tɕiọ ·mᴀ̀ t‘ᴀ̄ s̥uō: nǐ ·χú-s̥uō. ·t‘iɛn̄-çiᴀ̀
都是一個月亮。北京裏也是	tū s̥ʅ ·ī-kə ·yɛ̀-leᴀŋ. ·pᴇǐ-tɕiŋ̄-lǐ iɛ̌ s̥ʅ
這個月亮。還能彀有兩	·ts̥ɤ̀-kə ·yɛ̀-leᴀŋ. χai ·nəŋ́-koù iọ ·leᴀŋ̌
様麼。說着就照着他臉	iᴀŋ̀ mo? ·s̥uō-ts̥o tɕiọ ts̥ɑù-ts̥o t‘ᴀ ·leɛň-
上打了他一巴掌。那個人	s̥ᴀŋ̀ ·tᴀ̌-leɑọ t‘ᴀ̄ i-·pᴀ̄-ts̥ᴀŋ̌. nᴀ-kə-·z̥ɜń

哭着說。哎呀。偺這裏別的
都不行。你這擱子可比
北京裏好的狠啊。

·k‘u¯-tʂ̯o ʂ̯uo¯: ·ai¯-iᴀ¯! tsan¯ ·tʂ̯ɤ`-liˇ ·piɛ´-tɪ
tu¯ pu ·çiŋ´. niˇ tʂ̯ə ·kuo¯-tsɿ, k‘ə pi´
pᴇiˇ-tɕiŋ¯-liˇ ·χɑuˇ-tɪ ·χɜnˇ ·ᴀ¯.

VII. 陰間的猴子

有個猴兒死了。見了
閻王他求着要脫生個
人。閻王說。人身上沒有
毛兒。你若想着脫生人。
先得把你身上那毛都
拔了去。那猴說。是了罷。
閻王就叫小鬼來給他
拔毛兒。纔拔了一根。那猴
就疼的受不得了。閻王
笑着說。你一根毛兒也捨不
得拔。你怎麼着爲人呢。

VII. The Monkey in the Underground

i̯ouˇ kə-·χou´‿ɹ ·sɿˇ-lᴀ. tɕiɛn`-leɑo̯
·iɛn´-uɑŋ, t‘ᴀ¯ ·tɕ‘iu´-tʂ̯o iɑo̯ ·t‘o¯-ʂ̯əŋ¯-kə-
·ʐ̯ɜn´. ·iɛn´-uɑŋ ʂ̯uo¯: ·ʐ̯ɜn´ ·ʂ̯ɜn¯-ʂ̯ᴀŋ` mᴇ i̯o
·mɑu´‿ɹ. ·niˇ ʐ̯o çiᴀŋˇ-tʂ̯o ·t‘o¯-ʂ̯əŋ¯ ·ʐ̯ɜn´,
·çiɛn¯ tᴇiˇ pᴀ niˇ ·ʂ̯ɜn¯-ʂ̯ᴀŋ` nᴀ-·mɑu´ tu¯
·pᴀ´-leɑo̯-tɕ‘y`. nᴀ-·χou´ ʂ̯uo¯: ·ʂ̯ʅ`-lᴀ pᴀ!
·iɛn´-uɑŋ tɕi̯o tɕiɑu` ·çiɑuˇ-kuᴇi ·lai´ kᴇi-·t‘ᴀ¯
pᴀ´-·mɑu‿ɹ. ts‘ai ·pᴀ´-leɑo̯ ·i¯-kɜn¯, nᴀ-·χou´
tɕi̯o ·t‘əŋ´-tɪ ·ʂ̯ou`-pu-tɤ´-lᴀ. ·iɛn´-uɑŋ
·çiɑu`-tʂ̯o ʂ̯uo¯: niˇ ·i¯-kɜn ·mɑu´‿ɹ iɛ ·ʂ̯ɤˇ-pu-
tə ·pᴀ´, ni´ ·tsɜmˇ‿mo-tʂ̯o ui ·ʐ̯ɜn´ nɪ?

VIII. 老師和節禮

有個教書的先生。五月
端午學生家沒有送節
禮。先生問學生說。你
父親怎麼不送禮呢。

VIII. The Teacher and the Presents

i̯ouˇ kə tɕiɑu`-·ʂ̯u¯-tɪ ·çiɛn¯-ʂ̯əŋ¯. ·uˇ yɛ`
tuan¯-·uˇ, ·çyɛ´-ʂ̯əŋ¯-tɕiᴀ mᴇ-i̯o-suŋ` ·tɕiɛ´-
liˇ. ·çiɛn¯-ʂ̯əŋ¯ ·uɜn` ·çyɛ´-ʂ̯əŋ¯ ʂ̯uo¯: niˇ
·fu`-tɕ‘in¯ ·tsɜmˇ‿mo pu ʂ̯uŋ` ·liˇ nɪ?

學生回家問了問他
爹。他爹說。你回去告訴
給你們先生。說我忘了。
學生按着他爹的話告訴
給先生。先生說。我出
個對子。你對對罷。若對不
上。我就得打你。就說。漢
有三傑張良韓信
尉遲公。學生對不上。又
怕挨打。就哭着告訴給他
爹了。他爹說。你合先生說。
這對子出差了。尉遲公
是唐朝人。不是漢朝人。
學生又告訴給先生。
先生說。哎。你父親一千
多年的事兒都記得。怎麽
昨日一個五月節就忘了呢。

·çyɛ́-ʂəŋ̄ χuí-·tɕiᴀ̄ ·uɜǹ-leao̧-uɜǹ t'ᴀ
·tiɛ̄. t'ᴀ ·tiɛ̄ ʂuō: nǐ ·χuí-tɕ'ỳ ·kau̍-su
kᴇi nǐ-mɜn ·çiɛn̄-ʂəŋ̄, ʂuō uo ·uaŋ́-lᴀ.
·çyɛ́-ʂəŋ̄ aǹ-tʂo t'ᴀ ·tiɛ̄-tɪ ·χuᴀ̀ ·kau̍-su
kᴇi-çiɛn̄-ʂəŋ̄. ·çiɛn̄-ʂəŋ̄ ʂuō: ·uǒ tʂ'ū
kə-·tuᴇî-tsɿ, nǐ ·tuᴇî-tuᴇi pᴀ! zo̧ ·tuᴇî-pu-
ʂᴀŋ̀, ·uǒ tɕio̧ tᴇi ·tᴀ̌ ni. tɕio̧ ʂuō: ·χaǹ
io̧ǔ ·san̄ ·tɕiɛ́, ·tʂᴀŋ̄-leᴀŋ́, ·χań-çiǹ,
·uᴇî-tʂ'ʅ̌-·kuŋ̄. ·çyɛ́-ʂəŋ ·tuᴇî-pu-ʂᴀŋ̀,io̧
·p'ᴀ̀ ai-·tᴀ̌, tɕio̧ ·k'ū-tʂo ·kau̍-su kᴇi t'ᴀ
·tiɛ̄ lᴀ. t'ᴀ ·tiɛ̄ ʂuō: nǐ χə-·çiɛn̄-ʂəŋ̄ ʂuō:
tʂɤ̀ ·tuᴇî-tsɿ tʂ'ū-·tʂ'ᴀ̄-lᴀ. ·uᴇî-tʂ'ī-·kuŋ̄
ʂʅ ·t'ᴀŋ́-tʂ'au ·zɜń, pu-ʂʅ ·χaǹ-tʂ'aú ·zɜń.
·çyɛ́-ʂəŋ̄ io̧ ·kau̍-su kᴇi-·çiɛn̄-ʂəŋ̄.
·çiɛn̄-ʂəŋ̄-ʂuō: ·ai! nǐ ·fù-tɕ'in̄ î-·tɕ'iɛn̄-
·tō-niɛń-tɪ ·ʂʅ̀‿ɹ tū ·tɕî-tɤ́, ·tsɜm̌‿mo
·tsó-zʅ̀ i-kə-·ǔ-yɛ̀-·tɕiɛ́ tɕio̧ ·uaŋ́-lᴀ nɪ?

IX. 不識字的先生

有一個教書的先生
不認得字。一個小村裏淨是
些個莊稼人。請了他

IX. The Illiterate Teacher

io̧ǔ i-kə tɕiaù-·ʂū-tɪ ·çiɛn̄-ʂəŋ̄,
pu zɜǹ-tə ·tsɿ̀. i-kə çiaǔ ·ts'un̄-lǐ, ·tɕiŋ̀ ʂʅ
çiɛ-kə ·tʂuaŋ̄-tɕiᴀ̄-·zɜń, ·tɕ'iŋ̌-leao̧ ·t'ᴀ̄

去上了學。他就教給
那學生們念。一溜三
間房。一間五根檁。偏
趕的本縣下了鄉。到
了村裏。那鄉地就領的這
學裏當公館。趕官到
了這學房門口兒。聽見
學生們念。一溜三間
房。一間五根檁。那官問。
你們念的這是什麼書啊。
先生說。我們念的不是書。
是我編的。那官就惱了。
說。你不認得字就敢教
書麼。給我按着他瞎編的
這話打他。一溜三間房。
就打了他三下兒。一間五
根檁。又打了他五下兒。趕
官走了。那東家們就
拿着酒菜給先生來壓
驚來了。就說。先生受
驚呀。先生受驚呀。那先
生說。今兒個這個事我倒

tɕ‘y ʂᴀŋ̀-leɑo̩-·ɕyɛ́. ·t‘ᴀ̄ tɕio̩ ·tɕiɑù kᴇi-
nᴀ-·ɕyɛ́-ʂəŋ̄-mɜn ·niɛǹ: ·ī leù ·sān-
tɕiɛn ·fᴀŋ́, ·ī tɕiɛ̄n ·ǔ-kɜn ·lǐn. p‘iɛ̄n-
·kǎn-tɪ pɜ̌n ·ɕiɛ̀n ɕiᴀ̀-leɑo̩ ·ɕiᴀŋ̄. tɑù-
leɑo̩ ·ts‘ūn-lǐ, nᴀ-·ɕiᴀŋ̄-tî tɕio̩ ·lǐŋ-tɪ tʂə-
·ɕyɛ́-lǐ tᴀŋ-·kūŋ-kuǎn. kan ·kuān tɑù-
leɑo̩ tʂə-·ɕyɛ́-fᴀŋ mɜ́n-·k‘ǒu‿ɹ, ·t‘īŋ-tɕiɛ̀n
·ɕyɛ́-ʂəŋ̄-mɜn ·niɛ̀n: ·ī leù ·sān-tɕiɛn
·fᴀŋ́, ·ī tɕiɛ̄n ·ǔ-kɜn ·lǐn, nᴀ-·kuān ·uɜ̀n:
nǐ-mɜn ·niɛ̀n-tɪ tʂə-ʂʅ ·ʂɜ́m-mo ·ʂū ᴀ̄?
·ɕiɛ̄n-ʂəŋ̄ ʂuō: uǒ-mɜn ·niɛ̀n-tɪ pu ʂʅ ·ʂū,
ʂʅ ·uǒ piɛ̄n-tɪ. nᴀ-·kuān tɕio̩ ·nɑǔ-lᴀ,
ʂuō: ·nǐ pu zɜ̀n-tə ·tsɿ̀, tɕio̩ ·kǎn tɕiɑù-
·ʂū mo? kᴇi-·uǒ àn-tʂo t‘ᴀ ·ɕiᴀ̄-piɛ̄n-tɪ
tʂɤ̀ ·χuᴀ̀ ·tᴀ̌ t‘ᴀ̄. ·ī leù ·sān-tɕiɛn ·fᴀŋ́,
tɕio̩ ·tᴀ̌-leɑo̩ t‘ᴀ̄ ·sān ɕiᴀ̀‿ɹ. ·ī-tɕiɛ̄n ·ǔ-
kɜn ·lǐn, io̩ ·tᴀ̌-leɑo̩ t‘ᴀ̄ ·ǔ ɕiᴀ̀‿ɹ. kan
·kuān ·tsǒu-lᴀ, nᴀ-·tūŋ-tɕiᴀ̄-mɜn tɕio̩
nᴀ́-tʂo ·tsiǔ ·ts‘aî kᴇi-·ɕiɛ̄n-ʂəŋ̄ laí iᴀ̄-
·tɕīŋ laí-lᴀ, tɕio̩ ·ʂuō: ·ɕiɛ̄n-ʂəŋ̄ ʂoù-
·tɕīŋ iᴀ, ·ɕiɛ̄n-ʂəŋ̄ ʂoù-·tɕīŋ iᴀ! nᴀ-·ɕiɛ̄n-
ʂəŋ̄ ʂuō: tɕī‿œɹ-kə tʂɤ̀-kə ·ʂʅ̀, ·uǒ tɑo̩

覺着便易。房頂上那些
個葦子我纔編上了。還
沒叫學生們念哪。若
念出來。叫官聽見。
可就把我打死了。

tɕyɛ´-tʂo ·p‘iɛn´-î . fᴀŋ´-·tiŋˇ-ʂᴀŋ` nᴀ`-çiɛ-
kə ·uᴇĩ˜-tsɿ uoˇ ts‘ai ·piɛn¯-ʂᴀŋ`-lᴀ, ·χai´
mᴇi-tɕiɑu` ·çyɛ´-ʂəŋ¯-mɜn ·niɛn` nᴀ. ʐo
·niɛn`-tʂ‘u-lai´, tɕiɑu` ·kuan¯ ·t‘iŋ¯-tɕiɛn`,
k‘ɤ´-tɕiọ pᴀ-·uoˇ ·tᴀˇ-sɿ-lᴀ.

X. 兄弟與收成

有弟兄倆，夥着種地。
他兄弟小。什麼事兒也不
懂得。合他大哥說。偺們那
莊稼趕分的時候得分
均了。誰也不許佔相應。
他大哥說。偺們是一母所
生的親弟兄。不要那麼太
清楚了。不如把這莊稼
分上下兩頭就完了。
今年你要上頭的我就
要下頭的。偺倆一第一年
着說。他兄弟說。那麼今
年我要上頭的你要下
頭的罷。他哥說。就是罷。趕
到了耩莊稼的時候。

X. The Brothers and the Harvest

iọuˇ ·tî -çyuŋ¯ ·leᴀˇ, ·χuoˇ-tʂo tʂuŋ`-·tî .
t‘ᴀ ·çyuŋ¯-tî ·çiɑuˇ, ·ʂɜm´‿mo ·ʂʅ`‿ɹ iɛ pu
·tuŋˇ-tɤ. χə t‘ᴀ ·tᴀ`-kɤ¯ ʂuo¯: ·tsan¯-mɜn nᴀ-
·tʂuɑŋ¯-tɕiᴀ, kan fɜn¯-tɪ ·ʂʅ´-χou` tᴇi fɜn¯-
·tɕyn¯-lᴀ. ·ʂui´ iɛ pu çyˇ ·tʂan` ·çiᴀŋ¯-jiŋ¯.
t‘ᴀ ·tᴀ`-kɤ¯ ʂuo¯: ·tsan¯-mɜn ʂʅ ·ī ·muˇ soˇ
·ʂəŋ¯-tɪ tɕ‘in¯ ·tî -çyuŋ¯, pu iɑọ nᴀ`-mo t‘aî
·tɕ‘ iŋ¯-tʂ‘uˇ lᴀ. pu ʐu´ pᴀ-tʂə-·tʂuɑŋ¯-tɕiᴀ¯
fɜn¯ ·ʂᴀŋ` ·çiᴀ` ·leᴀŋˇ-t‘ou, tɕiọ ·uan´-lᴀ.
·tɕin¯-niɛn´ ·nĩˇ iɑọ ·ʂᴀŋ`-t‘ou´-tɪ, ·uoˇ tɕiọ
iɑọ ·çiᴀ`-t‘ou´-tɪ, tsan¯ ·leᴀˇ ĭ´-·tì-i-·niɛn´-
tʂo ·ʂuo¯. t‘ᴀ ·çyuŋ¯-tî ʂuo¯: nᴀ`-mo ·tɕin¯-
niɛn´ ·uoˇ iɑọ ·ʂᴀŋ`-t‘ou´-tɪ, ·nĩˇ iɑọ ·çiᴀ`-
t‘ou´-tɪ pᴀ! t‘ᴀ ·kɤ¯ ʂuo¯: ·tɕiu`-ʂʅ pᴀ! kan
·tɑu`-leɑọ tɕiᴀŋˇ ·tʂuɑŋ¯-tɕiᴀ¯ tɪ ·ʂʅ´-χou`,

他兄弟和他哥說。該耩
地了。他哥說。是啊。可是你
拿定主意了。萬不許後悔。
說了不算。算了不說的。
今年你要上頭的么。
他兄弟就說。是。他哥說。
我聽見這算卦的說。
今年主着大旱。偺們
栽山藥罷。他兄弟不知
道山藥是個什麼東西。
就說。行了。趕到了分山
藥的時候。上頭的是蔓子。
喫不得。又燒不得。就是餧
牲口。沒有別的用。他兄弟
說。若是這樣。趕過年我
要底下的罷。趕到了第二
年。他哥淨種穀子高粱。
編着法的叫他兄弟淨
喫虧。

t‘ᴀ ·çyuŋ̄-tî χə t‘ᴀ ·kɤ̄ ʂ̦uō: kai tɕiᴀŋ̌-
·tî-lᴀ. t‘ᴀ ·kɤ̄ ʂ̦uō: ·ʂ̦ʅ̀ ᴀ. k‘ɤ́-ʂ̦ʅ ·nǐ
nᴀ́-tiŋ-·tʂ̦ǔ-î-lᴀ. ·uaǹ pu çy̌ ·χoù-χuᴇǐ,
·ʂ̦uō-lᴀ pu ·suaǹ, ·suaǹ-lᴀ pu ·ʂ̦uō-tɪ.
·tɕin̄-niɛń nǐ iɑọ ʂ̦ᴀŋ̀-t‘oú-tɪ mo?
t‘ᴀ ·çyuŋ̄-tî tɕiọ ·ʂ̦uō: ·ʂ̦ʅ̀. t‘ᴀ ·kɤ̄ ʂ̦uō:
uǒ ·t‘iŋ̄-tɕiɛǹ tʂ̦ə-suaǹ-·kuᴀ̀-tɪ ʂ̦uō
·tɕin̄-niɛń tʂ̦ǔ-tʂ̦o tᴀ̀ ·χaǹ. ·tsan̄-mɜn
tsaī ·ʂ̦an̄-iɑù pᴀ! t‘ᴀ ·çyuŋ̄-tî pu ·tʂ̦ʅ̄-
tɑù ·ʂ̦an̄-iɑù ʂ̦ʅ kə ·ʂ̦ɜḿ‿mo ·tuŋ̄-çī,
tɕiọ ·ʂ̦uō: ·çiŋ́-lᴀ. kan ·tɑù-leɑọ fɜn̄ ·ʂ̦an̄-
iɑù tɪ ·ʂ̦ʅ́-χoù, ·ʂ̦ᴀŋ̀-t‘oú-tɪ ʂ̦ʅ ·mań-tsʅ,
·tʂ̦‘ʅ̄-pu-tɤ́, iọ ·ʂ̦ɑū-pu-tɤ́. tɕiù-ʂ̦ʅ uᴇî
·ʂ̦əŋ̄-k‘oǔ, mᴇ iọ piɛ́-tɪ ·juŋ̀. t‘ᴀ ·çyuŋ̄-tî
ʂ̦uō: z̦ọ̀ ʂ̦ʅ ·tʂ̦ɤ̀-iᴀŋ, kaň kuò-·niɛń, ·uǒ
iɑọ tǐ-çiᴀ̀-tɪ pᴀ! kan ·tɑù-leɑọ tɪ-·œɹ̀
niɛń, t‘ᴀ ·kɤ̄ ·tɕiŋ̀-tsuŋ ·kǔ-tsʅ, ·kɑū-leᴀŋ́,
piɛn̄-tʂ̦o-·fᴀ̌-tɪ tɕiɑù t‘ᴀ ·çyuŋ̄-tî ·tɕiŋ̀
tʂ̦‘ʅ̄-·k‘uī.

XI. 閻王和醫生

有一天閻王得了病。
他就叫小鬼們給他
去請個好醫生。那小鬼
們說。俺們怎麼知道
那一個是好醫生呢。那閻王
就吩咐給他們說。你們
揀着這門口上冤鬼
少的。就是好醫生。那小
鬼們就滿世界去找的了。
走到了一個門口。見那
冤鬼們一羣一夥的上那
門上站着呢。那小鬼們
就走了。到一個門上。是
這樣。到一個門上。又是
這樣。連找了好幾天。
有一家。門上只站着一個
冤鬼。那小鬼們就歡
喜了說。可鬧着了。可找
着了好醫生了。偺們快
請他去罷。就把他叫
到了閻王跟前。那閻王

XI. Yen Wang and the Physician

iou̯ˇ i-·t‘iɛnˉ ·iɛn´-uaŋ tɤ´-leao̯-·piŋˋ.
·t‘ᴀˉ tɕio̯ tɕiauˋ ·çiauˇ-kuᴇi-mɜn kᴇi-t‘ᴀˉ
tɕ‘y ·tɕ‘iŋˇ kə χauˇ ·iˉ-ʂ̯əŋˉ. nᴀ-·çiauˇ-kuᴇi-
mɜn ·ʂ̯uoˉ: anˉ-mɜn ·tsɜmˇ‿mo ·tʂ̯ʅˉ-tauˋ
·nᴀˇ-i-kə ʂ̯ʅ χauˇ ·iˉ-ʂ̯əŋˉ nɪ? nᴀ-·iɛn´-uaŋ
tɕio̯ ·fɜnˉ-fuˋ kᴇi-t‘ᴀˉ-mɜn ·ʂ̯uoˉ: niˇ-mɜn
·tɕiɛnˇ-tʂ̯o tʂ̯ə-mɜn´-·k‘ouˇ-ʂ̯ᴀŋˋ ·yanˉ-kuᴇiˇ
·ʂ̯auˇ-tɪ, tɕio̯ ʂ̯ʅ χauˇ ·iˉ-ʂ̯əŋˉ. nᴀ-·çiauˇ-
kuᴇi-mɜn tɕio̯ manˇ ·ʂ̯ʅˋ-tɕiɛ tɕ‘yˋ ·tʂ̯auˇ-tɪ lᴀ.
·tsouˇ tauˋ-leao̯ i-kə-mɜn´-·k‘ouˇ, ·tɕiɛnˋ nᴀ-
·yanˉ-kuᴇiˇ-mɜn i-·tɕ‘yn´-i-·χuoˇ-tɪ ʂ̯ᴀŋ-nᴀ-
·mɜn´-ʂ̯ᴀŋˋ ·tʂ̯anˋ-tʂ̯o nɪ, nᴀ-·çiauˇ-kuᴇi-mɜn
tɕio̯ ·tsouˇ-lᴀ. tauˋ ·iˉ-kə ·mɜn´-ʂ̯ᴀŋˋ ʂ̯ʅ
·tʂ̯ɤˋ-iᴀŋ, tauˋ ·iˉ-kə ·mɜn´-ʂ̯aŋˋ iuˋ ʂ̯ʅ
·tʂ̯ɤˋ-iᴀŋ. ·leæn´ tʂ̯auˇ-leao̯ ·χauˇ-tɕi t‘iɛnˉ,
iou̯ˇ i-·tɕiᴀˉ, ·mɜn´-ʂ̯ᴀŋˋ tʂ̯ʅˇ ·tʂ̯anˋ-tʂ̯o ·iˉ-kə
·yanˉ-kuᴇiˇ. nᴀ-·çiauˇ-kuᴇi-mɜn tɕio̯ ·χuanˉ-
çiˇ-lᴀ, ·ʂ̯uoˉ: k‘ə nauˋ-·tʂ̯au´-lᴀ! k‘ə ·tʂ̯auˇ-
tʂ̯o-lᴀ χauˇ ·iˉ-ʂ̯əŋˉ lᴀ! ·tsanˉ-mɜn k‘uæiˆ
·tɕ‘iŋˇ t‘ᴀ ·tɕ‘yˋ pᴀ! tɕiuˋ pᴀ-t‘ᴀˉ ·tɕiauˋ
tauˋ-lᴀ ·iɛn´-uaŋ-kɜnˉ-tɕ‘iɛn. nᴀ-·iɛn´-uaŋ

說。你們找着好先生了
麽。那小鬼們說。找着了。
俺們找了好幾天。
門口上那寃鬼都是
堆堆垛垛的。就是這一家
門上只有一個寃鬼。那
閻王就問這個先生說。
你這醫道怎麽這麽好呢。
你行了幾年醫了呢。那個醫生
就說。我纔學行醫。那閻王
又說。你纔學行醫就這麽
好麽。你可治過多少人了
呢。那醫生又說。我纔治過
一個人了。那閻王一聽這話
就惱了。哎呀。你治了一個
就死了一個。若叫你還了
陽。你不定治死多少人呢。
小鬼們。快給我把他
下了油鍋。

ʂuoˉ: niˇ-mзn ·tʂauˇ-tʂo χauˇ ·çiɛnˉ-ʂəŋˉ lᴀ
mo? nᴀ-·çiauˇ-kuᴇi-mзn ·ʂuoˉ: ·tʂauˇ-tʂo-lᴀ.
anˉ-mзn ·leɛnˊ tʂauˇ-leaọ ·χauˇ-tɕi t‘iɛnˉ,
mзnˊ-·k‘ouˇ-ʂᴀŋˋ nᴀ -·yanˉ-kuᴇiˇ, tuˉʂʅ
·tuiˉ-tuiˉ-toˋ-·toˋ-tɪ. tɕiuˋ-ʂʅ ·tʂɤˋ-i tɕiᴀˉ
·mзnˊ-ʂᴀŋˋ tʂʅˇ iọ ·iˉ-kə ·yanˉ-kuᴇiˇ. nᴀ-
·iɛnˊ-uaŋ tɕiọ ·uзnˋ tʂə-kə-·çiɛnˉ-ʂəŋˉ ʂuoˉ:
niˇ tʂə-·iˉ-tauˋ ·tsзmˇ‿mo tʂə-mo ·χauˇnɪ?
·niˇ çiŋ-leaọ ·tɕiˇ-niɛn ·iˉ lᴀ nɪ? nᴀ-kə-·iˉ-ʂəŋˉ
tɕiọ ·ʂuoˉ: ·uoˇ ts‘ai ·çyɛˊ çiŋ-·iˉ. nᴀ-·iɛnˊ-uaŋ
iọ ·ʂuoˉ: ·niˇ ts‘ai ·çyɛˊ çiŋ-·iˉ, tɕiọ ·tʂɤˋ-mo
·χauˇ mo? ·niˇ k‘ə ·tʂʅˋ-kuo ·toˉ-ʂauˇ-·zʒən lᴀ
nɪ? nᴀ-·iˉ- ʂəŋˉ iọ ·ʂuoˉ: ·uoˇ ts‘ai tʂʅˋ-kuo
·iˉ-kə ·zʒənˊ lᴀ. nᴀ ·iɛnˊ-uaŋ iˆ ·tiŋˉ tʂə ·χuᴀˋ
tɕiọ ·nauˇ lᴀ. ·aiˉ-iᴀˉ! niˇ ·tʂʅˋ-leaọ ·iˉ-kə,
tɕiọ ·sʅˇ-leaọ ·iˉ-kə. zʒọˋ-tɕiau ·niˇ χuanˊ-leaọ-
·iᴀŋˊ, ·niˇ pu tiŋ tʂʅˋ-sʅˇ ·toˉ-ʂauˇ ·zʒənˊ nɪ.
·çiauˇ-kuᴇi-mзn, ·k‘uæiˆ kᴇi-uoˇ pᴀ-·t‘ᴀˉ
çiᴀˋ-leaọ ·iuˊ-kuoˉ.

XII. 陰間的先生

有一個教書的先生。
他肯念差字。趕死了。
見了閻王。那閻王說。
小鬼兒。查查他一輩子有
什麼罪。那小鬼兒說。他
什麼罪也沒有。就是愛
念差字。閻王說。他愛念
差字。就愛教差字。這個
罪也不算小。叫他下
輩子脫生個狗罷。那先
生聽見這話。就磕頭如
擣蒜的。求起恩典來了。
閻王爺。若叫我脫生個
狗。千萬叫我脫生個
母狗。閻王說。嗐。你爲
什麼脫生個母狗呢。那
先生說。母狗比着公狗
强。閻王說。怎麼强呢。
那先生說。禮記上說。
臨財母狗得。臨難母狗
免。一聽見他把毋苟兩

XII. The Teacher in the Underground

iọuˇ i-kə tɕiauˋ-·ʂuˉ-tɪ ·çiɛnˉ-ʂəŋˉ,
t‘ᴀ ·k‘ɜnˇ niɛnˋ ·tʂ‘ᴀˉ tsɿˋ. kan ·sɿˇ-lᴀ,
tɕiɛnˋ-leaọ ·iɛnˊ-uaŋ, nᴀ-·iɛnˊ-uaŋ ʂuoˉ:
·çiauˇ-ku‿œɹ, ·tʂ‘ᴀˊ-tʂ‘ᴀ t‘ᴀ ·iˉ pᴇiˆ-tsɿ iọ
·ʂɜmˊ‿mo ·tsuᴇiˆ. nᴀ-·çiauˇ-ku‿œɹ ʂuoˉ: t‘ᴀ
·ʂɜmˊ‿mo ·tsuᴇiˆ iɛ mᴇ‿·iọuˇ, tɕiuˋ-ʂɿ ·aiˆ
niɛnˋ ·tʂ‘ᴀˉ tsɿˋ. ·iɛnˊ-uaŋ ʂuoˉ: t‘ᴀ ·aiˆ niɛnˋ
·tʂ‘ᴀˉ tsɿˋ, tɕiọ ·aiˆ tɕiauˋ ·tʂ‘ᴀˉ tsɿˋ. tʂɤˋ kə
·tsuᴇiˆ iɛˇ pu suanˋ ·çiauˇ. tɕiauˋ t‘ᴀˉ ·çiᴀˋ-
pᴇi-tsɿ ·t‘oˉ-ʂəŋˉ kə-·kouˇ pᴀ! nᴀ-·çiɛnˉ-
ʂəŋˉ ·t‘iŋˉ-tɕiɛnˋ tʂə ·χuᴀˋ, tɕiọ k‘ɤˉ-·t‘ouˊ ʐu
tauˇ-·suanˋ-tɪ, tɕ‘iuˊ-tɕ‘i-·ɜnˉ-tiɛnˇ-·lai-lᴀ:
·iɛnˊ-uaŋ iɛˊ, ʐọˋ-tɕiau ·uoˇ t‘oˉ-ʂəŋˉ kə-
·kouˇ, ·tɕ‘iɛnˉ-uanˋ tɕiauˋ uoˇ ·t‘oˉ-ʂəŋˉ kə-
·muˇ-kou. ·iɛnˊ-uaŋ ʂuoˉ: ·χaiˆ! niˇ uᴇi-
·ʂɜmˊ‿mo ·t‘oˉ-ʂəŋˉ kə-·muˇ-kou nɪ? nᴀ-
·çiɛnˉ-ʂəŋˉ ʂuoˉ: ·muˇ-kou piˇ-tʂo ·kuŋˉ-kouˇ
·tɕ‘iᴀŋˊ. ·iɛnˊ-uaŋ ʂuoˉ: ·tsɜmˇ‿mo ·tɕ‘iᴀŋˊ nɪ?
nᴀ-·çiənˉ-ʂəŋˉ ʂuoˉ: ·liˇ-tɕiˆ-ʂᴀŋ ·ʂuoˉ:
linˊ-·ts‘ai, ·muˇ-kou ·tɤˊ, linˊ-·nan, ·muˇ-kou
·miɛnˇ. iˆ ·t‘iŋˉ-tɕiɛnˋ t‘ᴀˉ pᴀ ·uˊ kouˇ leᴀŋˇ

字又念差了。氣的閻王
就吗他脫生了個不會
說話的魚。

·tsɿ` io̤ niɛn`-·tʂ‘ᴀ¯-lᴀ, ·tɕ‘î -tɪ ·iɛń-uɑŋ
tɕio̤ tɕiɑu` t‘ᴀ¯ ·t‘o¯-ʂəŋ¯-leɑo̤ kə pu ·χuᴇî
ʂuo¯-·χuᴀ` tɪ y´.

XIII. 傻子

有一個年輕的人是個
傻子。他的爹娘嫌他傻。給
他銀子。吗他出去學
俏的。他就走了。到了
外邊。來到一棵樹底下。那
樹上有一大些個家雀。喳
喳喳喳的亂吗。忽然
來了一個鷂子。往樹上一落。
嚇的那家雀都不敢吗
了。可巧有一個念書的人也
在樹底下坐着呢。就說。一
鳥入林。百鳥壓音啊。那
個傻子就問。先生你
說的麼。那個人不願意答理
他說。我愛說什麼說
什麼。不用你管我。他說。
先生教給我。我給你

XIII. The Simpleton

io̤uˇ i-kə niɛn´-·tɕ‘iŋ¯-tɪ ·ʐ̧ən´, ʂʅ kə-
·ʂ̧ᴀˇ-tsɿ. t‘ᴀ¯-tɪ ·tiɛ¯-niᴀŋ´ çiɛn´ t‘ᴀ ·ʂ̧ᴀˇ, kᴇɪˇ
t‘ᴀ ·jin´-tsɿ, tɕiɑu` t‘ᴀ tʂ̧‘u¯-tɕ‘y` çyɛ´-
·tɕ‘iɑu`-tɪ. t‘ᴀ¯ tɕio̤ ·tsouˇ-lᴀ. tɑu`-leɑo̤
·uæî -piɛn¯, ·lai´ tɑu-i-k‘ə-·ʂ̧u`-tiˇ-çiᴀ. nᴀ-
·ʂ̧u-ʂ̧ᴀŋ io̤ i-·tᴀ`-çiɛ-kə ·tɕiᴀ¯-tɕ‘iɑuˇ, ·tʂ̧ᴀ¯-
tʂ̧ᴀ¯-·tʂ̧ᴀ¯-tʂ̧ᴀ¯-tɪ luan` tɕiɑu`. ·χu¯-ʐ̧an
lai´-leɑo̤ i-kə-·iɑu`-tsɿ uɑŋ-·ʂ̧u-ʂ̧ᴀŋ i´ ·lɤ`,
·çiᴀ`-tɪ nᴀ-·tɕiᴀ¯-tɕ‘iɑuˇ ·tu¯ pu kanˇ ·tɕiɑu`
lᴀ. k‘ə-·tɕ‘iɑuˇ io̤ i-kə niɛn`-·ʂ̧u¯-tɪ ·ʐ̧ən´ iɛˇ
tsai-·ʂ̧u`-tiˇ-çiᴀ ·tso`-tʂ̧o nɪ, tɕio̤ ·ʂ̧uo¯: ·i¯
niɑuˇ ʐ̧u` ·lin´, ·po´ niɑuˇ iᴀ¯ ·jin¯ ᴀ¯. nᴀ-
kə-·ʂ̧ᴀˇ-tsɿ tɕio̤ ·uən`: ·çiɛn¯-ʂ̧əŋ¯, ·niˇ
ʂ̧uo¯-tɪ ·mo¯? nᴀ-kə-·ʐ̧ən´ pu yan`-i ·tᴀ¯-liˇ
t‘ᴀ¯, ·ʂ̧uo¯: uoˇ ·aî ʂ̧uo¯ ·ʂ̧ən´‿mo, ʂ̧uo¯
·ʂ̧ən´‿mo. pu juŋ ·niˇ-kuan ·uoˇ. t‘ᴀ¯·ʂ̧uo¯:
·çiɛn¯-ʂ̧əŋ¯ ·tɕiɑu` kᴇɪ-·uoˇ, uo´ ·kᴇɪˇ-ni

銀子。那個人說。那也行了。
要了他的銀子。就教給他
說。一鳥入林。百鳥壓音。
趕學會了。那個傻子又上
別處去了。走到了一個
井。冬天那挑水的灑的
水井臺上凍成冰凌了。
有一個老頭子。牽着匹老驢。
來飲來了。這驢往井臺上
一上。就踏倒了。那老頭子
着了忙。就喊叫說。
給我抽驢來罷。給我抽
驢來罷。那個傻子就問。你
說的麼。那老頭急的喊着
說。說什麼。給我抽驢來。
我沒有說別的。他說。你教
給我。我給你銀子。那老頭
說。行了。就教給他說。
給我抽驢來罷。那傻子給
了他銀子。就回了家了。
他爹娘看見他回來了。
就狠歡喜的。街坊鄰舍的

·jinˊ-tsɿ. nᴀ-kə-·ʐ̩ənˊ ʂ̩uoˉ: ·nᴀˋ iɛ ·çiŋˊ-lᴀ.
·iauˋ-leau t‘ᴀˉ-tɪ ·jinˊ-tsɿ, tɕio̩ ·tɕiauˋ kᴇi-t‘ᴀˉ
·ʂ̩uoˉ: ·iˉ niauˇ ʐ̩uˋ ·linˊ, ·poˊ niauˇ iᴀˉ ·jinˉ.
kanˇ-çyɛ-·χuᴇiˆ-lᴀ, nᴀ-kɛ-·ʂ̩ᴀˇ-tsɿ iuˋ ʂ̩ᴀŋ-
·piɛˊ-tʂ̩‘uˋ ·tɕ‘yˋ-lᴀ. ·tsouˇ tauˋ-leao̩ i-kə-
·tɕiŋˇ. ·tuŋˉ-t‘iɛnˉ nᴀ-t‘iauˉ-·ʂ̩uᴇiˇ-tɪ sᴀˇ-tɪ
·ʂ̩uᴇiˇ tɕiŋˇ-t‘ai-ʂ̩ᴀŋˋ ·tuŋˋ tʂ̩‘əŋˊ ·piŋˉ-liŋˊ lᴀ.
io̩uˇ i-kə ·lauˇ-t‘ou-tsɿ ·tɕ‘iɛnˉ-tʂ̩o p‘i lauˇ-·ly,
laiˊ ·jinˋ laiˊ-lᴀ. tʂ̩ə-·lyˊ uaŋ-tɕ‘iŋˇ-t‘ai-ʂ̩ᴀŋˋ
iˊ ·ʂ̩ᴀŋˋ, tɕio̩ t‘ᴀˋ-·tauˇ-lᴀ. nᴀ-·lauˇ-t‘ou-tsɿ
tʂ̩auˊ-leao̩-·mᴀŋˊ, tɕio̩ ·χanˇ-tɕiauˋ ʂ̩uoˉ:
kᴇi-·uoˇ tʂ̩‘ouˉ ·lyˊ-lai pᴀ, kᴇi-·uoˇ tʂ̩‘ouˉ
·lyˊ-lai pᴀ! nᴀ-kə-·ʂ̩ᴀˇ-tsɿ tɕio̩ ·uɜnˋ: niˇ
·ʂ̩uoˉ-tɪ ·moˉ? nᴀ-·lauˇ-t‘ou ·tɕiˊ-tɪ ·χanˇ-tʂ̩o
ʂ̩uoˉ: ʂ̩uoˉ ·ʂ̩ɜm‿ˊmo? kᴇi-·uoˇ tʂ̩‘ouˉ ·lyˊ-lai,
uoˇ mᴇ-io̩-ʂ̩uoˉ ·piɛˊ-tɪ. t‘ᴀˉ ·ʂ̩uoˉ: niˇ ·tɕiauˋ
kᴇi-·uoˇ, uoˊ ·kᴇiˇ-ni ·jinˊ-tsɿ. nᴀ-·lauˇ-t‘ou
ʂ̩uoˉ: ·çiŋˊ-lᴀ. tɕio ·tɕiauˋ kᴇi-t‘ᴀˉ ·ʂ̩uoˉ:
kᴇi-·uoˇ tʂ̩‘ouˉ ·lyˊ-lai pᴀ, nᴀ-·ʂ̩ᴀˇ-tsɿ ·kᴇiˇ-
leao̩ t‘ᴀˉ ·jinˊ-tsɿ, tɕio̩ χuiˊ-leao̩-·tɕiᴀˉ-lᴀ.
t‘ᴀ ·tiɛˉ-niᴀŋˊ ·k‘anˋ-tɕien t‘ᴀˉ ·χuiˊ-lai-lᴀ,
tɕio̩ χɜnˇ ·χuanˉ-çiˇ-tɪ. ·tɕiɛˉ-fᴀŋˉ ·linˊ-ʂ̩ɤˋ-tɪ

也都來看他來了。正在說話的時候。眾人都亂嚷。那傻子的娘來了。進了門。眾人都立起來。不言一聲。那個傻子就說。一鳥入林。百鳥壓音啊。他爹聽見他說的這話。就歡喜的哈哈大笑。笑着笑着一下子跌了個跤。就跌倒了。那傻子就喊叫說。給我抽驢來。給我抽驢來。

iɛˇ ·tuˉ laiˊ ·k‘anˋ t‘ᴀ ·laiˊ-lᴀ. ·tʂəŋˋ tsai ʂuoˉ-χuᴀˋ-tɪ ·ʂʅˊ-χouˋ, ·tʂuŋˋ-zʒnˊ tuˉ luanˋ ·zᴀŋˇ, nᴀ-ʂᴀˇ-tsʅ-tɪ ·niᴀŋˊ laiˊ-lᴀ. tɕinˋ-leɑo-·mʒnˊ, ·tʂuŋˋ-zʒnˊ tuˉ ·lîˋ-tɕ‘i-laiˊ, pu ·niɛnˋ î ·ʂəŋˉ. nᴀ-kə-·ʂᴀˇ-tsʅ tɕio ·ʂuoˉ: ·iˉ niɑuˇ zuˋ ·linˊ, ·poˊ niɑuˇ iᴀˉ ·jinˉ ᴀˉ! t‘ᴀ ·tiɛˉ ·t‘iŋˉ-tɕiɛnˋ t‘ᴀ ·ʂuoˉ-tɪ tʂə ·χuᴀˋ tɕio ·χuanˉ-çîˇ-tɪ ·χᴀˉ-χᴀˉ tᴀˋ ·çiɑuˋ. ·çiɑuˋ-tʂo, ·çiɑuˋ-tʂo, i-·çiᴀˋ-tsʅ ·tiɛˉ-leɑo kə-·tɕiɑuˉ. tɕio tiɛˉ-·tɑuˇ-lᴀ. nᴀ-·ʂᴀˇ-tsʅ tɕio ·χanˇ-tɕiɑuˋ ·ʂuoˉ: kᴇi-·uoˇ tʂ‘ouˉ ·lyˊ-lai, kᴇi-·uoˇ tʂ‘ouˉ ·lyˊ-lai!

XIV. 貪官

XIV. The Dishonest Official

有一個人。在窪裏耕地。耕着耕着把犁鏵子打了。他說。這是怎麼的個事呢。平地裏又沒有樹根。又沒有甎頭瓦塊的。可怎麼把犁鏵子打了呢。他就過去。扒拉了扒拉。看了看。是個瓦鑵盆兒。他說。這可是個什麼呢。就拿的家來

iouˇ i-kə ·zʒnˊ tsai-·uᴀˉ-liˇ tɕiŋˉ-tîˋ. ·tɕiŋˉ-tʂo, ·tɕiŋˉ-tʂo, pᴀ liˊ-χuᴀ-tsʅ ·tᴀˇ-lᴀ. t‘ᴀˉ ·ʂuoˉ: tʂə ʂʅ ·tsʒmˇ‿mo-tɪ-kə ·ʂʅˋ nɪ? ·p‘iŋˊ-·tîˋ-liˇ, iuˋ mᴇ io ·ʂuˋ-kʒnˉ, iuˋ mᴇ io ·tʂuanˉ-t‘ou ·uᴀˇ-k‘uæi-tɪ, k‘ə ·tsʒmˇ‿mo pᴀ-liˊ-χuᴀ-tsʅ ·tᴀˇ-lᴀ nɪ? t‘ᴀˉ tɕio ·kuoˋ-tɕ‘y, ·pᴀˉ-lᴀˉ-leɑo-·pᴀˉ-lᴀˉ, ·k‘anˋ-leɑo-·k‘anˋ, ʂʅ kə-uᴀˇ-tʂ‘ᴀˋ-·p‘ʒˊ‿ɹ. t‘ᴀˉ ·ʂuoˉ: tʂɤˋ k‘ə ʂʅ kə ·ʂʒmˊ‿mo nɪ? tɕio nᴀˊ-tɪ ·tɕiᴀˉ-laiˊ,

刷的乾乾淨淨的。裏頭	ʂuᴀ¯-tɪ ·kan¯-kan¯-tɕiŋ`-·tɕiŋ`-tɪ, ·liˇ-t‘ou
放些個東西。把東西拿	·fᴀŋ` çiɛ-kə ·tuŋ¯-çi¯, pᴀ-·tuŋ¯-çi¯ ·nᴀ´-
出來。裏頭還有。他說。啊。	tʂ‘u-lai´, ·liˇ-t‘ou χai ·iouˇ. t‘ᴀ¯ ·ʂuo¯: ·ᴀ¯,
可鬧着了。這是個寶貝。	k‘ə ·nɑu` tʂo-lᴀ! ·tʂɤ` ʂʅ kə-·pɑuˇ-pᴇɪ̂.
我把錢放在裏頭。看看	uoˇ pᴀ-·tɕ‘iɛn´ fᴀŋ` tsai-·liˇ-t‘ou, ·k‘an`-k‘an
怎麽樣呢。把錢拿出來。	tsɜmˇ‿mo ·iᴀŋ` nɪ. pᴀ-·tɕ‘iɛn´ ·nᴀ´-tʂ‘u-lai´,
裏頭還有。那個人就歡	·liˇ-t‘ou χai´ ·iouˇ. nᴀ-kə-·ʐɜn´ tɕio ·χuan¯-
喜的了不得了。就把他一家	çiˇ-tɪ ·leɑuˇ-pu-tɤ´-lᴀ. tɕio pᴀ t‘ᴀ¯ ·i¯ tɕiᴀ¯-
子大小都囑咐了。誰也不	tsɿ ·tᴀ` ·çiɑuˇ tu¯ ·tʂuˇ-fu`-lᴀ, ·ʂui´ iɛ pu
許往外人告訴。可那孩	çyˇ uɑŋ-·uæɪ̂-ʐɜn´ ·kɑu`-su. k‘ɤ´ nᴀ-·χai´-
子們瞞不住事。他就說了。	tsɿ-mɜn ·man´-pu-tʂu` ·ʂʅ`. ·t‘ᴀ¯ tɕio ·ʂuo¯-lᴀ.
那村裏都嚷動了。他的地	nᴀ-·ts‘un¯-liˇ tu¯ ʐᴀŋˇ-·tuŋ`-lᴀ. t‘ᴀ¯-tɪ ·tî-
鄰也知道了。問。那個寶貝	lin´ iɛ ·tʂʅ¯-tɑu`-lᴀ, ·uɜn`: nᴀ`-kə ·pɑuˇ-pᴇɪ̂
他在那裏得的呢。有人說。	t‘ᴀ¯ tsai-·nᴀˇ-li tɤ´-tɪ nɪ? iouˇ-ʐɜn ʂuo¯:
是在地邊兒上拾的。那地鄰	ʂʅ tsai tî-·piɛn¯‿ɹ-ʂᴀŋ` ·ʂʅ´-tɪ. nᴀ-·tî-lin´
就說。啊。是在我地裏拾的。	tɕio ·ʂuo¯: ·ᴀ¯! ʂʅ tsai ·uoˇ ·tî-liˇ ·ʂʅ´-tɪ.
這盆是我的。說着就找了	tʂə-p‘ɜn´ ʂʅ ·uoˇ-tɪ. ·ʂuo¯-tʂo tɕio ·tʂɑuˇ-leɑo
他去。那個人說。不是你的。	t‘ᴀ¯ ·tɕ‘y`. nᴀ-kə-·ʐɜn´ ʂuo¯: pu ʂʅ ·niˇ-tɪ.
是在我地裏我自己耕出	ʂʅ tsai ·uoˇ ·tî-liˇ uoˇ ·tsɿ-tɕiˇ ·tɕiŋ¯-tʂ‘u-
來的。離着你那地遠哪。那地	lai´-tɪ, li´-tʂo ·niˇ nᴀ-tî ·yanˇ nᴀ. nᴀ-·tî-
鄰說。是你侵了我的地。你多	lin´ ʂuo¯: ʂʅ ·niˇ tɕ‘in¯-leɑo ·uoˇ-tɪ ·tî, niˇ ·to¯
耕了。這盆是我的。兩個人	·tɕiŋ¯-lᴀ. tʂə-p‘ɜn´ ʂʅ ·uoˇ-tɪ. ·leᴀŋˇ-kə ʐɜn´

分說不清。就打了官司	·fɜn̄- ʂ̡uō-pu-·tɕ‘iŋ̄ tɕiọ tᴀ̌-leɑọ ·kuan̄-sɿ̄
了。官叫了他們去說。	lᴀ. ·kuan̄ ·tɕiɑù-lᴀ t‘ᴀ̄-mɜn ·tɕ‘ỳ, ʂ̡uō:
你們爲什麼打官司。他	nǐ-mɜn uᴇi-·ʂ̡ɜḿ‿mo tᴀ̌ ·kuan̄-sɿ̄. t‘ᴀ̄
倆把這個聚寶盆的事情	·leᴀ̌ pᴀ tʂ̡ə-kə tɕỳ ·pɑǔ-p‘ɜn tɪ ·ʂ̡ʅ̀-tɕ‘iŋ́
細細的往官說了一遍。	çî-·çî-tɪ uɑŋ-·kuan̄ ·ʂ̡uō-lᴀ í ·piɛǹ.
官說。眞麼。他們說是	·kuan̄-ʂ̡uō: ·tʂ̡ɜn̄ mo? ·t‘ᴀ̄-mɜn ʂ̡uō: ʂ̡ʅ
眞。那東西不狠好看。可	·tʂ̡ɜn̄. nᴀ-·tuŋ̄-çī pu χɜn χɑǔ-·k‘aǹ, k‘ɤ́
是個寶貝。裏頭放上什麼。	ʂ̡ʅ kə-·pɑǔ-pᴇî. ·lǐ-t‘ou ·fᴀŋ̀-ʂ̡ᴀŋ ·ʂ̡ɜḿ‿mo
拿出來。還能彀長什麼。	·nᴀ́-tʂ̡‘u-laí χai nəŋ́-kou ·tʂ̡ᴀŋ̌ ·ʂ̡ɜḿ‿mo.
老爺不信。拿來試驗試驗罷。	·lɑǔ-iɛ pu ·çiǹ, ·nᴀ́-lai ·ʂ̡ʅ̀-iɛn-·ʂ̡ʅ̀-iɛn pᴀ!
官說。狠好。你們拿來。	·kuan̄ ʂ̡uō: χɜń ·χɑǔ. nǐ-mɜn ·nᴀ́-lai,
我瞧瞧罷。他們就把	uǒ ·tɕ‘iɑú-tɕ‘iɑu pᴀ! ·t‘ᴀ̄-mɜn tɕiọ pᴀ-
這個瓦罐盆兒拿了來交	tʂ̡ə-kə-·uᴀ̌-tʂ̡‘ᴀ̀-·p‘ɜ́‿ɹ ·nᴀ́-leɑọ-laí ·tɕiɑū
給官。官驗了驗。眞是	kᴇi ·kuan̄. ·kuan̄ ·iɛǹ-leɑọ-·iɛǹ. ·tʂ̡ɜn̄ ʂ̡ʅ
個寶貝。官就坐了堂	kə-·pɑǔ-pᴇî. ·kuan̄ tɕiọ tsò-leɑọ-·t‘ᴀŋ́,
說。這個官司實在沒法兒	ʂ̡uō: tʂ̡ɤ̀-kə ·kuan̄-sɿ̄ ʂ̡ʅ-tsai mᴇi ·fᴀ̌‿ɹ
斷。 若斷給你。他不願意。	·tuaǹ. z̡o tuaǹ kᴇi-·nǐ, ·t‘ᴀ̄ pu ·yaǹ-i,
若斷給他。你不願意。我出	z̡o tuaǹ kᴇi-·t‘ᴀ̄, ·nǐ pu ·yaǹ-i. ·uǒ tʂ̡‘ū
個主意。給你們講和了罷。	kə-·tʂ̡uǔ-î, kᴇǐ ·nǐ-mɜn tɕiᴀŋ̌-·χɤ-lᴀ pᴀ.
你倆都不許要了。入了官	ní ·leᴀ̌ ·tū pu çy̌ ·iɑù lᴀ. z̡ù-leɑọ ·kuan̄
罷。他兩個沒有法兒。把嘴	pᴀ. t‘ᴀ̄ ·leᴀŋ̌-kə mᴇ iọ ·fᴀ̌‿ɹ. pᴀ-·tsuᴇǐ
一噘把腦袋一耷拉回家	î ·tɕyɛ̄, pᴀ-·nɑǔ-taî î ·tᴀ̄-lᴀ̄ χuí-·tɕiᴀ̄

去了。從此以後人人都說
他是個贜官。愛惜人家的
東西。苦害民人。官他爹
聽見說了。就氣的找了
來了說。你做的什麽官呢。
人家都罵。說你是個贜
官。淨貪財。要了人
家的東西不給人家。官
說。你老人家不用生氣。
那個東西不過是個瓦鐽
盆兒。他爹說。可要那個
有什麽用呢。偺們的磁盆兒
金盆兒多啊。你要人家的做
什麽呢。官說。這個盆兒
有點兒古怪。他爹說。怎麽
古怪呢。官說。這個盆
裏頭放下什麽就長
什麽。他爹說。沒有的事。
官說。你老人家別着急。
你若不信。偺試驗試驗罷。
就把那盆拿過來。着上
了一個元寶。拿出來。裏頭

tɕ‘ỳ -lᴀ. ts‘uŋ-·ts‘ʅ̌ ǐ -χou ·ʐ̩ɜń-ʐ̩ɜn tū ·ʂ̩uō
·t‘ᴀ̄ ʂ̩ʅ kə-·tsᴀŋ̄ -kuan̄, ·aî -çí ·ʐ̩ɜn -tɕiᴀ-tɪ
·tuŋ̄ -çī . ·k‘ǔ -χaî ·mińʐ̩ɜn. kuan̄ t‘ᴀ ·tiɛ̄
·t‘iŋ̄ -tɕiɛǹ -·ʂ̩uō -lᴀ, tɕio̩ ·tɕ‘î -tɪ ·tʂ̩ɑǔ -leɑo̩
laí -lᴀ, ·ʂ̩uō : ·nǐ tsò -tɪ ·ʂ̩ɜḿ‿mo ·kuan̄ nɪ?
·ʐ̩ɜń -tɕiᴀ tū ·mᴀ̀ , ʂ̩uō ·nǐ ʂ̩ʅ kə-·tsᴀŋ̄ -
kuan̄, ·tɕiŋ̀ t‘an̄ -·ts‘aí , ·iɑù -leɑo̩ ·ʐ̩ɜń -
tɕiᴀ-tɪ ·tuŋ̄ -çī , pu ·kᴇǐ ·ʐ̩ɜń -tɕiᴀ. ·kuan̄
ʂ̩uō : ní ·lɑǔ-ʐ̩ɜn-tɕiᴀ pu juŋ ʂ̩əŋ̄ -·tɕ‘î .
nᴀ̀ -kə ·tuŋ̄ -çī pu-kuo ʂ̩ʅ kə-·uᴀ̌ -tʂ̩‘ᴀ̀ -
·pɜ́‿ɹ. t‘ᴀ ·tiɛ̄ ʂ̩uō : k‘ɤ́ iɑù ·nᴀ̀ -kə
io̩ ·ʂ̩ɜḿ‿mo ·juŋ̀ nɪ. tsan̄ -mɜn-tɪ ·ts‘ʅ́-p‘ɜ‿ɹ
·tɕin̄ -p‘ɜ́‿ɹ ·tō ᴀ. ·nǐ iɑù ·ʐ̩ɜń -tɕiᴀ-tɪ tso-
·ʂ̩ɜḿ‿mo nɪ? ·kuan̄ ʂ̩uō : ·tʂ̩ɤ̀ -kə ·p‘ɜ́‿ɹ
io̩ǔ tiɛ‿ɹ ·kǔ -kuæî . t‘ᴀ ·tiɛ̄ ʂ̩uō : ·tsɜm̌‿mo
·kǔ -kuæî nɪ. ·kuan̄ ʂ̩uō : tʂ̩ɤ̀ -kə ·p‘ɜń ,
·lǐ-t‘ou ·fᴀŋ̀-çiᴀ ·ʂ̩ɜḿ‿mo tɕio̩ ·tʂ̩ᴀŋ̌
·ʂ̩ɜḿ‿mo. t‘ᴀ ·tiɛ̄ ʂ̩uō : mᴇ-·io̩ǔ -tɪ ·ʂ̩ʅ̀ .
·kuan̄ ʂ̩uō : ní ·lɑǔ-ʐ̩ɜn-tɕiᴀ piɛ-tʂ̩ɑú-·tɕi.
nǐ ʐ̩o pu ·çiǹ , tsan̄ ·ʂ̩ʅ̀-iɛn ·ʂ̩ʅ̀-iɛn pᴀ!
tɕio̩ pᴀ-nᴀ-·p‘ɜń ·nᴀ́ -kuo-laí , ·tʂ̩ɑú -ʂ̩ᴀŋ̀ -
lᴀ i-kə-·yań -pɑǔ , ·nᴀ́ -tʂ̩‘u-laí , ·lǐ-t‘ou

就又長了一個。又拿出來。	tɕiọ iù ·tʂʌŋ̌-leɑọ ī-kə. iọ ·nʌ́-tʂ‘u-laí,
又長了一個。官他爹就納	iọ ·tʂʌŋ̌-leɑọ ī-kə. kuan̄ t‘ʌ ·tiɛ tɕiọ nʌ̀-
悶。往那盆裏一瞧。不成	·mɜǹ, uɑŋ-nʌ-·p‘ɜń-lǐ î ·tʂ‘oǔ, pu-tʂ‘əŋ-
望一下子跌了個跤。就	uɑŋ̀ i-·çiʌ̀-tsɿ tiɛ̄-leɑọ kə-·tɕiɑū, tɕiọ
跌的盆裏了。嚇的官忙喇。	tiɛ̄-tɪ ·p‘ɜń-lǐ lʌ. ·çiʌ̀-tɪ kuan̄ ·mʌŋ́-lʌ,
往外一拉。拉出一個爹來	uɑŋ-uæî î ·lʌ̄, lʌ̄-tʂ‘ū ·ī-kə ·tiɛ̄ laí,
還有一個。拉出一個來還有	χaí iọ ·ī-kə, lʌ̄-tʂ‘u ·ī-kə laí, χaí iọ
一個。越拉越多。拉了一屋子	·ī-kə. yɛ ·lʌ̄ yɛ ·tō. ·lʌ̄-leɑọ î ·ū-tsɿ,
一院子淨是官的爹了。拉來	í ·yaǹ-tsɿ, ·tɕiŋ̀-ʂʅ ·kuan̄-tɪ ·tiɛ̄ lʌ. ·lʌ̄-laí
拉去那個盆也壞了。鬧的	·lʌ̄-tɕ‘ỳ, nʌ-kə-p‘ɜń iɛ ·χuæî-lʌ. ·nɑù tɪ
那官認不清那一個是他	nʌ-·kuan̄, ʐɜǹ-pu-tɕ‘iŋ̄ ·nʌ̌-i-kə ʂʅ t‘ʌ
真爹了。沒有法子。只得連	·tʂɜn̄ tiɛ̄ lʌ. mᴇ iọ ·fʌ̌-tsɿ, tʂʅ̌ tᴇi leɛn-
真的帶假的都得孝順養	·tʂɜn̄-tɪ tai-·tɕiʌ̌-tɪ tu-tᴇi ·çiɑù-ʂun ·iʌŋ̌-
活着。你看這做贓官的	χuo-tʂo. nǐ ·k‘aǹ, tʂə tsò ·tsʌŋ̄-kuan̄ tɪ,
有什麼好處呢。	iọu ·ʂɜm ́‿mo ·χɑǔ-tʂ‘u nɪ?

XV．村裏的聰明人

XV．The Clever Man of the Village

有一個老頭。人稱呼	iọǔ i-kə-·lɑǔ-t‘ou, ʐɜń ·tʂ‘əŋ̄-χū
他都跟他叫二大爺。那	t‘ʌ̄, ·tū ·kɜn-t‘ʌ̄ tɕiɑù ·œɹ̀-tʌ-iɛ́. nʌ-
二大爺是村裏的一個大腦	·œɹ̀-tʌ-iɛ́ ʂʅ ·ts‘un̄-lǐ-tɪ i-kə tʌ̀ ·nɑǔ-
瓜兒。有了遭難的事兒村	kuʌ̄‿ɹ. iọǔ-leɑọ tsɑū-·nań-tɪ ·ʂʅ̀‿ɹ, ·ts‘un̄-
裏的人都請他出個主意。	lǐ-tɪ ·ʐɜń tū tɕ‘iŋ ·t‘ʌ̄ tʂ‘ū kə-·tʂuǔ-î.

有一家餧着一個牛。這個牛
渴了。當院子有個水甕。
那牛把韁繩揪折了就
鑽的那甕裏頭喝水。喝
了水那腦袋怎麼也出
不來了。衆人都着了忙
說。可了不得了。這個可
怎麼着罷。就有人說。不是
有二大爺麼。請他來想個
法兒罷。別人說。嗐。可就是。
忘了他老人家了。快
快的請他的罷。就有人
跑了去見了二大爺
說。二大爺可了不得了。
二大爺說。有什麼事。那人
就說。哎。有個牛鑽的甕
裏頭喝水。那腦袋出不
來了。這個怎麼着呢。二大爺
說。不礙事。我去看看的罷。
說着大行大步的就去了。
到了那裏大夥子都歡
歡喜喜的說。啊二大爺來了。

iọuˇ i-·tɕiᴀ¯, ·uᴇî -tʂo i-kə-·niu´. tʂə-kə-·niu´
·k‘ɤˇ-lᴀ. tᴀŋ-·yan`-tsɿ iọ kə-·ʂuᴇĭ-uəŋ`.
nᴀ-·niu´ pᴀ-·tɕiᴀŋ¯ ʂəŋ´ tɕiu¯-·ʂɤ´-lᴀ, tɕiọ
·tsuan¯-tɪ nᴀ-·uəŋ`-lĭ-t‘ou χɤ¯-·ʂuᴇĭ. χɤ¯-
leɑọ ·ʂuᴇĭ, nᴀ-·nɑuˇ-taî ·tsɜmˇ‿mo iɛ ·tʂ‘u¯-
pu-lai´-lᴀ. ·tʂuŋ`-ʂɜn´ tu¯ tʂɑu´-leɑọ-·mᴀŋ´
ʂuo¯: k‘ə ·leɑuˇ-pu-tɤ´-lᴀ! ·tʂɤ`-kə k‘ə
·tsɜmˇ‿mo-tʂo pᴀ? tɕiu` iọ ·ʐɜn´ ʂuo¯: pu ʂɿ
iọ ·œɹ̀-tᴀ-iɛ´ mo? ·tɕ‘iŋˇ t‘ᴀ ·lai´ çiᴀŋˇ kə-
·fᴀˇ‿ɹ pᴀ! ·piɛ´-ʐɜn ʂuo¯: ·χaî, k‘ə ·tɕiu`-ʂɿ!
·uɑŋ´-leɑọ t‘ᴀ¯ ·lɑuˇ-ʐɜn-tɕiᴀ lᴀ. k‘uæî-
·k‘uæî-tɪ ·tɕ‘iŋˇ t‘ᴀ¯ tɪ pᴀ! tɕiọ ·iọuˇ-ʐɜn
·pɑuˇ-leɑọ-tɕ‘y`, ·tɕiɛn`-leɑọ ·œɹ̀-tᴀ-iɛ´
·ʂuo¯: ·œɹ̀-tᴀ-iɛ´, k‘ə ·leɑuˇ-pu-tɤ´-lᴀ!
·œɹ̀-tᴀ-iɛ´ ·ʂuo¯: iọuˇ-ʂɜm‿mo ·ʂɿ? nᴀ-·ʐɜn´
tɕiọ ʂuo¯: ·ai¯, iọ kə-·niu´, tsuan¯-tɪ ·uəŋ`-
lĭ-t‘ou χɤ¯-·ʂuᴇĭ, nᴀ-·nɑuˇ-taî ·tʂ‘u¯-pu-
lai´-lᴀ. tʂɤ`-kə ·tsɜmˇ‿mo-tʂo nɪ? ·œɹ̀-tᴀ-iɛ´
·ʂuo¯: pu aî-·ʂɿ̀, uoˇ tɕ‘y ·k‘an`-k‘an-tɪ pᴀ!
·ʂuo¯-tʂo, ·tᴀ`-çiŋ´-tᴀ`-·pu`-tɪ tɕiọ ·tɕ‘y`-lᴀ.
tɑu`-leɑọ ·nᴀ`-lĭ, tᴀ`-·χuoˇ-tsɿ tu¯ ·χuan¯-
χuan¯-çi´-·çĭ-tɪ ʂuo¯: ·ᴀ¯! ·œɹ̀-tᴀ-iɛ´ ·lai´-lᴀ,

這可就不礙了。二大爺看
了看。那牛腦袋還是出
不來。二大爺說。嗐。若沒
有我像你們這些人可
怎麼過呢。一個牛腦袋
出不來你們就沒有法了。
拿刀來砍下來就弄出
來了。眾人都說。哎還是
二大爺的見識高。二大爺罵
他們不中用。氣的把腳
一跺就走了。那些個人們
拿了刀來把那牛腦袋
砍下來。還是弄不出來。
他們說。這個怎麼着。
別人說。偺還請二大
爺來出個主意罷。有人說。
煩勞了他一躺了。再請他
還行麼。別人說。你若不請
他這個牛腦袋怎麼着
弄出來呢。他們說。沒有
法了。只得再請他的罷。就
有人又跑去請的了。二

·tʂ‘ɤ̀ k‘ə-tɕio̩ pu-·aî -lᴀ! ·œɹ̀ -tᴀ-iɛ́ ·k‘aǹ -
leɑo̩-·k‘aǹ, nᴀ-·niú -·nɑǔ -taî χaí ʂʅ ·tʂ‘ū -
pu-laí. ·œɹ̀ -tᴀ-iɛ́ ʂuō: ·χaî ! ʐò̩ mᴇí
io̩ ·uǒ, çiᴀŋ̀ ·nǐ -mɜn tʂɤ̀ -çiɛ ·ʐɜń k‘ə
·tsɜm̌‿mo ·kuò nɪ? i-kə-·niú -·nɑǔ -taî
·tʂ‘ū -pu-laí, ·nǐ -mɜn tɕio̩ mᴇ io̩ ·fᴀ̌ lᴀ.
nᴀ́ ·tɑū laí, ·k‘aň -çiᴀ-laí, tɕio̩ ·nuŋ̀ -tʂ‘u-
laí -lᴀ. ·tʂuŋ̀ -ʐɜń tū ·ʂuō: ·aī ! χaí ʂʅ
·œɹ̀ -tᴀ-iɛ́ -tɪ ·tɕiɛn̂-ʂʅ ·kɑū ! ·œɹ̀ -tᴀ-iɛ́ ·mᴀ̀
t‘ᴀ̄ -mɜn pu tʂuŋ̄ -·yuŋ̀, ·tɕ‘î -tɪ pᴀ-·tɕiɑǔ
í ·tò, tɕio̩ ·tsoǔ -lᴀ. nᴀ̀ -çiɛ-kə ·ʐɜń -mɜn
nᴀ́ -leɑo̩ ·tɑū laí, pᴀ-nᴀ-·niú -·nɑǔ -taî
·k‘aň -çiᴀ-laí, χaí ʂʅ ·nuŋ̀ -pu-tʂ‘ū -lai.
t‘ᴀ̄ -mɜn ·ʂuō: tʂɤ̀ -kə ·tsɜm̌‿mo-tʂo?
·piɛ́-ʐɜn ʂuō: tsan̄ -mɜn ·χaí tɕ‘iŋ ·œɹ̀ -tᴀ-
iɛ ·laí, tʂ‘ū kə-·tʂuǔ -î pᴀ! io̩ǔ-·ʐɜn ʂuō:
·fań-lɑu-lᴀ t‘ᴀ̄ î ·t‘ᴀŋ̌ lᴀ. ·tsaî tɕ‘iŋ̌ t‘ᴀ̄
χai ·çiŋ́ mo? ·piɛ́-ʐɜn ʂuō: ·nǐ ʐo̩ pu ·tɕ‘iŋ̌
t‘ᴀ̄, tʂɤ-kə-·niú -·nɑǔ -taî ·tsɜm̌‿mo-tʂo
·nuŋ̀ -tʂ‘u-laí nɪ? t‘ᴀ̄ -mɜn ·ʂuō: mᴇ io̩
·fᴀ̌ lᴀ. ·tʂʅ̌ tᴇi tsaî ·tɕ‘iŋ̌ t‘ᴀ-tɪ pᴀ! tɕiù
io̩ ·ʐɜń io̩ ·p‘ɑǔ -tɕ‘ỳ ·tɕ‘iŋ̌ -tɪ lᴀ. ·œɹ̀ -

大爺說。你們又來做什麼
呢。他們說。那牛腦袋還
是弄不出來。二大爺說。
眞個你們一點兒出息也沒
有。我再去看看罷。二
大爺來了弄了弄。也是
出不來。他就着了急
說。你們這孩子們連
這麼點法兒都沒有。拿鎚
子來把這甕砸了。管保
就出來了。說完了二大爺
賭氣子就走了。那些人們
拿了鎚子來把這個甕
就砸了。看了看。那牛
早已死了。這個怎麼着。
有一個人又合二大爺去商
量的了。二大爺越發生氣
說。嗐。你們還是沒法兒。
剝剝他煮煮喫了就
完了。那個人就回來往
別人說。二大爺說了要剝
剝煮煮喫了。衆人說。

tA-iɛ́ ·ʂuō: ·nǐ-mən iù ·laí tso-·ʂəm ́‿mo
nɪ? t'Ā-mən ·ʂuō: nA-·niú-·nɑǔ-taî χaí
ʂɿ ·nuŋ̀-pu- tʂ'ū-lai. ·œɪ̀-tA-iɛ́ ·ʂuō:
·tʂəŋ̄‿kə nǐ-mən. ī-tiɛ̌‿ɪ ·tʂ'ū-çí iɛ mE
·ioǔ̯. uǒ ·tsaî tɕ'y ·k'an̂-k'an pA! ·œɪ̀-
tA-iɛ́ ·laí-lA, ·nuŋ̀-leɑo̯-·nuŋ̀, iɛ̌ ʂɿ
·tʂ'ū-pu-laí. ·t'Ā tɕio̯ tʂɑú-leɑo̯-·tɕí,
ʂuō: ·nǐ-mən tʂɤ-·χaí-tsɿ-mən leɛn
·tʂɤ̀-mo tiɛn ·fǍ‿ɪ tū mE ·ioǔ̯. nA-́·tʂ'ui-
tsɿ laí, pA-tʂə-·uəŋ̀ ·tsÁ-lA, ·kuan̆-pɑu
tɕio̯ ·tʂ'ū-laí-lA. ʂuō-·uán-lA, ·œɪ̀-tA-iɛ́
tǔ-·tɕ'î-tsɿ tɕio̯ ·tsoǔ̯-lA. nÀ-çiɛ ·zʂən-mən
nÁ-leɑo̯ ·tʂ'uí-tsɿ laí, pA-tʂə-kə-·uəŋ̀
tɕio̯ ·tsÁ-lA: ·k'an̂-leɑo̯-·k'an̂, nA-·niú
·tsɑǔ-i ·sɿ̌-lA. tʂɤ̀-kə ·tsəm̌‿mo-tʂo?
ioǔ̯ i-kə-·zʂən iò χə-·œɪ̀-tA-iɛ́ tɕ'y ·ʂAŋ̄-
leAŋ̀-tɪ lA. ·œɪ̀-tA-iɛ́ ·yɛ̀-fĀ ʂəŋ̄-·tɕ'î,
ʂuō: ·χaî! nǐ-mən ·χaí ʂɿ mEi ·fǍ‿ɪ.
·pɑū-pɑū t'Ā, ·tʂǔ-tʂu, ·tʂ'ɿ̄-lA, tɕio̯
·uán-lA! nA-kə ·zʂən tɕio̯ ·χuí-lai uɑŋ-
·piɛ́-zʂən ʂuō: ·œɪ̀-tA-iɛ́ ʂuō-lA iɑo̯ ·pɑū-
pɑū, ·tʂǔ-tʂu, ·tʂ'ɿ̄-lA. ·tʂuŋ̀-zʂən ʂuō:

嗐。還是二大爺的主意高。	·χaî ! χaí ʂ̗ʅ ·œɹ̀ -tᴀ-iɛ́ -tɪ ·tʂ̗ǔ -î ·kɑū .
他們就剝了剝煮了	t‘ᴀ̄ -mɜn tɕ̗iọ ·pɑū -leɑọ-·pɑū , ·tʂ̗ǔ -leɑọ-
煮揀着那肥的給二大爺	·tʂ̗ǔ , ·tɕ̗iɛň -tʂ̗o nᴀ-·fᴇí -tɪ, kᴇi-·œɹ̀ -tᴀ-iɛ́
端去了一大盤子。二大爺	·tuan̄ -tɕ̗‘ỳ -leɑọ i tᴀ̀ ·p‘ań -tsʅ. ·œɹ̀ -tᴀ-iɛ́
一看這肉不住的眼裏掉	í ·k‘aǹ tʂ̗ə-·ʐ̗ou̇ , pu-·tʂ̗ù -tɪ ·iɛň-li tiɑù -
淚就大放悲聲的哭起	·lᴇî , tɕ̗iọ ·tᴀ̀-fᴀŋ ·pᴇī -ʂ̗əŋ̄ tɪ ·k‘ū -tɕ̗‘i-
來了。別人就勸他說。	laí -lᴀ. ·piɛ́-ʐ̗ɜn tɕ̗iọ ·tɕ̗‘yaǹ t‘ᴀ̄ , ·ʂ̗uō :
二大爺你哭什麼。你	·œɹ̀ -tᴀ-iɛ́ , nǐ k‘ū ·ʂ̗ɜḿ‿mo? nǐ
看看你費了這麼大心。	·k‘aǹ-k‘an, nǐ ·fᴇî -lᴀ tʂ̗ə-mo tᴀ̀ ·çin̄ .
若不請你誰能彀把牛	ʐ̗ò pu tɕ̗‘iŋ́ ·nǐ , ·ʂ̗uí nəŋ-kou pᴀ-·niú -
腦袋弄下來。誰能彀	·nɑǔ -tɑî ·nuŋ̀ -çiᴀ-lai? ·ʂ̗uí nəŋ-kou
把甕砸了。若不叫你偺	pᴀ-·uəŋ̀ ·tsᴀ́ -lᴀ. ʐ̗ò pu-tɕ̗iɑù ·nǐ , tsan̄ -
們怎麼摸着喫這頓肉	mɜn ·tsɜm̌‿mo mō -tʂ̗o ·tʂ̗‘ʅ̄ tʂ̗ɤ̀ -tun ·ʐ̗ou̇ ,
解解饞呢。你老人家別	·tɕ̗iɛ̌-tɕ̗iɛ ·tʂ̗‘ań nɪ? ní ·lɑǔ-ʐ̗ɜn-tɕ̗iᴀ piɛ
哭了。你費了心了。給你	·k‘ū -lᴀ! ·nǐ fᴇî -leɑọ-·çin̄ -lᴀ, kᴇǐ-ni
喫罷。二大爺就大聲哭着	·tʂ̗‘ʅ̄ pᴀ! ·œɹ̀ -tᴀ-iɛ́ tɕ̗iọ ·tᴀ̀ -ʂ̗əŋ̄ ·k‘ū -tʂ̗o,
連說了好幾回。啊。若沒有	·leɛń ʂ̗uō -lᴀ ·χɑǔ -tɕ̗i χuí . ·ᴀ̄ ! ʐ̗ò mᴇ iọ
我這樣明白人你們可	·uǒ tʂ̗ɤ̀ -iᴀŋ ·miŋ́-pai ·ʐ̗ɜń , ·nǐ -mɜn k‘ə
怎么着過罷。這村裏	·tsɜm̌‿mo-tʂ̗o ·kuò pᴀ! tʂ̗ɤ̀ ·ts‘un̄ -lǐ
有了大事可怎麼着罷。	iọ-leɑọ ·tᴀ̀-ʂ̗ʅ, k‘ə ·tsɜm̌‿mo-tʂ̗o pᴀ!

XVI. 錢鋪騙子

老弟我告訴你一件事情。新近我起外頭回來有一天我住在一個大鎮店上客店裏了。聽見那個店裏的掌櫃的說前些個日子那個鎮店上有一個德成錢鋪這天去了一個人拿着一隻鐲子到那個錢鋪裏賣去了。那個錢鋪的人剛拿過一個戥子來約那隻鐲子。這個工夫兒又進來了一個人就和那賣鐲子的人說。剛纔我到您府上給您送銀信去了。您家裏的人說您上街來了。這麼着我就到街上找您來了。可巧瞧見您進這個鋪子來了。說話之間就起懷裏拿出一封信一包銀子來說。這是起浙江

XVI. The Bank Swindler

lɑuˇ ·tî, uoˇ ·kɑu̖-su niˇ-i-tɕiɛn-·ʂʅ̀-tɕʻiŋ´. ·çin¯-tɕiǹ uoˇ tɕʻi-·uæî-tʻou´ ·χuí-lai, ioụˇ i-·tʻiɛn¯ uoˇ ·tʂù tsai i-kə tᴀ̀ ·tʂɜǹ-tiɛn-ʂᴀŋ̀ ·kʻɤ̀-tiɛn-liˇ lᴀ, ·tʻiŋ¯-tɕiɛǹ nᴀ-kə-·tiɛǹ-liˇ-tɪ tʂᴀŋˇ-·kuᴇî-tɪ ʂuo¯, ·tɕʻiɛn´ çiɛ-kə ·ʐʅ̀-tsɿ nᴀ-kə-·tʂɜǹ-tiɛn-ʂᴀŋ̀ iọ i-kə ·tɤ́-tʂʻəŋ ·tɕʻiɛn´-pʻù ·tʂɤ̀ tʻiɛn¯ ·tɕʻỳ-leɑọ i-kə-·ʐɜn´, ·nᴀ´-tʂo i-tʂʅ-·tʂo´-tsɿ, tɑọ-nᴀ̀-kə ·tɕʻiɛn´-pʻù-liˇ ·maî-tɕʻy-lᴀ. nᴀ-kə-·tɕʻiɛn´-pʻù-tɪ ·ʐɜn´ kᴀŋ nᴀ´-kuo i-kə ·təŋˇ-tsɿ lai´, ·iɑu¯ nᴀ-tʂʅ-·tʂo´-tsɿ. tʂɤ̀-kə ·kuŋ¯-fu¯‿ɹ, iọ ·tɕiǹ-lai´-lᴀ i-kə-·ʐɜn´, tɕiù χə nᴀ maî-·tʂo´-tsɿ-tɪ ·ʐɜn´ ʂuo¯: ·kᴀŋ¯-tsʻai´ ·uoˇ tɑù nin´ ·fuˇ-ʂᴀŋ̀ kᴇi-·nin´ ʂuŋ̀ ·jin´-çiǹ ·tɕʻỳ-lᴀ, nin´ ·tɕiᴀ¯-liˇ-tɪ ·ʐɜn´ ʂuo¯ ·nin´ ʂᴀŋ-·tɕiɛ¯ lai´-lᴀ, ·tʂɤ̀-mo-tʂo uoˇ tɕiọ tɑọ-·tɕiɛ¯-ʂᴀŋ̀ ·tʂɑuˇ nin ·lai´-lᴀ. ·kʻɤ́-·tɕʻiɑuˇ ·tɕʻiɑu´-tɕiɛǹ ·nin´ tɕiǹ tʂə-kə ·pʻù-tsɿ lai´-lᴀ, ʂuo¯-·χuᴀ̀-tʂʅ-tɕiɛn¯, tɕiọ tɕʻi-·χuæi´-liˇ ·nᴀ´-tʂʻu¯ i fəŋ-·çiǹ i-pɑọ ·jin´-tsɿ lai´, ʂuo¯: ·tʂɤ̀ ʂʅ tɕʻi-·tʂɤ̀-tɕiᴀŋ¯

來的銀信。那個賣鐲子的人	laiˊ-tɪ ·jinˊ-çinˋ. nᴀ-kə-maiˆ-·tʂoˊ-tsɿ-tɪ ·ʐɜnˊ
把銀信就接過去了給	pᴀ-·jinˊ-çinˋ tɕio̧ ·tɕiɛˉ-kuo-tɕʻyˋ-lᴀ, ·kᴇɪ̆-
了那個送信的一百錢。	leɑo̧ nᴀˋ-kə suŋˋ-·çinˋ-tɪ îˆ-paiˉ-·tɕʻiɛn.
那個送信的就走了。然後	nᴀ-kə-suŋˋ-·çinˋ-tɪ tɕio̧ ·tsouˇ-lᴀ. ·ʐanˊ-χouˋ
那個賣鐲子的人就和錢	nᴀ-kə-maiˆ-·tʂoˊ-tsɿ-tɪ ·ʐɜnˊ tɕio̧ χə ·tɕʻiɛnˊ-
鋪的人說。現在是我兄弟	pʻuˋ-tɪ ·ʐɜnˊ ʂuoˉ: ·çiɜnˋ-tsai ʂʅ uoˇ ·çyuŋˉ-tîˆ
起浙江給我帶了銀子	tɕʻi-·tʂɤˋ-tɕiᴀŋˉ kᴇɪ-·uoˇ taiˆ-leɑo̧ ·jinˊ-tsɿ
來了。我不賣那隻鐲子了。我	laiˊ-lᴀ, uoˇ pu-·maiˆ nᴀ-tʂʅ-·tʂoˊ-tsɿ lᴀ. ·uoˇ
可以把這銀子賣給你們罷。	kʻə-îˇ pᴀ tʂɤˋ ·jinˊ-tsɿ ·maiˆ kᴇɪ-·nîˇ-mɜn pᴀ.
還有一件事。我是不識字。求	·χaiˊ io̧u i-tɕiɛn-·ʂʅˋ. ·uoˇ ʂʅ pu ʂʅˋ-·tsɿˋ, tɕʻiu
你們把這封信拆開念	·nîˇ-mɜn pᴀ tʂɤˋ-fəŋ ·çinˋ ·tʂʻaiˉ-kʻaiˉ, ·niɛnˋ
給我聽聽。這麼着那個	kᴇɪ-uoˇ ·tʻiŋˉ-tʻiŋˉ. ·tʂɤˋ-mo-tʂo nᴀ-kə-
錢鋪的人把那隻鐲子又	·tɕʻiɛnˊ-pʻuˋ-tɪ ·ʐɜnˊ pᴀ-nᴀ-tʂʅ-·tʂoˊ-tsɿ io̧
給了他了就把那封信拆	·kᴇɪ̆-lᴀ tʻᴀˉ lᴀ, tɕiuˋ pᴀ-nᴀ-fəŋ-·çinˋ ·tʂʻaiˉ-
開了念給他聽。前頭	kʻaiˉ-lᴀ, ·niɛnˋ kᴇɪ-tʻᴀˉ ·tʻiŋˉ. ·tɕʻiɛnˊ-tʻou
不過說是在外頭很平	pu-kuo ·ʂuoˉ ʂʅ tsai-·uæîˆ-tʻouˊ χɜn pʻiŋˊ-
安請放心。後頭說。	·anˉ, ·tɕʻiŋˇ fᴀŋˋ-·çinˉ. ·χouˋ-tʻou ʂuoˉ,
現在先帶了十兩銀子來。	·çiɛnˋ-tsai çiɛnˉ ·taiˆ-leɑo̧ ·ʂʅ leɑŋ ·jinˊ-tsɿ laiˊ,
請您先用着。等後來有	·tɕʻiŋˇ-nin çiɛnˉ ·juŋˋ-tʂo. təŋˇ ·χouˋ-laiˊ io̧uˇ
順便人再多帶銀子就	·ʂunˋ-piɛn ·ʐɜnˊ tsaiˆ-·toˉ taiˆ ·jinˊ-tsɿ, tɕio̧
是了。這麼着那個人就說。	ʂʅˋ-lᴀ. ·tʂɤˋ-mo-tʂo nᴀ-kə-·ʐɜnˊ tɕio̧ suoˉ:
你們把這十兩銀子拿下	·nîˇ-mɜn pᴀ tʂɤˋ ·ʂʅˊ leᴀŋ ·jinˊ-tsɿ ·nᴀˊ-çiᴀ-

去平一平都給換了現	tɕ‘ỳ ·p‘iŋ́-î -·p‘iŋ́, ·tū kᴇi χuaǹ-lᴀ ·çiɛǹ-
錢罷。那個錢鋪的人就	tɕ‘iɛń pᴀ. nᴀ-kə-·tɕ‘iɛń-p‘ù-tɪ ·ʐ̩ɜń tɕio̩
拿下去一平。是十一兩銀子。	nᴀ́-çiᴀ-tɕ‘ỳ î -p‘iŋ́, ʂ̩ʅ ʂ̩ʅ-·ī leᴀŋ ·jiń-tsʅ.
心裏很歡喜可就打算	·çin̄-lǐ χɜn ·çǐ-χuan̄, k‘ɤ́-tɕio̩ ·tᴀ̌-suaǹ
眛起他一兩銀子來。就	·mᴇî -tɕ‘ǐ t‘ᴀ̄ ·ī leᴀŋ ·jiń-tsʅ lai ́. tɕiù
按着十兩銀子合好了現	aǹ-tʂ̩o ·ʂ̩ʅ́-leᴀŋ ·jiń-tsʅ χɤ́-·χɑǔ-lᴀ ·çiɛǹ-
錢給他了。那個人就拿	tɕ‘iɛń, ·kᴇǐ t‘ᴀ̄ lᴀ. nᴀ- kə-·ʐ̩ɜń tɕio̩ ·nᴀ́-
了走了。趕待了不大的工	leɑo̩ ·tsoǔ-lᴀ. kan ·taî -leɑo̩ pu-·tᴀ̀-tɪ ·kuŋ̄-
夫兒又進來了一個人拿票	fū‿ɹ, io̩ ·tɕiǹ-lai ́-lᴀ i-kə-·ʐ̩ɜń nᴀ́ ·p‘iɑù-
子取錢。可就和錢鋪的	tsʅ tɕ‘y̌-·tɕ‘iɛn. k‘ɤ́-tɕio̩ χə ·tɕ‘iɛń-p‘ù-tɪ
人說。你們上了當了。	·ʐ̩ɜń ʂ̩uō: ·nǐ-mɜn ʂ̩ᴀŋ̀-leɑo̩-·tᴀŋ̀-lᴀ.
剛纔那個賣銀子的人是	·kᴀŋ̄-ts‘ai ́ nᴀ-kə maî -·jiń-tsʅ-tɪ ·ʐ̩ɜń ʂ̩ʅ
個騙子手。他賣給你們的	kə-p‘iɛǹ-tsʅ-ʂ̩oǔ. t‘ᴀ̄ ·maî kᴇi-nǐ-mɜn tɪ
那是假銀子。你們怎麼會	nᴀ̀ ʂ̩ʅ ·tɕiᴀ̌-jin-tsʅ. nǐ-mɜn ·tsɜm̌‿mo χuᴇî
叫他賺了呢。那錢鋪的	tɕɑo̩-t‘ᴀ̄ ·tʂ̩uaǹ-lᴀ ni? nᴀ-·tɕ‘iɛń-p‘ù-tɪ
人聽這話就趕緊的拿	·ʐ̩ɜń ·t‘iŋ̄ tʂ̩ɤ̀ ·χuᴀ̀ tɕio̩ kań-·tɕiň-tɪ nᴀ́
夾剪把銀子夾開了一	·tɕiᴀ̄-tɕiɛň, pᴀ-·jiń-tsʅ ·tɕiᴀ̄-k‘aī- lᴀ î
瞧。可不是假的麽。這麽着	·tɕ‘iɑú. ·k‘ɤ̌ pu ʂ̩ʅ ·tɕiᴀ̌-tɪ mo? ·tʂ̩ɤ̀-mo-tʂ̩o
錢鋪的人就問這個人。	·tɕ‘iɛń-p‘ù-tɪ ·ʐ̩ɜń tɕio̩ ·uɜǹ tʂ̩ə-kə-·ʐ̩ɜń:
你認得那個騙子手的家	nǐ ·ʐ̩ɜǹ-tɤ́ nᴀ̀-kə ·p‘iəǹ-tsʅ-ʂ̩oǔ-tɪ ·tɕiᴀ̄
麽。這個人說。你們若是肯	mo? tʂ̩ə-kə-·ʐ̩ɜń ʂ̩uō: nǐ-mɜn ʐ̩ò-ʂ̩ʅ ·k‘ɜň
給我錢我就可以帶了	kᴇi uo ·tɕ‘iɛń, ·uǒ tɕio̩ k‘ə-ǐ ·taî -leɑo̩

你們找他去。這麼着	nĭ-mən ·tʂɑuˇ t‘ᴀ¯ ·tɕ‘yˋ. ·tʂɤˋ-mo-tʂo
錢鋪的掌櫃的就給了	·tɕ‘iɛnˊ-p‘uˋ-tɪ tʂᴀŋˇ-·kuᴇɪ̂-tɪ tɕio̤ ·kᴇɪ̆-lᴀ
這個人一吊錢叫他	tʂə-kə-·ʐənˊ ·ɪ¯ tiɑuˋ ·tɕ‘iɛnˊ, tɕiɑuˋ t‘ᴀ¯
帶了他們找那個人去。	·taɪ̂-leɑo̤ t‘ᴀ¯-mən ·tʂɑuˇ nᴀ-kə-·ʐənˊ tɕ‘yˋ.
這個人接過那一吊錢	tʂə-kə-·ʐənˊ ·tɕiɛ¯-kuoˋ nᴀ ·ɪ¯ tiɑuˋ ·tɕ‘iɛn-
來就帶着錢鋪的兩個人	lai, tɕio̤ ·taɪ̂ tʂo ·tɕ‘iɛnˊ-p‘uˋ-tɪ ·leᴀŋˇ-kə ʐənˊ
走了。趕他們走到了	·tsouˇ-lᴀ. kanˇ t‘ᴀ¯-mən ·tsouˇ-tɑuˋ-leɑo̤
一個點心鋪的門口兒	i-kə-·tiɛnˇ-ɕin¯-·p‘uˋ-tɪ mənˊ-k‘ouˇ‿ɹ,
這個人就和錢鋪的那倆	tʂə-kə-·ʐənˊ tɕio̤ χə ·tɕ‘iɛnˊ-p‘uˋ-tɪ nᴀ-
人說。你們瞧。那個	·leᴀˇ-ʐən ʂuo¯: nĭ-mən ·tɕ‘iɑuˊ, nᴀˋ-kə
騙子手在點心鋪裏	·p‘iɛnˋ-tsɿ-ʂouˇ tsai-·tiɛnˇ-ɕin¯-·p‘uˋ-lĭ
吃點心哪。你們各人	tʂ‘ʅ¯ ·tiɛnˇ-ɕin¯ nᴀ, nĭ-mən ·kɤˇ-ʐən
進去找他去罷。這倆	·tɕinˋ-tɕ‘y ·tʂɑuˇ t‘ᴀ¯ ·tɕ‘yˋ pᴀ. tʂə leᴀˇ
錢鋪的人就拿着那包	·tɕ‘iɛnˊ-p‘uˋ-tɪ ·ʐənˊ tɕio̤ ·nᴀˊ-tʂo nᴀˋ-pɑu
假銀子進去了。見了那個	·tɕiᴀˇ-jin-tsɿ ·tɕinˋ-tɕ‘y-lᴀ. ·tɕiɛnˋ-leɑo̤ nᴀˋ-kə
騙子手就說。你賣給我	·p‘iɛnˋ-tsɿ-ʂuoˇ tɕio̤ ·ʂuo¯: nĭ ·maɪ̂ kᴇi-·uoˇ-
們的這包是假銀子。那個人	mən tɪ tʂɤˋ ·pɑu¯ ʂʅ ·tɕiᴀˇ-jin-tsɿ. nᴀ-kə-·ʐənˊ
說。我也不知道那銀子是	ʂuo¯: ·uoˇ iɛ pu-·tʂʅ¯-tɑuˋ nᴀ-·jinˊ-tsɿ ʂʅ
假的不是。那本是我兄弟	·tɕiᴀˇ-tɪ pu-·ʂʅˋ. nᴀˋ ·pənˇ ʂʅ uoˇ ·ɕyuŋ¯-tɪ̂
解外頭帶來的。既是假的	tɕiɛ-·uæɪ̂-t‘ouˊ ·taɪ̂-laiˊ-tɪ. tɕɪ̂ ʂʅ ·tɕiᴀˇ-tɪ,
我還你們錢就是了。這	uo ·χuanˊ nĭ-mən ·tɕ‘iɛnˊ, tɕio̤ ʂʅˋ-lᴀ. ·tʂɤˋ-
麼着那個人就求點心	mo-tʂo nᴀ-kə-·ʐənˊ tɕio̤ ·tɕ‘iuˊ ·tiɛnˇ-ɕin¯-

鋪裏的掌櫃的給平平
那包銀子是十兩不是。趕
那個掌櫃的把銀子接過
去擱在天平上一平
說這是十一兩銀子。那個人
聽這話就和那倆錢
鋪的人說。我纔賣給你
們的那是十兩銀子。如今
這包假銀子是十一兩。那
怎麼是我的呢。你們這是
拿別的假銀子來訛我來了。
錢鋪的那倆人聽這麼
說也還不出話來了。這
個工夫兒有幾個別的吃點
心人聽這件事。都不平。
全要打那倆錢鋪的
人。那倆人沒法子就趕
緊的拿着那包假銀子跑
回去了。

·p‘uˋ-liˇ-tɪ tʂᴀŋˇ-·kuᴇiˆ-tɪ kᴇi ·p‘iŋˊ-p‘iŋ
nᴀˋ-pɑu ·jinˊ-tsɿ, ʂʅ ·ʂʅˊ leᴀŋˇ pu ·ʂʅˋ. kanˇ
nᴀ-kə-tʂᴀŋˇ-·kuᴇiˆ-tɪ pᴀ ·jinˊ-tsɿ ·tɕiɛˉ-kuo-
tɕ‘yˋ, ·kɤˉ tsai-·t‘iɛnˉ-p‘iŋˊ-ʂᴀŋˋ iˆ ·p‘iŋˊ
ʂuoˉ: ·tʂɤˋ ʂʅ ʂʅ-·iˉ leᴀŋ ·jinˊ-tsɿ. nᴀ-kə-·ʐɜnˊ
·t‘iŋˉ tʂɤˋ ·χuᴀˋ tɕio̭ χə nᴀˋ ·leᴀˇ ·tɕ‘iɛnˊ-
p‘uˋ-tɪ ·ʐɜnˊ ʂuoˉ: uoˇ ts‘ai ·maiˆ-kᴇi-·niˇ-
mɜn-tɪ nᴀˋ ʂʅ ·ʂʅˊ leᴀŋ ·jinˊ-tsɿ ·ʐuˊ-tɕinˉ
tʂɤˋ-pɑu ·tɕiᴀˇ-jin-tsɿ ʂʅ ʂʅ-·iˉ leᴀŋˇ, nᴀˋ
·tsɜmˇ‿mo ʂʅ ·uoˇ-tɪ nɪ? niˇ-mɜn ·tʂɤˋ ʂʅ
nᴀ-·piɛˊ-tɪ ·tɕiᴀˇ-jin-tsɿ lai ·ɤˊ uo ·laiˊ-lᴀ.
·tɕ‘iɛnˊ-p‘uˋ-tɪ nᴀˋ ·leᴀˇ-ʐɜn ·t‘iŋˉ tʂɤˋ-mo
·ʂuoˉ, iɛ ·χuanˊ-pu-tʂ‘uˉ ·χuᴀˋ laiˊ-lᴀ. tʂɤˋ-
kə ·kuŋˉ-fuˉ‿ɹ, io̭uˇ tɕi-kə ·piɛˊ-tɪ tʂ‘ʅˉ ·tiɛnˇ-
çinˉ ·ʐɜnˊ ·t‘iŋˉ tʂɤˋ-tɕiɛn ·ʂʅˋ, tuˉ pu ·p‘iŋˊ,
·tɕ‘yanˊ iɑo̭ ·tᴀˇ nᴀˋ leᴀˇ ·tɕ‘iɛnˊ-p‘uˋ-tɪ
·ʐɜnˊ. nᴀˋ ·lɛᴀˇ-ʐɜn mᴇi ·fᴀˇ-tsɿ, tɕio̭ kanˊ-
·tɕinˇ-tɪ ·nᴀˊ-tʂo nᴀˋ-pɑu·tɕiᴀˇ-jin-tsɿ ·p‘ɑuˇ-
χui-tɕ‘yˋ-lᴀ.

XVII．皮襖	XVII．The Fur Cloak
提起這騙子手來了	·t'iˊ-tɕ'iˇ tʂɤˋ ·p'iɛnˋ-tsɿ-ʂouˇ-·lai-lᴀ,
我告訴你一件事。前些年	uoˇ ·kauˋ-ʂu niˇ i-tɕiɛn-·ʂʅˋ. ·tɕ'iɛnˊ ɕiɛ ·niɛnˊ,
我們本鄉地方有一個出	uoˇ-mən ·pənˇ ɕiᴀŋ¯ ·tiˆ-fᴀŋ¯ iouˇ i-kə tʂ'u¯-
名的大夫姓方。他身上也	·miŋˊ-tɪ ·taiˆ-fu¯ ɕiŋˋ ·fᴀŋ¯. t'ᴀ¯ ·ʂən¯-ʂᴀŋˋ iɛˇ
有個功名家裏也算是個	io kə-·kuŋ¯-miŋˊ, ·tɕiᴀ¯-liˇ iɛˇ suanˋ ʂʅ kə
小財主。見天早起	ɕiau ·ts'aiˊ-tʂuˇ. ·tɕiɛnˋ-t'iɛn¯ ·tsauˇ-tɕ'i
瞧門脈的總有幾十號。	tɕ'iauˊ-·mən-moˋ-tɪ tsuŋˇ io ·tɕiˇ-ʂʅ ·χauˋ.
有一天早起來了一個人	·iouˇ i-t'iɛn¯ ·tsauˇ-tɕ'i, laiˊ-lᴀ i-kə-·ʐənˊ,
打扮的是宅門子裏跟班	·tᴀˇ-panˋ-tɪ ʂʅ ·tʂaiˊ-mən-tsɿ-liˇ ·kən¯‿pan¯-
的樣兒。見了方大夫就說。	tɪ ·iᴀˋ‿ɹ. ·tɕiɛnˋ-leau ·fᴀŋ¯ ·taiˆ-fu¯ tɕio ·ʂuo¯:
我是在某宅裏。因爲現在	·uoˇ ʂʅ tsai ·mouˇ ·tʂaiˊ-liˇ. jin¯-uᴇi ·ɕiɛnˋ-tsai
我們老爺和我們太太都	uoˇ-mən ·lauˇ-iɛ χə uoˇ-mən ·t'aiˋ-t'ai tu¯
病了打算上您這兒瞧	·piŋˋ-lᴀ, ·tᴀˇ-suanˋ ʂᴀŋ-·ninˊ tʂɤˋ‿ɹ tɕ'iauˊ
病來。請您明兒個早起	·piŋˋ laiˊ. ·tɕ'iŋˇ-nin ·mi‿œɹˊ-kə ·tsauˇ-tɕ'i
在家裏等着。方大夫說是	tsai-·tɕiᴀ¯-liˇ ·təŋˇ-tʂo. ·fᴀŋ¯ ·taiˆ-fu¯ ʂuo¯ ·ʂʅˋ
了。趕到第二天早起就	lᴀ. kanˇ tauˋ ti-·œɹˋ-t'iɛn¯ ·tsauˇ-tɕ'i tɕio
見那個底下人又來了	·tɕiɛnˋ nᴀ-kə ·tiˇ-ɕiᴀˋ-·ʐənˊ io ·laiˊ-lᴀ,
還同着一個人手裏拿着	χai ·t'uŋˊ-tʂo i-kə-·ʐənˊ, ·ʂouˇ-li ·nᴀˊ-tʂo
一個包袱。那個底下人進來	i-kə ·pau¯-fuˊ. nᴀ-kə-tiˇ-ɕiᴀˋ-·ʐənˊ ·tɕinˋ-laiˊ
就問方大夫說。請問	tɕio ·uənˋ ·fᴀŋ¯ ·taiˆ-fu¯ ʂuo¯: ·tɕ'iŋˇ uənˋ
你納是老爺先瞧是太太	niˇ-nᴀ, ʂʅ ·lauˇ-iɛ ·ɕiɛn¯ ·tɕ'iauˊ, ʂʅ ·t'aiˋ-t'ai

先瞧。方大夫說。那自
然是太太先瞧。這麼着
這個底下人就起那個人
手裏把那個包袱要過來
就拿着出去了。那個人就
坐在一個凳子上等着。趕
大家都瞧完了病走了
方大夫就問那個人。您也
是瞧病的麼。那個人說。
我不是瞧病的。我是估衣
舖的人。在這兒竟等着您的
跟班的給我拿出衣裳
來哪。方大夫聽這話狠
詫異就問他。我那個
跟班的呀是拿了甚麽
衣裳來了。那個人說。就
是剛纔和我一塊兒進
來的那個底下人。您不是
告訴他說是太太先瞧
么。他就把衣裳拿到裏頭
去了。方大夫又問他。那個
人他怎麽告訴你們

·çiɛnˉ ·tɕ‘iauˊ? ·fᴀŋˉ ·taiˆ-fuˉ ʂuoˉ: nᴀˋ ·tsʅˋ-
ʐanˊ ʂʅ ·t‘aiˆ-t‘ai ·çiɛnˉ tɕ‘iauˊ. ·tʂɤˋ-mo-tʂo
tʂə-kə ·tiˇ-çiᴀˋ-·ʐɜnˊ tɕiọ tɕ‘i nᴀˋ-kə ʐɜnˊ
·ʂouˇ-li pᴀ nᴀˋ-kə ·pauˉ-fuˊ ·iauˋ-kuo-laiˊ,
tɕiọ ·nᴀˊ-tʂo ·tʂ‘uˉ-tɕ‘yˋ-lᴀ. nᴀ-kə-·ʐɜnˊ tɕiọ
·tsoˋ tsai i-kə-·təŋˋ-tsʅ-ʂᴀŋˋ ·təŋˇ-tʂo. kan
·tᴀˋ-tɕiᴀ tuˉ tɕiauˊ-·uan-leaọ ·piŋˋ, ·tsouˇ-lᴀ,
·fᴀŋˉ ·taiˆ-fuˉ tɕiọ ·uɜnˋ nᴀ-kə-·ʐɜnˊ: ·ninˊ iɛ
ʂʅ tɕ‘iauˊ-·piŋˋ-tɪ mo? nᴀ-kə-·ʐɜnˊ ʂuoˉ:
·uoˇ pu ʂʅ tɕ‘iauˊ-·piŋˋ-tɪ, uoˇ ʂʅ ·kuˉ-iˉ-
·p‘uˋ-tɪ ·ʐɜnˊ. tsai-tʂɤˋ‿ɹ tɕiŋˋ ·təŋˇ-tʂo ninˊ-tɪ
·kɜmˉ‿panˉ-tɪ kᴇi-·uoˇ ·nᴀˊ-tʂ‘uˉ ·iˉ-ʂᴀŋˉ
·laiˊ nᴀ. ·fᴀŋˉ.taiˆ-fuˉ ·t‘iŋˉ tʂɤˋ ·χuᴀˋ χɜnˇ
·tʂ‘ᴀˋ-i, tɕiọ ·uɜnˋ t‘ᴀˉ: uoˇ nᴀˋ-kə
·kɜmˉ‿panˉ-tɪ iᴀ, ʂʅ nᴀˊ-leaọ ·ʂɜmˊ‿mo
·iˉ-ʂᴀŋˉ ·lai-lᴀ? nᴀ-kə-·ʐɜnˊ ʂuoˉ: tɕiuˋ
ʂʅ ·kᴀŋˉ-ts‘aiˊ χə uoˇ ·iˉ k‘uæˋ‿ɹ ·tɕinˋ-
laiˊ-tɪ nᴀˋ-kə ·tiˇ-çiᴀˋ-·ʐɜnˊ, ·ninˊ pu-ʂʅ
·kauˋ-ʂu t‘ᴀˉ ·ʂuoˉ ʂʅ ·t‘aiˆ-t‘ai ·çiɛnˉ tɕ‘iauˊ
mo? ·t‘ᴀˉ tɕiọ pᴀ-·iˉ-ʂᴀŋˉ nᴀˊ tau-·liˇ-t‘ou
·tɕ‘yˋ-lᴀ. ·fᴀŋˉ ·taiˆ-fuˉ iuˋ ·uɜnˋ t‘ᴀˉ: nᴀˋ-kə
·ʐɜnˊ t‘ᴀˉ ·tsɜmˇ‿mo ·kauˋ-ʂu niˇ-mɜn

說的他是我的底下人。到底
是拿了一件甚麼衣裳來。
那個估衣舖的人說。那個
人今兒早起他到了我們
舖子裏。他說他是您的底下
人。說是您要買一件女皮
襖。拿來先瞧瞧合式就
留下了。叫我們跟一個
人來。這麼着我就跟他
來了。方大夫說。我告訴你
那個人不是我的跟人。我也
不認得他是誰。他昨兒個來
告訴我說他是在某宅裏。
因爲他們老爺和太太都
病了要上這兒瞧病來
叫我今兒早起在家裏
等着。剛纔他進來問我
是老爺先瞧是太太先
瞧我當是他們老爺和
太太來到了。所以我說是自
然是太太先瞧。我說的是
先瞧病。我並不知道

·ʂ̹uo¯-tɪ t‘ᴀ¯ ʂ̹ʅ ·uoˇ-tɪ ·tiˇ-çiᴀ`-·ʐ̹ɜn´, tɑu` ·tiˇ
ʂ̹ʅ nᴀ´-leɑọ i-tɕiɛn ·ʂ̹ɜm´‿mo ·i¯-ʂ̹ᴀŋ¯ ·lai´?
nᴀ-kə ·ku¯-i¯-·p‘u`-tɪ ·ʐ̹ɜn´ ʂ̹uo¯: nᴀ`-kə
·ʐ̹ɜn´ tɕi¯‿ɹ ·tsɑuˇ-tɕ‘i t‘ᴀ¯ tɑu`-leɑọ ·uoˇ-mɜn
p‘u`-tsɿ-liˇ. t‘ᴀ¯ ·ʂ̹uo¯ t‘ᴀ ʂ̹ʅ ·nin´-tɪ ·tiˇ-çiᴀ`-
·ʐ̹ɜn´, ʂ̹uo¯ ʂ̹ʅ nin´ iɑọ ·maiˇ i-tɕiɛn ·nyˇ-·p‘i-
ɑuˇ, ·nᴀ´-lai çiɛn¯ ·tɕiɑu´-tɕ‘iɑu, χɤ´-·ʂ̹ʅ` tɕiọ
·leu´-çiᴀ`-lᴀ, tɕiɑu` ·uoˇ-mɜn ·kɜn¯ i-kə-
·ʐ̹ɜn´-lai. ·tʂ̹ɤ`-mo-tʂ̹o ·uoˇ tɕiọ kɜn-t‘ᴀ¯
·lai´-lᴀ. ·fᴀŋ¯ ·taî-fu¯ ʂ̹uo¯: uoˇ ·kɑu`-su niˇ,
nᴀ`-kə ·ʐ̹ɜn´ pu ʂ̹ʅ ·uoˇ-tɪ ·kɜn¯-ʐ̹ɜn´. ·uoˇ iɛ
pu ·ʐ̹ɜn`-tɤ´ t‘ᴀ¯ ʂ̹ʅ ·ʂ̹ui´. t‘ᴀ¯ ·tso´‿ɹ-kə lai´
·kɑu`-su uoˇ ·ʂ̹uo¯, t‘ᴀ¯ ʂ̹ʅ tsai ·mouˇ ·tsai´-liˇ.
jin¯-uᴇi t‘ᴀ¯-mɜn ·lɑuˇ-iɛ χə-·t‘aì-t‘ai tu¯
·piŋ`-lᴀ, iɑu` ʂ̹ᴀŋ-·tʂ̹ɤ`‿ɹ tɕ‘iɑu´ ·piŋ` lai´.
tɕiɑu` ·uoˇ tɕi¯‿ɹ ·tsɑuˇ-tɕ‘i tsai-·tɕiᴀ¯-liˇ
·təŋˇ-tʂ̹o. ·kᴀŋ¯-ts‘ai´ t‘ᴀ¯ ·tɕin`-lai´ ·uɜn` uoˇ
ʂ̹ʅ ·lɑuˇ-iɛ ·çiɛn¯ tɕ‘iɑu´ ʂ̹ʅ ·t‘aì-t‘ai ·çiɛn¯
tɕ‘iɑu´. uoˇ ·tᴀŋ` ʂ̹ʅ t‘ᴀ¯-mɜn ·lɑuˇ-iɜ χə-
·t‘aì-t‘ai ·lai´-tɑu`-lᴀ. soˇ-i uo ·ʂ̹uo¯ ʂ̹ʅ ·tsʅ`-
ʐ̹an´ ʂ̹ʅ ·t‘aì-t‘ai ·çiɛn¯ tɕ‘iɑu´.·uoˇ ʂ̹uo¯-tɪ ʂ̹ʅ
·çiɛn¯ tɕ‘iɑu´-·piŋ`. uoˇ piŋ` pu-·tʂ̹ʅ¯-tɑu`

甚麽衣裳的事情。你如今
快找他去罷。這個估衣
舖的人聽這話纔明白
那個人是個騙子手把他
的衣裳騙了去了。

ʂɜm‿mo ·iˉ-ʂᴀŋˉ-tɪ ·ʂʅˋ-tɕʻiŋˊ. nɪ ·ʐu̯ˊ-tɕinˉ
kʻuæîˋ ·tʂɑuˇ tʻᴀˉ ·tɕʻyˋ pᴀ! tʂə-kə ·kuˉ-iˉ-
pʻuˋ-tɪ ·ʐɜmˊ ·tʻiŋˉ tʂɤˋ ·χuᴀˋ tsʻai ·miŋˊ-pai
nᴀˋ-kə ·ʐɜnˊ ʂʅ kə-·pʻiɛnˋ-tsɿ-ʂouˇ, pᴀ-tʻᴀˉ-
tɪ ·iˉ-ʂᴀŋˉ ·pʻiɛnˋ-leɑo̯-tɕʻyˋ-lᴀ.

XVIII. 嗇刻的哥哥

大哥您聽我告訴您
一件事。我們那個村莊兒
裏住着有一個小財主。素日
人很嗇刻。向來他不幫
人不作好事。前幾天
他有一個出了門子的妹妹
頂着雨到他家來說是他
男人現在找了一個
海船上管賬的事情。
前兩天已經開船
出海去了。現在家裏沒
有飯吃所以頂着雨來要借
一石米和幾兩銀子。等着他
男人回來必都還的。這個
人聽這話和他妹妹說

XVIII. The Mean Brother

·tᴀˋ-kɤˉ, ninˊ ·tʻiŋˉ uoˇ ·kɑuˋ-su ninˊ
i-tɕiɛn-·ʂʅˋ. ·uoˇ-mɜn nᴀ-kə-tsʻunˉ-tʂuɑŋˉ‿ɹ-
liˇ ·tʂuˋ-tʂo io̯ i-kə ·çiɑu ·tsʻaiˊ-tʂuˇ, ·suˋ-ʐʅ
ʐɜnˊ χɜn ·səˋ-kʻɤˋ, ·çiᴀŋˋ-laiˊ tʻᴀˉ pu ·pᴀŋˉ
ʐɜnˊ, pu tsoˋ ·χɑuˇ-ʂʅˋ. ·tɕʻiɛnˊ tɕiˇ ·tʻiɛnˉ,
tʻᴀˉ io̯ i-kə tʂʻu-leɑo̯-·mɜnˊ-tsɿ-tɪ ·mᴇiˋ-mᴇi
tiŋˇ-tʂo ·yˇ tɑo̯ tʻᴀˉ ·tɕiᴀˉ laiˊ, suoˉ ʂʅ tʻᴀˉ
·nanˊ-ʐɜn ·çiɛnˋ-tsai tʂɑuˇ-leɑo̯ i-kə
·χaiˇ-tʂʻuan-ʂᴀŋˋ kuanˇ-·tʂᴀŋˋ-tɪ ·ʂʅˋ-tɕʻiŋˊ,
·tɕʻiɛnˊ leœŋˇ tʻiɛn ·iˇ-tɕiŋˉ kʻaiˉ-·tʂʻuanˊ
tʂʻuˉ-·χaiˇ tɕʻyˋ-lᴀ. ·çiɛnˋ-tsai ·tɕiᴀˉ-liˇ mᴇ
io̯ ·fanˋ tʂʻʅ. ·ʂoˇ-i tiŋˇ-tʂo ·yˇ, laiˊ iɑo̯ ·tɕiɛˋ
i-tan ·miˇ χə tɕiˇ-leᴀŋ ·jinˊ-tsɿ, ·təŋˇ-tʂo tʻᴀ
·nanˊ-ʐɜn ·χuiˊ-lai, ·piˋ tuˉ ·χuanˊ-tɪ. tʂɤˋ-kə
·ʐɜnˊ ·tʻiŋˉ tʂɤˋ ·χuᴀˋ χə tʻᴀˉ ·mᴇiˋ-mᴇi ʂuoˉ,

他米也沒有錢也沒有。	t‘ᴀ¯ ·mĭ˅ iɛ mᴇ ·io̦u˅, ·tɕ‘iɛn´ iɛ mᴇ ·io̦u˅,
辦不了。叫他妹妹另	·pan`-pu-leɑo̦˅, tɕiɑu` t‘ᴀ¯ ·mᴇî-mᴇi liŋ`
上別處借去罷。她妹妹	ʂ̦ᴀŋ ·piɛ´ tʂ̦‘u` ·tɕiɛ`-tɕ‘y pᴀ. t‘ᴀ¯ ·mᴇî-mᴇi
聽他不管可就哭了。	·t‘iŋ¯ t‘ᴀ¯ pu ·kuan˅, k‘ɤ´-tɕio̦ ·k‘u¯-lᴀ.
趕他見他妹妹哭了	kan˅ t‘ᴀ¯ ·tɕiɛn` t‘ᴀ¯ ·mᴇî-mᴇi ·k‘u¯ lᴀ,
他就賭氣子出去躲開了。	t‘ᴀ¯ tɕio̦ tu˅-·tɕ‘î -tsɿ ·tʂ̦‘u¯-tɕ‘y` ·to˅-k‘ai¯-lᴀ.
他同院子住着有一個街坊	t‘ᴀ¯ t‘uŋ´ yan`-tsɿ ·tʂ̦u`-tʂ̦o io̦ i-kə-·tɕiɛ¯-fᴀŋ¯
是個爽快人。聽他不	ʂ̦ʅ kə ·ʂ̦uɑŋ˅-k‘uæî ·z̦ʒn´. t‘iŋ¯ t‘ᴀ¯ pu
管他妹妹的事很有氣。	·kuan˅ t‘ᴀ¯ ·mᴇî-mᴇi-·tɪ ·ʂ̦ʅ`, ·χʒn˅ io̦ ·tɕ‘î.
這麼着就把他妹妹請	·tʂ̦ɤ`-mo-tʂ̦o tɕio̦ pᴀ t‘ᴀ¯ ·mᴇî-mᴇi ·tɕ‘iŋ˅-
過來借給他一石米還有	kuo-lai´, ·tɕiɛ` kᴇi-t‘ᴀ¯ i-tan ·mĭ˅, χai´ io̦
幾兩銀子。另外又給他雇了	tɕî-leᴀŋ ·jin´-tsɿ, ·liŋ`-uæi io̦ kᴇi-t‘ᴀ¯ ·ku`-lᴀ
一匹驢可就把他送回	i-p‘i-·ly´, k‘ɤ´-tɕio̦ pᴀ-t‘ᴀ¯ ·suŋ`-χui-
去了。趕這個人回來了	tɕ‘y`-lᴀ. kan˅ tʂ̦ə-kə-·z̦ʒn´ ·χuí-lai-lᴀ,
聽見他家裏人說是他	·t‘iŋ¯-tɕiɛn` t‘ᴀ¯ ·tɕiᴀ¯-lĭ˅ ·z̦ʒn´ ʂ̦uo¯, ʂ̦ʅ t‘ᴀ¯
街坊借給他妹妹錢	·tɕiɛ¯-fᴀŋ¯ ·tɕiɛ` kᴇi t‘ᴀ¯ ·mᴇî-mᴇi ·tɕ‘iɛn´,
米回去的他也不說長	·mĭ˅, ·χui´-tɕ‘y`-tɪ, t‘ᴀ¯ iɛ˅ pu ʂ̦uo¯ ·tʂ̦‘ᴀŋ´,
也不道短。粧作不知道的	iɛ˅ pu tɑu` ·tuan˅, ·tʂ̦uɑŋ¯ tso` pu ·tʂ̦ʅ¯-tɑu` tɪ
様子。可巧這天夜裏來	·iᴀŋ`-tsɿ. k‘ɤ´-·tɕ‘iɑu˅ ·tʂ̦ɤ` t‘iɛn¯ ·iɛ`-lĭ˅ lai´-
了一個賊起他後墻上	lᴀ i-kə-·tsᴇi´, tɕ‘i t‘ᴀ ·χou`-·tɕ‘iᴀŋ´-ʂ̦ᴀŋ`
挖了一個窟窿。進他屋裏	·uᴀ¯-leɑo̦ i-kə-·k‘u¯-luŋ´, ·tɕin` t‘ᴀ¯ ·u¯-lĭ˅
去。偷了幾十兩銀子和	·tɕ‘ y`, ·t‘ou¯-leɑo̦ ·tɕî˅-ʂ̦ʅ leᴀŋ˅-·jin-tsɿ χə

幾件衣裳去。趕到第二	tɕĭ-tɕiɛn ·ī-ʂ̥ᴀŋ̄ ·tɕ‘ỳ. kan̆ taù ti-·œɹ̀
天早起他知道鬧賊	t‘iɛn̄ ·tsaŭ-tɕ‘i t‘ᴀ̄ ·tʂ̥ʅ̄-taù ·naù-tsᴇí
丟了東西了他怕是他	tiū-leaọ ·tuŋ̄-çī lᴀ, t‘ᴀ̄ ·p‘ᴀ̀ ʂ̥ʅ t‘ᴀ̄
妹妹聽見說他丟了	·mᴇî-mᴇi ·t‘iŋ̄-tɕiɛǹ ·ʂ̥uō t‘ᴀ̄ tiū-leaọ
銀子衣服了。所以他沒敢	·jiń-tsʅ ·ī-fú lᴀ. ·sŏ-i t‘ᴀ̄ mᴇi-·kan̆
到衙門去報他家裏失盜。	taọ-·iᴀ́-mɜn tɕ‘y ·paù t‘ᴀ̄ ·tɕiᴀ̄-lĭ ʂ̥ʅ̄-·taù.
他還囑咐他同院子住	t‘ᴀ̄ χai ·tʂ̥ŭ-fù t‘ᴀ̄ ·t‘uŋ́-yaǹ-tsʅ ·tʂ̥ù-
着的這個街坊外頭不用	tʂ̥o-tɪ tʂ̥ə-kə-·tɕiɛ̄-fᴀŋ̄, ·uæî-t‘oú pu-juŋ
告訴人說他家里鬧賊	·kaù-su ·ʐ̥ɜń ʂ̥uō t‘ᴀ ·tɕiᴀ̄-lĭ ·naù-tsᴇí
丟東西的事情。誰知道	tiū ·tuŋ̄-çī tɪ ·ʂ̥ʅ̀-tɕ‘iŋ́. ·ʂ̥uí ·tʂ̥ʅ̄-taù,
那個賊那天夜裏偷了	nᴀ̀-kə ·tsᴇí nᴀ̀ t‘iɛn̄ ·iɛ̀-lĭ ·t‘oū-leaọ
他的東西去偏巧走	t‘ᴀ̄-tɪ ·tuŋ̄-çī ·tɕ‘ỳ, p‘iɛn̄-·tɕiaŭ, ·tsoŭ
到大街上叫下夜的兵給	taọ-·tᴀ̀-tɕiɛ̄-ʂ̥ᴀŋ̀ tɕaọ ·çiᴀ̀-iɛ-tɪ ·piŋ̄-kᴇi
拿住送了衙門了。官就	·nᴀ́-tʂ̥ù suŋ̀-leaọ ·iᴀ́-mɜn lᴀ. ·kuan̄ tɕiọ
問那個賊那個銀子和衣裳	·uɜǹ nᴀ-kə-·tsᴇí, nᴀ-kə ·jiń-tsʅ χə-·ī-ʂ̥ᴀŋ̄
是起誰家偷出來的。那個	ʂ̥ʅ tɕ‘i-·ʂ̥uí-tɕiᴀ̄ ·t‘oū-tʂ̥‘u-laí-tɪ. nᴀ-kə-
賊就招了說是起某村	·tsᴇí tɕiọ ·tʂ̥aū-lᴀ, ʂ̥uō ʂ̥ʅ tɕ‘i ·moŭ ·tʂ̥‘un̄-
莊兒裏某家偷出去的。	tʂ̥uaŋ̄‿ɹ-lĭ ·moŭ tɕiᴀ̄ ·t‘oū-tʂ̥‘u-tɕ‘ỳ-tɪ.
這麼着官就打發衙役來	·tʂ̥ɤ̀-mo-tʂ̥o ·kuan̄ tɕiọ ·tᴀ̆-fᴀ̄ ·iᴀ́-î ·laí,
叫事主領贓去。這個人	tɕiaù ·ʂ̥ʅ̀-tʂ̥ŭ liŋ̆ ·tsᴀŋ̄ tɕ‘ỳ. tʂ̥ə-kə-·ʐ̥ɜń
聽這話就爲了難了。	·t‘iŋ̄ tʂ̥ɤ̀ ·χuᴀ̀ tɕiọ uí-leaọ-·nań-lᴀ.
不到衙門領贓去不行。	pú taọ-·iᴀ́-mɜn liŋ̆ ·tsᴀŋ̄ tɕ‘ỳ pu ·çiŋ́,

到衙門領贜去又怕他	tɑọ-·iᴀ́-mɜn liŋ̌ ·ʦᴀŋ̄ ʨ‘y iọ ·p‘ᴀ̀ t‘ᴀ̄
妹妹知道這件事。這麽	·mᴇî-mᴇi ·tʂʅ̄-tɑù tʂɤ̀-ʨiɛn ·ʂʅ̀. ·tʂɤ̀-mo-
着他就想了個主意。託他	tʂo t‘ᴀ̄ ʨiọ çiᴀŋ̌-lᴀ kə-·tʂǔ-î. ·t‘ō t‘ᴀ̄
同院子住的那個街坊	·t‘uŋ́-yàn-ʦɿ ·tʂù-tɪ nᴀ-kə-·ʨiɛ̄-fᴀŋ̄,
頂他的名到衙門替他領	·tiŋ̌ tᴀ̄-tɪ ·miŋ́, tɑọ-·iᴀ́-mɜn t‘i- ·t‘ᴀ̄ liŋ̌
贜去。那個人就應了。替他	·ʦᴀŋ̄ ʨ‘ỳ. nᴀ-kə-·ʐɜn ʨiọ ·jiŋ̀-lᴀ, t‘i-t‘ᴀ̄
去了。那個人因爲那天	·ʨ‘ỳ-lᴀ. nᴀ-kə-·ʐɜń, ·jin̄-uᴇi ·nᴀ̀ t‘iɛn̄
他不幫他妹妹很瞧不	t‘ᴀ̄ pu-·pᴀŋ̄ t‘ᴀ̄ ·mᴇî-mᴇi, χɜn ·ʨ‘iɑú-pu-
起他。就有意要收拾他。趕	ʨ‘ǐ t‘ᴀ̄, ʨiù iọ ·î iɑọ ·ʂoū-ʂʅ́ ·tᴀ̄. kaň
起衙門把銀子和衣服都領	ʨ‘i-·iᴀ́-mɜn pᴀ ·jiń-ʦɿ χə-·ī-fú tū ·liŋ̌-
出來了那個人就都給他	tʂ‘u-laí-lᴀ, nᴀ-kə-·ʐɜń ʨiọ ·tū kᴇi-t‘ᴀ̄
妹妹送了去了。趕回到	·mᴇî-mᴇi ·suŋ̀-leɑọ-ʨ‘ỳ-lᴀ. kan ·χuí tɑọ-
家裏來見了他就撒了	·ʨiᴀ̄-lǐ-·lai, ·ʨiɛǹ-leɑọ ·t‘ᴀ̄ ʨiọ sᴀ̄-lᴀ
一個謊說。我剛纔解	i-kə-·χuɑŋ̌ ʂuō: uǒ ·kᴀŋ̄-ʦ‘aí ʨiɛ-
衙門出來走到街上	·iᴀ́-mɜn ·tʂ‘ū-laí ·ʦoǔ-tɑù ·ʨiɛ̄-ʂᴀŋ̀
正遇見令妹。他問我是	tʂəŋ ·ỳ-ʨiɛn liŋ̀ ·mᴇî. t‘ᴀ̄ ·uɜǹ uǒ ʂʅ
上那兒去了。我說是到衙門	ʂᴀŋ-·nᴀ̌‿ɹ ʨ‘ỳ-lᴀ. ·uǒ ʂuō ʂʅ tɑọ-·iᴀ́- mɜn
替你領銀子衣服去了。這麽	t‘i-·nǐ liŋ̌-·jin-ʦɿ ·ī-fú ·ʨ‘ỳ-lᴀ. tʂɤ̀-mo-
着他就叫我把那銀子	tʂo ·t‘ᴀ̄ ʨiọ ʨiɑù ·uǒ pᴀ-nᴀ-·jiń-ʦɿ
和衣服給他罷。我因爲他	χə-·ī-fú kᴇǐ ·t‘ᴀ̄ pᴀ. ·uǒ jin̄-uᴇi t‘ᴀ̄
是你的親妹妹不好推辭	ʂʅ ·nǐ-tɪ ʨ‘in̄ ·mᴇî-mᴇi pu-χɑǔ ·t‘uī-ʦ‘ɿ́
不給他。這麽着我就都給	pu ·kᴇǐ t‘ᴀ̄. ·tʂɤ̀-mo-tʂo uǒ ʨiọ ·tū ·kᴇǐ-

了他了。這個人聽這話
不但不敢生氣倒還得
給那個人道謝。現在大家
聽見這件事都說那個
人實在是快人作快事。

leaọ t‘Aˉ lA. tʂə-kə-·ʐ̩ʒnˊ ·t‘iŋˉ tʂɤˋ ·χuAˋ,
pu tanˋ pu ·kanˇ ʂəŋˉ-·tɕ‘iˆ, taọ χaiˊ tɛiˇ
kɛi-nA-kə-·ʐ̩ʒnˊ tauˋ-·çiɛˋ. ·çiɛnˋ-tsai ·tAˋ-tɕiA
·t‘iŋˉ-tɕiɛnˋ tʂɤˋ-tɕiɛn ʂʅˋ, ·tuˉ ʂuoˉ nAˋ-kə
·ʐ̩ʒnˊ ʂʅ-tsai ʂʅ ·k‘uæiˆ-ʐ̩ʒnˊ tsoˋ ·k‘uæiˆ-ʂʅ.

XIX．一段對話

老兄久違了。彼此
彼此老弟大喜了。同喜
同喜。我是前日到的家
看見題名錄了知道老弟
高中了所以今日特來賀
喜。勞老兄的駕。
那兒的話呢。老兄請
上坐。老弟請坐。老
兄一路上倒都很好。
是托福一路都很平安。
老弟此次中的很高足
見是學問有素了。承
過獎了不過僥倖如此
就是了。老弟太謙了此
次房師是那位。房師

XIX. A Conversation

·lauˇ-çyuŋˉ tɕiuˇ-ui-lA. — piˊ-·ts‘ɿˇ,
piˊ-·ts‘ɿˇ. ·lauˇ-tiˆ tAˋ ·çiˇ lA! — t‘uŋˊ ·çiˇ,
t‘uŋˊ ·çiˇ. — ·uoˇ ʂʅ ·tɕ‘iɛnˊ-ʐʅ tauˋ-tɪ-·tɕiAˉ,
·k‘anˋ-tɕiɛn ·t‘iˊ-miŋ-·luˋ lA. ·tʂʅˉ-tauˋ ·lauˇ-tiˆ
·kauˉ tʂuŋˋ-lA, soˇ-i ·tɕinˉ-ʐʅˋ ·t‘ɤˋ laiˊ χɤˋ
-·çiˇ. — lauˊ ·lauˇ-çyuŋˉ-tɪ ·tɕiAˋ. —
·nAˇ‿ɹ-tɪ ·χuAˋ nɪ.—lauˇ-çyuŋˉ tɕ‘iŋˇ
·ʂAŋˋ-tso. — ·lauˇ-tiˆ tɕ‘iŋˇ ·tsoˋ. — ·lauˇ-
çyuŋˉ ·iˉ ·luˋ-ʂAŋ taọ ·tuˉ χʒn ·χauˇ? —
·ʂʅˋ, t‘oˉ-·fuˊ, ·iˉ luˋ ·tuˉ χʒn p‘iŋˊ-·anˉ. —
·lauˇ-tiˆ ·ts‘ɿˇ ts‘ɿˋ tʂuŋˋ-tɪ χʒn ·kauˉ, ·tsuˊ
tɕiɛnˋ ʂʅ ·çyɛˊ-uʒnˋ iọ ·suˋ lA. — tʂ‘əŋˊ
·kuoˋ ·tɕiAŋˇ lA, pu-kuo ·tɕiauˇ-çiŋˋ ʐ̩u-·ts‘ɿˇ
tɕiọ ʂʅˋ-lA. — ·lauˇ-tiˆ t‘aiˆ ·tɕ‘iɛnˉ-lA, ·ts‘ɿˇ
ts‘ɿˋ ·fAŋˊ-ʂʅˉ ʂʅ ·nAˇ uɛiˆ? — ·fAŋˊ-ʂʅˉ

是張太史。都拜過了麽。	ʂʅ ·tʂᴀŋ¯ ·t'aî -ʂʅˇ. — tuˉ ·paî -kuo-lᴀ mo?
是前日座師房師都	— ·ʂʅ̀, ·tɕ'iɛn´-ʐʅ̀ ·tsò -ʂʅ¯, ·fᴀŋ´-ʂʅ¯ tu¯
拜過了。令弟此次抱	·paî -kuo-lᴀ. — liŋ̀ ·tî ·ts'ʅˇ ts'ʅ̀ pɑù -
屈得很。那兒的話呢。	·tɕ'y¯-tə ·χɜnˇ. — ·nᴀˇ‿ɹ-tɪ ·χuᴀ̀ nɪ. —
出了房了沒有。是薦	tʂ'u¯-leɑo̤-·fᴀŋ´-lᴀ mᴇ-·io̤uˇ? — ·ʂʅ̀, tɕiɛǹ -
卷了就是因爲詩不妥	·tɕyaǹ -lᴀ, tɕiù -ʂʅ jin¯-uᴇi ·ʂʅ¯ pu ·t'oˇ
批落了。這也是一時的科	p'i¯-lɤ̀ -lᴀ. — ·tʂɤ̀ iɛ ʂʅ ·i¯-ʂʅ´-tɪ ·k'ɤ¯-
名蹭蹬下次鄉試一定	miŋ´ ·ts'əŋ̀-təŋ, ·ɕiᴀ̀-ts'ʅ ·ɕiᴀŋ¯-ʂʅ̀ ·i¯-tiŋ̀
要取中的。借老兄的	iɑo̤-tɕ'yˇ-·tʂuŋ̀ -tɪ. — tɕiɛ̀ ·lɑuˇ-ɕyuŋ¯-tɪ
吉言罷。您此次進京	·tɕi´-iɛn pᴀ. — nin´ ·ts'ʅˇ ts'ʅ̀ tɕin ·tɕiŋ¯
來是有何公幹。我是解	lai´ ʂʅ io̤ χɤ´ ·kuŋ¯-kaǹ? — uoˇ ʂʅ tɕiɛ̀
銅來了。都交代完了麽。	·t'uŋ´-lai-lᴀ. — ·tu¯ tɕiɑu¯-taî -·uan´-lᴀ mo?
昨日已經都交代清	— ·tso´-ʐʅ̀ ·i¯-tɕiŋ¯ ·tu¯ tɕiɑu¯-taî -·tɕ'iŋ¯-
楚了。那麽您此次回	tʂ'uˇ-lᴀ. — ·nᴀ̀ -mo nin´ ·ts'ʅˇ ts'ʅ̀ χui´-
省就可以補缺了罷。	·ʂəŋˇ, tɕio̤ k'ə-i puˇ-·tɕ'yɛ¯ lᴀ pᴀ? —
今年回省署事還可以	·tɕin¯ niɛn´ χui´-·ʂəŋˇ ʂuˇ-·ʂʅ̀ χai k'ɤˇ-·i¯,
補缺大概總得明年罷	puˇ-·tɕ'yɛ¯ ·tᴀ̀-kai tsuŋˇ-tᴇi ·miŋ´-niɛn pᴀ.
可是覆試是多咱哪。覆試	k'ɤ´-ʂʅ ·fu´-ʂʅ̀ ʂʅ ·to¯-tsan¯ nᴀ? — ·fu´-ʂʅ̀
是本月二十三。那麽等	ʂʅ ·pɜnˇ yɛ̀ œɹ̀ -ʂʅ-·san¯. — nᴀ̀ -mo ·təŋˇ
過了老弟覆試偺們再	kuò -lᴀ ·lɑuˇ-tî ·fu´-ʂʅ̀, tsan¯-mɜn tsaî
談罷我現在要告辭了。	·t'an´ pᴀ. ·uoˇ ɕiɛǹ-tsai iɑo̤-kɑù -·ts'ʅ´-lᴀ.
老兄何妨多坐一會兒	— ·lɑuˇ-ɕyuŋ¯ ·χɤ´ fᴀŋ¯ ·to¯ ·tsò i χu‿œɹ

呢。我是今兒個還要拜	nɪ? — uǒ ʂ̩ʅ ·tɕī ‿œɹ-kə χaí iɑọ paî -
客去哪。那麼等過了覆	·k'ɤ̀-tɕ'y nᴀ. — nᴀ̀-mo ·təŋ̌ kuò-lᴀ ·fú-
試我再到府上請安去	ʂ̩ʅ̀, uǒ ·tsaî tɑọ-fǔ-ʂ̩ᴀŋ̀ tɕ'iŋ̌-·ān tɕ'ỳ
罷。不敢當老弟留步	pᴀ. — pu ·kǎn-tᴀ̄ŋ, ·lɑǔ-tî leú-·pù
罷。偺們改日再會。	pᴀ! — tsān-mɜn ·kaǐ-z̩ʅ̀, tsaî ·χuᴇî! —

XX. 聖諭廣訓：異端邪說	**XX. The Sacred Edict: on Heterodoxy**
萬歲爺的意思說。天下	·uan̂-suᴇi-·iɛ́-tɪ ·î-sʅ̄ ʂ̩uō: ·t'iɛn̄-çiᴀ̀
風俗最怕的是人心刻薄。	·fəŋ̄-sú tsuᴇi ·p'ᴀ̀-tɪ ʂ̩ʅ ·z̩ɜń-çīn ·k'ɤ̄-pō,
最喜的是人心忠厚。	tsuᴇi ·çǐ-tɪ ʂ̩ʅ ·z̩ɜń-çīn ·tʂ̩ūŋ-χoù.
人心若要忠厚卻也	·z̩ɜń-çīn z̩o iɑọ ·tʂ̩ūŋ-χoù tɕ'yɛ̀ iɛ
不難。只要把習學的事業	pu ·nań. ·tʂ̩ʅ̌ iɑọ pᴀ ·çí-çyɛ-tɪ ·ʂ̩ʅ̂-iɛ
講究個正道。人心端	·tɕiᴀŋ̌-tɕiù kə ·tʂ̩əŋ̂-tɑu. ·z̩ɜń-çīn ·tuān-
正風俗自然到好處了。	tʂ̩əŋ̀, ·fəŋ̄-sú ·tsʅ̀-z̩an tɑù ·χɑǔ-tʂ̩'u lᴀ.
古來甚麼是正道。總不外	·kǔ-lai ʂ̩ɜḿ‿mo ʂ̩ʅ ·tʂ̩əŋ̂-tɑu. ·tsuŋ̌ pu uæî
君臣父子夫婦兄弟	tɕyn̄ ·tʂ̩'ɜń, fù ·tsʅ̌, fū ·fù, çyuŋ̄ ·tî,
朋友這五倫。無論伶俐的	p'əŋ́ ·iọǔ tʂ̩ɤ ǔ-·lun. ú-lun ·liŋ́-lî-tɪ
人蠢笨的人無一件可以	·z̩ɜń, ·tʂ̩'ǔn-pɜǹ-tɪ ·z̩ɜń, ú ·ī tɕiɛǹ k'ə-i
少的無一人不當做的。無如	·ʂ̩ɑǔ-tɪ, ú ·ī z̩ɜń pu tᴀ̄ŋ ·tsò-tɪ. ú-z̩u
世上的人明明知道五經	·ʂ̩ʅ̂-ʂ̩ᴀŋ-tɪ ·z̩ɜń miŋ́-·miŋ ·tʂ̩ʅ̄-tɑù ǔ-·tɕīŋ
四書是聖人留下正經的	sʅ̀-·ʂ̩ū ʂ̩ʅ ·ʂ̩əŋ̀ z̩ɜń ·leú-çiᴀ̀ ·tʂ̩əŋ̀-tɕīŋ-tɪ
道理。個個該當講究。	·tɑù-lǐ. ·kɤ̀ ·kɤ̀ kaī-tᴀŋ ·tɕiᴀŋ̌-tɕiù,

乃都不肯學習偏在左	nai ·tu̅ pu k‘ɜň ·çyɛ́-çi, p‘iɛn̅ tsai-·tsǒ-
道旁門上留心。卻不	tɑù ·p‘ʌŋ́-mɜn-ʂʌŋ̀ leú-·çin̅. tɕ‘yɛ̀ pu
知道人若是離了這個五倫	·tʂʅ̅-tɑù ·ʐɜń ʐo-ʂʅ ·lí-leɑo̩ tʂɤ̀-kə ǔ-·lun,
胡說亂道縱然千奇	·χú ʂuo̅ luaǹ ·tɑù, ·tsuŋ̀-ʐan ·tɕ‘iɛn̅ tɕ‘í
百怪也是殺人的鋼刀	pó ·kuæî, iɛ̌ ʂʅ ·ʂʌ̅-ʐɜń-tɪ-·kʌŋ̅-tɑu̅,
迷人的毒藥。著實該當棄	·mí-ʐɜn-tɪ ·tú-iɑù, tʂó-·ʂʅ kai̅-tʌŋ ·tɕ‘î-
絕他纔是。你們兵民	tɕyɛ́ t‘ʌ̅ ts‘ai ·ʂʅ̀. nǐ-mɜn ·piŋ̅ ·mín
老實本分不信服他的固多	·lɑǔ-ʂʅ ·pɜň-fɜǹ, pu ·çiǹ-fú t‘ʌ̅-tɪ kù ·to̅,
内中叫他迷惑喪了	·nᴇî-tʂuŋ̅ tɕɑo̩-t‘ʌ̅ ·mí-χuò, sʌŋ̀-leɑo̩
良心走了岔路至於爲非	·leʌŋ́-çin̅,tsoǔ-leɑo̩ ·tʂ‘ʌ̀-lu, ·tʂʅ̀ y uí-·fᴇɪ̅
作歹犯了罪戾也就不	tsò-·taǐ, faǹ-leɑo̩ ·tsuᴇî-lᴇi, iɛ̌ tɕio̩ pu
少。萬歲爺著實憐憫	·ʂɑǔ. ·uaǹ-ʂuᴇi-·iɛ́ tʂó-·ʂʅ ·leɛń-mǐn
你們要教你們省悟。你	·nǐ-mɜn, iɑù ·tɕiɑù nǐ-mɜn ·çiŋ̌-ù. nǐ-
們還不仔細聽著嗎。異端	mɜn χaí pu ·tsʅ̌-çî ·t‘iŋ̅-tʂo mʌ? ·î-tuan̅
是甚麽。從古以來就有個	ʂʅ ·ʂɜḿ‿mo? ts‘uŋ-·kǔ ǐ-·lai. tɕio̩ io̩ kə
三教。除了秀才就是	·san̅ tɕiɑù. tʂ‘ú-leɑo̩ ·çiù-ts‘aí tɕio̩ ʂʅ
和尚道士皆爲邪教。這	·χɤ́-ʂʌŋ̀, ·tɑù-ʂʅ, tɕiɛ̅ uᴇi ·çiɛ́-tɕiɑù. tʂə-
和尚的講論不過是參	·χɤ́-ʂʌŋ̀-tɪ ·tɕiʌŋ̌-luǹ pu-kuo ʂʅ ts‘an̅
禪悟道成佛作祖。又說	·tsań, ù ·tɑù, tʂ‘əŋ́-·fo, tsò ·tsǔ. io̩ ·ʂuo̅-
道。一子出家九族昇	·tɑù: ·ī ·tsʅ̌ tʂ‘u̅ ·tɕiʌ̅, ·tɕio̩ǔ ·tsú ʂɛŋ̅
天。你們想一想那裏見	·t‘iɛn̅. nǐ-mɜn ·çiʌŋ̌-î-·çiʌŋ̌, ·nʌ̌-li tɕiɛǹ
有個佛來。怎麽是佛。佛就	io̩ kə-·fó-lai? ·tsɜm̌‿mo ʂʅ fó? ·fó tɕio̩

是心。怎麽是念佛。就是
時刻的念頭要照管著
這心。你們心好這就是
佛了。你看他經典頭一部
就是心經。這個心經都是
說的心要正直不要灣
灣曲曲的。要誠實不要
謊謊詐詐的。要爽快
不要齷齷齪齪的。果能把
貪愛嗔怒癡想都絕
斷了到處如鏡裏的花
水裏的月一些掛礙恐懼都
沒有了。這纔成個心。
所以宋朝朱文公說道。
佛教把天地四方一切
諸事都不去管。只照
管著一個心。這句話就
把佛家的底裏說盡了。至
於道家講修煉的法乾
汞捉鉛龍吟虎嘯內
丹外丹不過要養的精
神好多活幾年罷了。

ʂʅ ·çinˉ. ·tsɜmˇ ˛mo ʂʅ niɛnˋ ·foˊ? tɕio̯ ʂʅ
·ʂʅˊ-k‘ɤˋ-tɪ ·niɛnˋ-t‘ou iɑo̯ ·tʂɑuˋ-kuanˇ-tʂo
tʂə-·çinˉ. niˇ-mɜn ·çin ·χɑuˇ, ·tʂɤˋ tɕio̯ ʂʅ
·foˊ lᴀ. niˇ ·k‘anˋ t‘ᴀ ·tɕiŋˉ-tiɛnˇ t‘ou-iˉ puˋ
tɕio̯ ʂʅ ·çinˉ-tɕiŋˉ. tʂɤˋ-kə ·çinˉ-tɕiŋˉ ·tuˉ ʂʅ
ʂuoˉ-tɪ ·çinˉ iɑo̯ ·tʂəŋˋ-tʂʅˊ, pu iɑo̯ ·uanˉ-
uanˉ-tɕ‘yˉ-·tɕ‘yˉ-tɪ, iɑo̯ ·tʂ‘əŋˊ-ʂʅ, pu iɑo̯
·χuɑŋˇ-χuɑŋ-tʂᴀˋ-·tʂᴀˋ-tɪ, iɑo̯ ·ʂuɑŋˇ-k‘uæî,
pu iɑo̯ ·uˋ-u-tʂ‘oˉ-·tʂ‘oˉ-tɪ. ·kuoˇ-nəŋ pᴀ-
·t‘anˉ-aî, tʂ‘ɜnˉ-nuˋ, ·tʂ‘ʅˊ-çiᴀŋˇ tuˉ ·tɕyɛˊ-
tuanˋ-lᴀ, ·tɑuˋ-tʂ‘u ʐu ·tɕiŋˋ-liˇ-tɪ ·χuᴀˉ,
·ʂuᴇiˇ-li-tɪ ·yɛˋ, ·iˉ-çiɛ ·kuᴀˋ-ai ·k‘uŋˇ-tɕyˋ tuˉ
mᴇ-·io̯uˇ-lᴀ, ·tʂɤˋ ts‘ai tʂ‘əŋˊ kə-·çinˉ.
soˇ-i ·suŋˋ-tʂ‘ɑuˊ ·tʂuˉ-uɜnˊ-·kuŋˉ ·ʂuoˉ-tɑuˋ:
·foˊ-tɕiɑuˋ pᴀ-·t‘iɛnˉ-tiˆ ·sʅ-fᴀŋˉ ·iˉ-tɕ‘iɛˋ
·tʂuˉ-ʂʅˋ ·tuˉ pu tɕ‘y ·kuanˇ, tʂʅˇ ·tʂɑuˋ-
kuanˇ-tʂo ·iˉ-kə ·çinˉ. tʂɤˋ-tɕy-·χuᴀˋ tɕio̯
pᴀ ·foˊ-tɕiᴀˉ-tɪ ·tiˇ-li ʂuoˉ-·tɕinˋ-lᴀ. tʂʅˋ
y-·tɑuˋ-tɕiᴀˉ, tɕiᴀŋˇ ·çiuˉ-leɛnˋ-tɪ ·fᴀˇ, kanˉ
·χuŋˋ, tʂoˉ ·tɕ‘iɛnˉ, luŋˊ-jin, χuˇ ·çiɑuˋ, ·nᴇiˆ-
tanˉ, ·uæî-tanˉ, pu-kuo iɑo̯ iᴀŋˇ-tɪ ·tɕiŋˉ-
ʂɜnˊ ·χɑuˇ, ·toˉ ·χuoˊ tɕiˇ-niɛn, ·pᴀˋ-lᴀ.

朱文公說道。道教只是　·tʂu̅-uɜń-·kuŋ̅ ·ʂuo̅-tau̇ : ·tau̇-tɕiau tʂʅ̌ ʂʅ
存這一點神氣。這一句話　·ts‘uń tʂɤ̀ i-tiɛn ·ʂɜń-tɕ‘î . tʂɤ̀-i-tɕy ·χuᴀ
又把道家的底裏說盡了。　iọ pᴀ ·tau̇-tɕiᴀ̅-tɪ ·ti῀-li ʂuo̅-·tɕin̄̀-lᴀ.
就是那名山寶剎裏頭　tɕiù-ʂʅ nᴀ̀ ·miŋ́-ʂan̅ ·pau̇̌-tʂ‘ᴀ̀-li῀-t‘ou,
最會講經說法的大　·tsuᴇî χuᴇi tɕiᴀŋ̌ ·tɕiŋ̅ ʂuo̅-·fᴀ̀ tɪ tᴀ̀
和尚也只說得個心。深山　·χɤ́-ʂᴀŋ̀ iɛ ·tʂʅ̌ ʂuo̅-tə kə-·çin̅ . ʂɜn ·ʂan̅
古洞講做神仙的好　kǔ ·tuŋ̀ tɕiᴀŋ̌ tsò ·ʂɜń-çiɛn̅ tɪ χaǔ
道士也只完得個煉氣。究　·tau̇-ʂʅ, iɛ̌-tʂʅ ·uań-tə kə-·leɛǹ-tɕ‘i. tɕiù-
竟是把五倫滅絕逃走　·tɕiŋ̀ ʂʅ pᴀ-ǔ-·lun ·miɛ̀-tɕyɛ́, ·t‘aú-tsoǔ
到那沒人煙的所在參　taọ nᴀ̀ mᴇi ·ʐ̧ɜń-iɛn̅ tɪ ·sǒ-tsaî , ·ts‘an̅
他的禪打他的坐。且莫　t‘ᴀ̅-tɪ ·tʂ‘ań, ·tᴀ̌ t‘ᴀ̅-tɪ ·tsò . tɕ‘iɛ ·mò
說成不得佛成不得仙。　ʂuo̅ ·tʂ‘əŋ́-pu-tɤ́-·fo ·tʂ‘əŋ́-pu-tɤ́ ·çiɛn,
就是眞個成了神仙　tɕiù-ʂʅ ·tʂɜŋ̅‿kə tʂ‘əŋ́-leaọ ·ʂɜń-çiɛn̅,
有誰看見他上了西　iọǔ-·ʂui ·k‘aǹ-tɕiɛn t‘ᴀ̅ ʂᴀŋ̀-leaọ ·çi̅-
天誰看是他白日飛昇。　t‘iɛn̅, ·ʂuí k‘aǹ ʂʅ t‘ᴀ̅ ·paí-ʐ̧ʅ̀ ·fᴇi̅-ʂəŋ̅?
活活的都是搗鬼。偏你們　χuó-·χuo-tɪ tu̅ ʂʅ taú-·kuᴇi̇̌ . p‘iɛn ·ni῀-mɜn
百姓被他哄騙信了。　·pó-çiŋ̀ pᴇi-t‘ᴀ̅ ·χuŋ̌-p‘iɛǹ-·çiǹ-lᴀ.
你看這些苦修行的和　ni῀ ·k‘aǹ , tʂɤ̀-çiɛ ·k‘ǔ çiu̅-·çiŋ́-tɪ ·χɤ́-
尚練氣的道士空把人倫　ʂᴀŋ̀ , leɛǹ-·tɕ‘î -tɪ ·tau̇-ʂʅ ·k‘uŋ̅ pᴀ-·ʐ̧ɜń-lun
滅絕一毫沒有濟人的去　·miɛ̀-tɕyɛ́ , î ·χaú mᴇ iọ ·tɕî -ʐ̧ɜń-tɪ ·tɕ‘ỳ -
處，但是他們不過完了　tʂ‘u. ·taǹ ʂʅ t‘ᴀ̅-mɜn pu-kuo ·uań-leaọ
自己一身子之事也不曾　·tsʅ̀-tɕi῀ ·i̅ ·ʂɜn̅-tsʅ tʂʅ ·ʂʅ̀ , iɛ̌ pu-ts‘əŋ-

有心去害人。自從有	iọuˇ-·çinˉ tɕ‘y ·χaiˆ ʐɜnˊ. tsɿˋ-ts‘uŋ ·iọuˇ
那一種無賴的人沒處喫	nᴀˋ-i tʂuŋˇ uˊ-·laiˆ-tɪ ·ʐɜnˊ, ·mᴇiˊ tʂ‘uˋ tʂ‘ʅˉ-
飯依著寺廟裏安身借著	·fanˋ, iˉ-tʂo ·sɿˋ-miɑu-liˇ anˉ ·ʂɜn, tɕiɛˋ-tʂo
神佛的名色造作出許多	·ʂɜnˊ-fo-tɪ ·miŋˊ-sɤˋ, ·tʂɑuˋ-tso-tʂ‘u ·çyˇ-to
天堂地獄輪回報應的話。	·tiɛnˉ-t‘ᴀŋˊ, ·tiˋ-y, ·lunˊ-χui, ·pɑuˋ-jiŋ-tɪ ·χuᴀˋ.
對人說。齋僧布施便	tuᴇi-·ʐɜnˊ ʂuoˉ: tʂaiˉ ·səŋˉ, puˋ ·ʂʅˉ, piɛn
種天下福田。又說道。常捨	·tʂuŋˋ-çiᴀ ·fuˊ-t‘iɛn. iọ ·ʂuoˉ-tɑuˋ: tʂ‘ᴀŋˊ ·ʂɤˇ
常有。還恐人不信他	tʂ‘ᴀŋˊ ·iọuˇ. ·χai ·k‘uŋˇ-ʐɜn pu-·çinˋ t‘ᴀˉ,
又說道。毀僧謗佛就	iọ ·ʂuoˉ-tɑuˋ: χuᴇiˇ ·ʂəŋˉ pᴀŋˋ ·foˊ tɕiọ
墮入地獄雷打火燒	·toˋ-ʐu ·tiˋ-y, lᴇiˊ ·tᴀˇ, χuoˇ ·χuoˇ ·ʂɑuˉ —
種種怪誕。越說的怕人	·tʂuŋˇ-tʂuŋ ·kuæiˆ-tan. yɛˋ ʂuoˉ-tɪ ·p‘ᴀˋ ʐɜnˊ
好叫人信服他供養	·χɑuˇ tɕiɑuˋ ·ʐɜnˊ ·çinˋ-fuˊ t‘ᴀˉ, ·kuŋˋ-iᴀŋˇ
他。起初還不過誆騙	t‘ᴀˉ. ·tɕ‘iˇ-tʂ‘uˉ χai pu-kuo ·k‘uɑŋˊ-p‘iɛnˋ
人的銀錢圖喫圖用。以	ʐɜnˊ-tɪ ·jinˊ-tɕ‘iɛn, t‘uˊ ·tʂ‘ʅˉ t‘uˊ ·juŋˋ, ·iˇ-
後漸漸的猖狂起來	·χouˋ tɕiɛnˋ-·tɕiɛnˋ-tɪ ·tʂ‘ᴀŋˉ-k‘uɑŋˊ-·tɕiˇ-lai,
做甚麼龍華會盂蘭會	·tsoˋ ʂɜmˊ‿mo ·luŋˊ-χuᴀ-·χuᴇiˆ, ·yˊ-lan-·χuᴇiˆ,
赦孤會撞鐘擂鼓講	·ʂɤˋ-kuˉ-·χuᴇiˆ, tʂuɑŋˋ ·tʂuŋˉ, lᴇiˊ ·kuˇ, tɕiᴀŋˇ
經說法男女混雜不分	·tɕiŋˉ, ʂuoˉ ·fᴀˋ, ·nanˊ ·nyˇ ·χunˋ-tsᴀˊ, pu fɜnˉ
晝夜只說道行好卻不	·tʂouˋ ·iɛˋ, ·tʂʅˇ ʂuoˉ-tɑuˋ çiŋˊ ·χɑuˇ, tɕ‘yɛ pu
知正是作惡。你們愚民都不	tʂʅˉ tʂəŋˋ ʂʅ tsoˋ ·ɤˋ. niˇ-mɜn ·yˊ-min tuˉ pu
曉得他們佛書上說。佛	·çiɑuˇ-tɤ t‘ᴀˉ-mɜn ·foˊ-ʂuˉ-ʂᴀŋˋ ·ʂuoˉ, ·foˊ
是梵王的太子。因爲厭棄	ʂʅ ·fanˋ-uɑŋˊ-tɪ ·t‘aiˆ-tsɿˇ, jin-uᴇi ·iɛnˋ-tɕ‘i

凡塵躲在雪山頂上	fan´-·tʂʻɜn, ·toˇ tsai ·çyɛˇ-ʂan¯ ·tiŋˇ-ʂᴀŋ`
修行。連他爹娘兒女	çiu¯-·çiŋ´. leɛn´ tʻᴀ¯ ·tiɛ¯-niᴀŋ´, ·œɹ´-nyˇ,
夫妻都是不顧的。難道反	·fu¯-tɕʻi¯ tu¯ ʂʅ pu ·ku`-tɪ, ·nan´-tɑu` fan
顧起你們衆生來與你們	·ku`-tɕʻiˇ niˇ-mɜn ·tʂuŋ` ʂəŋ¯ ·lai´, y-·niˇ-mɜn
講經說法嗎。且把他	tɕiᴀŋˇ ·tɕiŋ¯, ʂuo¯ ·fᴀ` mᴀ? tɕʻiɛˇ pᴀ tʻᴀ¯
皇宮六院龍樓鳳閣	·χuɑŋ´-kuŋ¯ ·leu`-yan, ·luŋ´-lou, ·fəŋ`-kɤ´
尚且捨棄了倒稀罕你們	ʂᴀŋ`-tɕʻiɛ ·ʂɤˇ-tɕʻî-lᴀ, tɑọ ·çi¯-χanˇ ·niˇ-mɜn
蓋的那庵觀寺院嗎。就是	kaî-tɪ nᴀ-·an¯-kuan`, ·sʅ`-yan mᴀ? tɕiu`-ʂʅ
那玉皇天尊果然有	nᴀ` ·y`-χuɑŋ´ ·tʻiɛn¯-tsun¯, ·kuoˇ-ʐan ·iọuˇ
這個神他在天上逍	tʂɤ`-kə ·ʂɜn´,　tʻᴀ¯ tsai-·tʻiɛn¯-ʂᴀŋ` ·çiɑu¯-
遙自在。難道用著你們	iɑu´ ·tsʅ`-tsai. ·nan´-tɑu` ·juŋ`-tʂo niˇ-mɜn
塑他的金身給他蓋房子	·su` tʻᴀ¯-tɪ ·tɕin¯-ʂɜn¯, kᴇi-tʻᴀ¯ kaî ·fᴀŋ´-tsʅ
住嗎。這些喫齋做會	tʂu` mᴀ? ·tʂɤ`-çiɛ tʂʻʅ¯ ·tʂai¯, tso` ·χuᴇî,
蓋廟塑像的話頭都是	kaî ·miɑu`, su` ·çiᴀŋ`-tɪ ·χuᴀ`-tʻou, tu¯ ʂʅ
游手無賴的和尚道士造作	·iu´-ʂouˇ-u-·laî-tɪ ·χɤ´-ʂᴀŋ`, ·tɑu`-ʂʅ ·tsɑu`-tso-
出來誆騙你們的方法。	·tʂʻu¯-lai ·kuɑŋ´-pʻiɛn` niˇ-mɜn tɪ ·fᴀŋ¯-fᴀˇ.
你們偏要信他不但自己	·niˇ-mɜn pʻiɛn¯ iɑọ ·çin` tʻᴀ¯, pu tan ·tsʅ`-tɕiˇ
去燒香拜廟還叫你	tɕʻy ʂɑu¯ ·çiᴀŋ¯, paî ·miɑu`, ·χai´ tɕiɑu` niˇ-
們的老婆女兒去入廟燒	mɜn-tɪ ·lɑu´-pʻo, ·nuˇ-œɹ tɕʻy ʐu` ·miɑu` ʂɑu¯
香油頭粉面穿紅	·çiᴀŋ¯ iu´-tʻou, fɜnˇ ·mian`, ·tʂʻuan¯ ·χuŋ´
掛綠的與那些和尚道士	kuᴀ` ·ly`-tɪ, y nᴀ`-çiɛ ·χɤ´-ʂᴀŋ`, tɑu`-ʂʅ,
光棍漢子挨肩擦臂	·kuɑŋ¯-kun`-·χan`-tsʅ, ai´ ·tɕiɛn¯, tsʻᴀ¯ ·pᴇî

擁擁擠擠。不知行的好在
那裏倒做出許多醜事
惹氣惹惱叫人說笑。
更有把自己好兒好女
怕他養活不大捨在廟
裏做了和尚道士以爲出
了家在佛爺脚下就長
命了。我且問你難道這
些現做和尚道士的個個
都是活七八十歲就沒
一個短命的嗎。又有一種
愚極了的人。或者爲爹娘的
病自己把身子許愿。等
爹娘好了去朝山進
香一步一拜。到山頂上
將身子跳下崖去。不是
喪了命就是少臂沒腿
的。自己說是捨身救親這
是孝道。就是傍人也說是
孝。卻不知虧了爹娘
的遺體正是不孝之極。又
如你們念佛說是行好。在

·juŋˇ-juŋ-tɕiˊ-·tɕiˇ, pu-tʂʅˉ çiŋˊ-tɪ ·χɑuˇ tsai-
·nᴀˇ-li, tɑọ ·tsoˋ-tʂʻuˉ ·çyˇ-to ·tʂʻouˇ ʂʅˋ,
ʐɤˇ ·tɕʻiˆ ʐɤˊ ·nɑuˇ, tɕiɑuˋ ·ʐɜnˊ ʂuoˉ ·çiɑuˋ.
·kəŋˋ iọuˇ pᴀ ·tsʅˋ-tɕiˇ χɑuˇ-·œɹ, χɑuˊ ·nyˇ,
pʻᴀˋ tʻᴀˉ ·iᴀŋˇ-χuo pu ·tᴀˋ, ·ʂɤˇ tsai-·miɑuˋ-
liˇ, tsoˋ-leɑọ ·χɤˊ-ʂᴀŋˋ, ·tɑuˋ-ʂʅ, ·iˇ-ui tʂʻuˉ-
leɑọ-tɕiᴀˉ, tsai ·fo-iɛ ·tɕiɑuˇ-çiᴀ tɕiọ ·tʂʻᴀŋˊ-
miŋˋ lᴀ. uoˇ tɕʻiɛ ·uɜnˋ niˇ, ·nanˊ-tɑuˋ tʂə-
çiɛ ·çiɛnˋ-tso ·χəˊ-ʂᴀŋˋ, ·tɑuˋ-ʂʅ tɪ, ·kɤˋ ·kɤˋ
tuˉ ʂʅ χuoˊ ·tɕʻiˉ, ·pᴀˉ-ʂʅ ·suᴇiˆ, tɕiọ mᴇi
·iˉ-kə ·tuanˇ-miŋˋ-tɪ mᴀ? ·iuˋ iọuˇ i-tʂuŋ
yˊ-·tɕi-lᴀ-tɪ ·ʐɜnˊ χuoˋ-tʂə uᴇi ·tiɛˉ-niᴀŋˊ-tɪ
·piŋˋ, ·tsʅˋ-tɕiˇ pᴀˉ ·ʂɜnˉ-tsʅ ·çyˇ-yanˋ. təŋˇ
·tiɛˉ-niᴀŋˊ ·χɑuˇ-lᴀ, tɕʻy tʂʻɑuˊ-·ʂanˉ tɕinˋ
·çiᴀŋˉ, ·iˊ-puˋ-iˊ-·paiˆ, tɑuˋ ʂanˉ-·tiŋˇ-ʂᴀŋˋ,
tsiᴀŋ-·ʂɜnˉ-tsʅ ·tʻiɑuˋ-çiᴀ ·iæiˊ tɕʻyˋ. puˊ-ʂʅ
sᴀŋˋ-leɑọ ·miŋˋ tɕiọ ʂʅ ʂɑuˇ ·pᴇiˆ moˋ ·tʻuᴇiˇ
tɪ. ·tsʅˋ-tɕiˇ ʂuoˉ ʂʅ ʂɤˇ ·ʂɜnˉ tɕiuˋ ·tɕʻinˉ, tʂɤˋ
ʂʅ ·çiɑuˋ-tɑu. tɕiuˋ-ʂʅ ·pʻᴀŋˊ-ʐɜn iɛˇ ʂuoˉ ʂʅ
·çiɑuˋ. tɕʻyɛˋ pu ·tʂʅˉ ·kʻuiˉ-leɑọ ·tiɛˉ-niᴀŋˊ-
tɪ iˊ ·tʻiˇ ·tʂəŋˋ ʂʅ puˊ-·çiɑuˋ-tʂʅ ·tɕiˊ. iuˋ
ʐu ·niˇ-mɜn niɛnˋ ·foˊ ʂuoˉ ʂʅ çiŋˊ ·χɑuˇ, tsai-

佛前燒錢紙上供打	·fo´-tɕ‘iɛn ʂɑu¯ ·tɕ‘iɛn´-tʂʅˇ, ʂᴀŋˋ ·kuŋˋ, tᴀˇ
齋可以消災滅罪增	·tʂai¯, k‘ə-iˇ çiɑu¯ ·tsai¯, miɛˋ ·tsuᴇɪ̂, tsəŋ¯
福延壽。你想想從來	·fu´, iɛn´ ·ʂouˋ. niˇ ·çiᴀŋˇ-çiᴀŋ, ·ts‘uŋ´-lai
說聰明正直的爲神。既	ʂuo¯: ·ts‘uŋ¯-miŋ´, ·tʂəŋˋ-tʂʅ´-tɪ ui ·ʂɜn´. tɕî
是一個神佛豈有貪圖你的元	ʂʅ i-kə ·ʂɜn´-fo,tɕ‘iˇ io̩ ·t‘an¯-t‘u´ ·niˇ-tɪ ·yan´-
寶供獻就保護你。你若是	pɑuˇ ·kuŋˋ-çiɛn tɕio̩ ·pɑuˇ-χuˋ niˇ. ·niˇ zo̩-ʂʅ
不與他燒錢上供神佛	pu y-·t‘ᴀ¯ ʂɑu¯ ·tɕ‘iɛn´, ʂᴀŋˋ ·kuŋˋ, ·ʂɜn´-fo
就惱你降禍於你這神佛也	tɕio̩ ·nɑuˇ-ni, tɕiᴀŋˋ χuoˋ y-niˇ, tʂɤˋ ·ʂɜn´-fo iɛ
是一個小人了。譬如你們地方	ʂʅ i-kə ·çiɑuˇ-zʂɜn lᴀ. p‘î zu̩ niˇ-mɜn ·tî-fᴀŋ¯-
官你若是安分守己做人	·kuan¯, ·niˇ zo̩-ʂʅ an¯ ·fɜnˋ ʂou´ ·tɕiˇ, tsoˋ zʂɜn´
良善你就是不去奉承	·leᴀŋ´-ʂanˋ, niˇ tɕiuˋ-ʂʅ pu-tɕ‘y ·fəŋˋ-tʂ‘əŋ´
他他自然另眼看待你。	t‘ᴀ¯, t‘ᴀ¯ ·tsʅˋ-zʂan ·liŋˋ-iɛnˇ ·k‘anˋ-tai niˇ.
你若是爲非作歹強梁	·niˇ zo̩-ʂʅ ui´ ·fᴇɪ¯ tsoˋ ·taiˇ, ·tɕ‘iᴀŋ´-leᴀŋ
霸道你就是百計去奉	pᴀˋ-·tɑuˋ, niˇ tɕiuˋ-ʂʅ ·po´ tɕî tɕ‘y ·fəŋˋ-
承他他也是惱你一定要替	tʂ‘əŋ´ t‘ᴀ¯, t‘ᴀ¯ iɛˇ ʂʅ ·nɑuˇ-ni, ·i¯-tiŋˋ iɑo̩ t‘i-
民除害的。你們說念佛	·min´ tʂ‘u´-·χaî-tɪ. ·niˇ-mɜn ʂuo¯ niɛnˋ ·fo´
就可以消罪。假如你做下	tɕio̩ k‘ə-iˇ çiɑu¯ ·tsuᴇɪ̂. tɕiᴀˇ-zu̩ ·niˇ tsoˋ-çiᴀ
歹事犯下罪到衙門裏	·taiˇ-ʂʅˋ, ·fanˋ-çiᴀ ·tsuᴇɪ̂, tɑo̩-·iᴀ´-mɜn-liˇ,
高聲叫幾千聲大老	·kɑu¯-ʂəŋ¯ ·tɕiɑuˋ ·tɕiˇ tɕ‘iɛn¯ ʂəŋ¯ ·tᴀˋ-lɑu-
爺他就饒了你罷。你們又	iɛ´, ·t‘ᴀ¯ tɕio̩ ·zʂɑu´-lᴀ niˇ pᴀ? niˇ-mɜn io̩
動不動請幾個和尚	·tuŋˋ-pu-·tuŋˋ ·tɕ‘iŋˇ tɕi-kə ·χɤ´-ʂᴀŋˋ,
道士念經禮懺。說道。誦	·tɑuˋ-ʂʅ niɛnˋ·tɕiŋ¯, liˇ ·tʂ‘anˋ, ·ʂuo¯-tɑuˋ: suŋˋ

經保平安消災延福　·tɕiŋ¯ pɑu˘ p‘iŋ´-an¯, çiɑu¯ ·tsai¯, iɛn´-·fu-

壽。假如你們不跟著聖諭　ʂou`. tɕiᴀ˘-zʅu ·ni˘-mɜn pu kɜn¯-tʂo ·ʂəŋ`-y-

上的教訓學只把聖諭念　ʂᴀŋ`-tɪ ·tɕiɑu`-çyn ·çyɛ´, tʂʅ˘ pᴀ-·ʂəŋ`-y ·niɛn`-

上幾千遍幾萬遍　ʂᴀŋ ·tɕi˘-tɕ‘iɛn¯ ·piɛn`,　·tɕi˘ uan` ·piɛn`,

難道萬歲爺就喜歡你　·nan´-tɑu` ·uan`-suᴇi-·iɛ´ tɕiọ ·çi˘-χuan¯ ni˘,

給你官做賞銀子錢與你　kᴇi˘-ni ·kuan¯ tso`, ʂᴀŋ˘-·jin-tsʅ-tɕ‘iɛn´ y-·ni˘

不成。況且燒香打　pu-tʂ‘əŋ´. ·k‘uɑŋ`-tɕ‘iɛ˘ ʂɑu¯ ·çiᴀŋ¯, tᴀ˘

醮鳴鼓聚眾不但王　·tɕiɑu`, miŋ´ ·ku˘, tɕy` ·tʂuŋ`, pu-tan ·uɑŋ´-

法不容就佛也是最惱的。　fᴀ` pu ·zʅuŋ´, tɕiọ ·fo´ iɛ ʂʅ tsuᴇi^ ·nɑu˘-tɪ.

大藏經上說道。如有　tᴀ` ·tsᴀŋ`-·tɕiŋ¯-ʂᴀŋ` ·ʂuo¯-tɑu`: zʅu´ iọu˘

奸僧邪道粧模作樣　·tɕiɛn¯ səŋ¯ çiɛ´ ·tɑu`,·tʂuɑŋ¯-mo´ tso` ·iᴀŋ`,

登壇說法煽惑愚人　təŋ¯ ·t‘an´ ʂuo¯ ·fᴀ`, ·ʂan¯-χuo` ·y´-zʅɜn,

男女混雜本處宰官　·nan´ ·ny˘ ·χun`-tsᴀ´, ·pɜn˘ tʂ‘u` ·tsai˘-kuan¯

就當處治他。遠用箭射　tɕiu` tᴀŋ¯ ·tʂ‘u`-tʂʅ t‘ᴀ¯. ·yan˘ juŋ` ·tɕiɛn` ·ʂɤ`,

近用刀斫。這纔是眞　·tɕin`-juŋ ·tɑu¯ ·tʂɤ¯ — ·tʂɤ` ts‘ai ʂʅ ·tʂɜn¯

正護法。你看佛是這樣的　-tʂəŋ` ·χu`-fᴀ˘! ni˘ k‘an` ·fo´ ʂʅ ·tʂɤ`-iᴀŋ-tɪ

惱他你們反信服他這　·nɑu˘ t‘ᴀ¯, ni˘-mɜn fan ·çin`-fu´ t‘ᴀ¯, ·tʂɤ`

不倒得罪佛了麽。總是這　pu tɑọ ·tɤ´-tsuᴇi^ ·fo´ lᴀ mo? ·tsuŋ˘ ʂʅ tʂɤ`-

些奸僧邪道他身子懶　çiɛ ·tɕiɛn¯ ʂəŋ¯ çiɛ´ ·tɑu`, t‘ᴀ¯ ·ʂɜn¯-tsʅ ·lan˘,

不肯去種田又不會做　pu ·k‘ɜn˘ tɕ‘y tʂuŋ` ·t‘iɛn´, iu` pu χuᴇi^ tso

買賣沒喫沒穿生　·mai˘-mai^, mo` ·tʂ‘ʅ¯ mo` ·tʂ‘uan¯, ʂəŋ¯-

出法來哄人。但凡佛經　tʂ‘u-·fᴀ˘-lai ·χuŋ˘-zʅɜn. tan` fan ·fo´-tɕiŋ¯-

上的咒語都是佛國裏番話　ʂAŋ̀-tɪ ·tʂoù -y̌ tū ʂʅ ·fó-kuo-lǐ ·fān χuÀ,

就如我們中國各處的　tɕio̤ zu̜ ·uǒ-mɜn ·tʂuŋ̄-kuó ·kɤ̀-tʂ'u-tɪ

鄉談一般。他把佛國的　·çiAŋ̄-t'án ī ·pān. t'Ā pA ·fó-kuo-tɪ

鄉談說是佛菩薩咒。　·çiAŋ̄-t'án ʂuō ʂʅ ·fó ·p'ú- sĀ ·tʂoù.

又造出手捻的訣來。豈不　io̤ ·tsaù -tʂ'ū ·ʂoǔ-niɛn-tɪ ·tɕyɛ́-lai, tɕ'ǐ pu

荒唐之甚。至於道士家的　·χuɑŋ̄-t'Aŋ́-tʂʅ ·ʂɜǹ. tʂʅ̀ y-·taù-ʂʅ-tɕiĀ-tɪ,

驅神遣將斬妖除　tɕ'ȳ ·ʂɜ́n, tɕ'iɛň ·tɕiAŋ̀, tʂaň ·iaū, tʂ'ú-

邪呼風喚雨禮星拜斗　·çiɛ, χū ·fəŋ̄, χuaǹ ·y̌, lǐ ·çiŋ̄, paî ·toǔ,

且莫說都是些謊話。就　tɕ'iɛ ·mò ʂuō ·tū ʂʅ çiɛ ·χuAŋ̌-χuÀ. tɕiù -

是偶然有些靈應也都是一　ʂʅ ·oǔ-zan ioǔ çiɛ ·liŋ́-jiŋ̀, iɛ ·tū ʂʅ ·ī -

團的幻術障眼的法兒。並　t'uán-tɪ ·χuan̂-ʂu, tʂAŋ̀ -iɛň-tɪ ·fǍ‿ɹ, ·piŋ̀

不是實實在在的。一時間百　pu ʂʅ ·ʂʅ́-ʂʅ-tsaî -tsaî -tɪ. ·ī -ʂʅ́ -tɕiɛn̄ ·pó-

姓被他哄信都廢時失業　çiŋ̀ pEi-t'Ā χuŋ̌-·çiǹ, tū fEî ·ʂʅ́, ʂʅ̄ ·iɛ̀,

說奇道怪起來風俗　ʂuō ·tɕ'í taù ·kuæî tɕ'i-laí, fəŋ̄-sú,

人心一齊都壞盡了。更　·zɜ́n-çin̄ î -tɕ'í tū χuæî -tɕiǹ-lA. ·kəŋ̀

有可惡的人借此招搖　io̤ k'ɤ̌-·ù-tɪ ·zɜ́n tɕiɛ̀ ·ts'ʅ̌ tʂaū -iaú,

結黨名爲教主傳道　tɕiɛ́ ·tAŋ̌, ·miŋ́ ui ·tɕiaù-tʂǔ, tʂ'uán ·taù,

招徒夜聚曉散。日久勢　tʂaū t'ú, iɛ̀-tɕy çiaǔ ·saǹ, zʅ̜̀ ·tɕio̤ǔ ʂʅ̀

衆就生起邪心做出歹　·tʂuŋ̀, tɕio̤ ʂəŋ̄-tɕ'i ·çiɛ́-çin̄, tsò -tʂ'u ·taǐ -

事來。一旦發覺鎖拿到官　ʂʅ̀ ·laí. ·ī taǹ ·fĀ-tɕiaǔ, ·sǒ-nA taọ-·kuan̄,

問成大罪。爲首的梟首　·uɜǹ tʂ'əŋ́ ·tA̧-tsuEi, uí-·ʂoǔ-tɪ çiaū ·ʂoǔ,

爲從的徒流。從前的福緣　uí-·tsuŋ̀-tɪ ·t'ú-leu, tʂ'uŋ-·tɕ'iɛń-tɪ ·fú-yan

反做了禍根。這都是不安	·fanˇ tsoˋ-leaọ ·χuoˋ-kɜnˉ. tʂɤˋ ·tuˉ ʂʅ pu anˉ
本分的樣子。豈不該痛	·pɜnˇ-fɜnˋ ti ·iᴀŋˋ-tsʅ. tɕʻiˇ pu kaiˉ ·tʻuŋˋ
加改悔嗎。就是天主	tɕiᴀˉ ·kaiˇ-χuᴇi mᴀ? tɕiuˋ-ʂʅ ·tʻiɛnˉ-tʂuˇ-
教談天說地無影無形	·tɕiauˋ, tʻanˊ ·tʻiɛnˉ ʂuoˉ ·tiˋ, uˊ ·jiŋˇ uˊ-çiŋ,
也不是正經。只因他們通	iɛˇ pu ʂʅ ·tʂəŋˋ-tɕiŋˉ. ·tʂʅˇ jin tʻᴀˉ-mɜn ·tʻuŋˉ-
曉天文會算歷法所以	çiauˇ ·tʻiɛnˉ-uɜnˊ, ·χuᴇiˆ-suan ·liˆ-fᴀˇ, soˇ-i
朝廷用他造歷。並不是	·tʂʻauˊ-tʻiŋ ·juŋˋ tʻᴀˉ tsauˋ ·liˆ, ·piŋˋ pu ʂʅ
說他們的教門好。你	·ʂuoˉ tʻᴀˉ-mɜn-tɪ ·tɕiauˋ-mɜnˊ ·χauˇ. niˇ-
們斷不可信他。這些左	mɜn ·tuanˋ pu ·kʻɤˇ ·çinˋ tʻᴀˉ. tʂɤˋ-çiɛ ·tsoˇ-
道旁門律上處治的最	tauˋ, ·pʻᴀŋˊ-mɜn ·ly-ʂᴀŋ ·tʂʻu-tʂʅ-ti tsuᴇiˆ
嚴。像那跳神的師公師	·iɛnˊ. çiᴀŋˋ nᴀˋ tʻiauˋ-ʂɜnˊ-tɪ ·ʂʅˉ-kuŋˉ, ·ʂʅˉ-
婆也有一定的刑罰。朝廷	pʻoˊ, iɛˇ iọ ·iˉ-tiŋˋ-tɪ ·çiŋˊ-fᴀ. ·tʂʻauˊ-tʻiŋ
立下這個法度無非禁止百	·liˆ-çiᴀ tʂə-kə ·fᴀˇ-tu, uˊ-fᴇi ·tɕinˋ-tʂʅˇ ·poˊ-
姓們爲非。引誘百姓們爲	çiŋˋ-mɜn uiˊ ·fᴇɪˉ, ·jinˇ-iuˋ ·poˊ-çiŋˋ-mɜn uiˊ
善。去了那顛險的壞事	·ʂanˋ, ·tɕʻyˋ-leaọ nᴀ ·tiɛnˉ-çiɛnˇ-tɪ ·χuæiˆ-ʂʅ,
就這安穩的好處。你們	·tɕiuˋ tʂə ·anˉ-uɜnˇ tɪ ·χauˇ-tʂʻu. niˇ-mɜn
百姓拿著父母的遺體生在	·poˊ-çiŋˋ nᴀˊ-tʂo ·fuˋ-muˇ-tɪ iˊ ·tʻiˇ, ·ʂəŋˉ tsai
太平無事的時候。有衣有食。	·tʻaiˆ-pʻiŋˊ uˊ ·ʂʅˋ tɪ ·ʂʅˊ-χouˋ, iọuˇ ·iˉ iọuˇ-ʂʅ,
何苦信從那些邪教	χɤˊ kʻuˇ ·çinˋ-tsʻuŋˊ nᴀˋ-çiɛ ·çiɛˊ-tɕiauˋ,
干犯王法。豈不是個大癡	·kanˉ-fanˋ ·uaŋˊ-fᴀˇ, tɕʻiˇ pu-ʂʅ kə tᴀˋ ·tʂʻʅˉ-
子麼。你們兵民著實該	tsʅ mo? niˇ-mɜn ·piŋˉ ·minˊ, tʂoˊ-ʂʅ kaiˉ
尊崇正道。一遇邪教	·tsunˉ-tʂʻuŋˊ ·tʂəŋˋ-tau, ·iˉ yˋ ·çiɛˊ-tɕiauˋ

就如水火盜賊一般。你	tɕiọ ʐu ·ʂuᴇǐ ·χuǒ ·tɑù ·tsᴇí î ·pan̄. nǐ-
們想想。水火盜賊不	mɜn ·çiᴀŋ̌-çiᴀŋ, ·ʂuᴇǐ ·χuǒ ·tɑù ·tsᴇí pu-
過害人的身子。這異端邪	kuo χaî ·ʐɜń-tɪ ·ʂɜn̄-tsɿ. tʂə-·î-tuan̄, ·çiɛ́-
教就害人的心術。這個	tɕiɑù tɕiọ χaî ·ʐɜń-tɪ ·çin̄-ʂù. tʂə-kə-
人心天生下來原是有	·ʐɜń-çin̄, ·t‘iɛn̄ ·ʂəŋ̄-çiᴀ-laí, ·yań ʂʅ iọǔ
正無邪的。只爲人心貪了	·tʂəŋ̀ ú-·çiɛ tɪ. tʂʅ̌ ui ·ʐɜń-çin̄ ·t‘an̄-lᴀ,
所以就走到那邪路上去。	·ʂǒ-i tɕiọ ·tsoǔ tɑọ-nᴀ-·çiɛ́-lù-ʂᴀŋ ·tɕ‘ỳ.
就如現在貧賤要求	tɕiù ʐu ·çiɛǹtsai ·p‘iń-tɕiɛǹ, ·iɑù-tɕ‘iú
日後的富貴。現在富貴要	·ʐʅ̀-χou-tɪ ·fù-kuᴇi, ·çiɛǹ-tsai ·fù-kuᴇi ·iɑù-
求富貴的長遠。又要求	tɕ‘iú ·fù-kuᴇi-tɪ ·tʂ‘ᴀŋ́-yaň, iọ ·iɑù-tɕ‘iú
壽。又要求兒女。甚且	·ʂoù, iọ ·iɑù tɕ‘iú œɹ́ ·ny̌, ʂɜǹ-tɕ‘iɛ
今生要求來生的富貴。	·tɕin̄-ʂəŋ̄ ·iɑù-tɕ‘iú ·laí-ʂəŋ̄-tɪ ·fù-kuᴇi.
便是苦行的和尚修煉的	piɛn ʂʅ ·k‘ǔ-çiŋ-tɪ ·χɤ́-ʂᴀŋ̀, ·çiū-leɛǹ-tɪ
道士雖然各自修行。並	·tɑù-ʂʅ, suī- ʐan ·kɤ̌-tsɿ çiū ·çiŋ́, piŋ̀
不去煽惑百姓。但他也是	pu-tɕ‘y ·ʂan̄-χuò ·pó-çiŋ̀, tan ·t‘ᴀ̄ iɛ̌ ʂʅ
想著成佛做祖做神	·çiᴀŋ̌-tʂo tʂ‘əŋ́-·fo, tsò ·tsǔ, tsò ·ʂɜń-
仙總是一個貪字。人若是	çiɛn̄, ·tsuŋ̌ ʂʅ ·ī-kə ·t‘an̄ ·tsɿ̀. ·ʐɜń ʐo-ʂʅ
知道自己家中現放著	·tʂʅ̄-tɑù ·tsɿ̀-tɕǐ ·tɕiᴀ̄-tʂuŋ̄ çiɛǹ ·fᴀŋ̀-tʂo
兩尊活佛爲什麼往別	·leᴀŋ̌-tsun χuó-·fo, uᴇi-·ʂɜḿ‿mo uɑŋ-·piɛ́-
處去朝山禮拜向那泥	tʂ‘ù ·tɕ‘ỳ tʂ‘ɑú ·ʂan̄ ·lǐ-paî, çiᴀŋ nᴀ ·ní
塑木雕的求福呢。俗語說得	sù ·mù tiɑū-tɪ tɕ‘iú-·fu nɪ? ·sú-y̌ ʂuō-tə
好。在家孝父母何必遠	·χɑǔ: tsai-·tɕiᴀ̄ çiɑù ·fù-mǔ, χɤ́ pi ·yaň

燒香。你們若是認得理	ʂɑu¯ ·çiʌŋ¯. ·niˇ-mɜn zo̜`-ʂʅ ·zɜn`-tɤ´ liˇ
眞。知道心裏光光	·tʂɜn¯, ·tʂʅ¯-tɑu` ·çin¯-liˇ ·kuɑŋ¯-kuɑŋ¯-
明明的就是天堂。心裏	miŋ´-·miŋ-tɪ, tɕiu` ʂʅ ·t'iɛn¯-t'ʌŋ´, ·çin¯-liˇ
黑黑暗暗的便是地獄。自然	·χEi¯-χEi¯-an`-·an`-tɪ, piɛn` ʂʅ ·ti`-y, ·tsɿ`-zan
便有個主宰不能被邪教	piɛn` io̜ kə-·tʂuˇ-tsai, pu-nəŋ´ pEi-·çiɛ´-tɕiɑu`
哄誘去了。你一個品行端	·χuŋˇ-iu` ·tɕ'y`-lʌ. niˇ i-kə ·p'inˇ-çiŋ ·tuan¯-
方諸邪自退。家庭和	fʌŋ¯, tʂu¯ ·çiɛ´ tsɿ` ·t'uEi`. ·tɕiʌ¯-t'iŋ´ ·χɤ´-
順便可遇難成祥。盡	ʂun`, ·piɛn` k'ɤˇ y` ·nan´ tʂ'əŋ´-·çiʌŋ. tɕin`
忠於君盡孝於親人事	·tʂuŋ¯ y-·tɕyn¯, tɕin` ·çiɑu` y-·tɕ'in¯, ·zɜn´-ʂʅ`
全了就可以承天的福澤。	·tɕ'yan´-lʌ, tɕiu` k'ə-i tʂ'əŋ´ ·t'iɛn¯-tɪ ·fu´-tsɤ.
不求非分的福不作非分的	pu-tɕ'iu´ fEi-·fɜn`-tɪ ·fu´, pu-tso` fEi-·fɜn`-tɪ
事只務本分就可以蒙神的	·ʂʅ`, ·tʂʅˇ u` ·pɜnˇ-fɜn`, tɕiu k'ɛ-i məŋ´-·ʂɜn-tɪ
保佑。莊稼漢只管種	·pɑuˇ-iu`. ·tʂuɑŋ¯-tɕiʌ¯-·χan`, ·tʂʅˇ-kuan tʂuŋ`
莊稼。做兵的只管巡查	·tʂuɑŋ¯-tɕiʌ¯, tso` ·piŋ¯-tɪ ·tʂʅˇ-kuan ·çyn´-tʂ'ʌ
汛地。各安生理。各守本分。	·çyn`-tɪ, ·kɤ` an¯ ·ʂəŋ¯-liˇ. ·kɤ` ʂou´ ·pɜnˇ-fɜn`,
天下自然太平。百姓	·t'iɛn¯-çiʌ` ·tsɿ`-zan ·t'ai`-p'iŋ´, ·po´-çiŋ`
自然快樂。你們衆人	·tsɿ`-zan ·k'uæi`-lɤ. niˇ-mɜn ·tʂuŋ`-zɜn´
不信邪教那些邪教也	pu-çin` ·çiɛ´-tɕiɑu`, nʌ`-çiɛ ·çiɛ´-tɕiɑu` iɛˇ
不待驅逐。自然斷絕了。	pu-tai` ·tɕ'y¯-tʂu´, ·tsɿ`-zan ·tuan`-tɕyɛ´-lʌ.

前面的文章选自以下著作：

I 选自 W. Hillier, *The Chinese Language and How to Learn It*, Vol. II, Peking 1909.

II—XV 选自 L. Wieger, *Narrations Populaires* 3e éd., Hokienfou 1903.

XVI—XIX 选自 *Kuan Hua Chï Nan*, Edition: Houcher, Boussole du Language Mandarin, 4e éd., Chang-hai 1906.

XX 选自 *Shêng yü Kuan Hün*, Edition: F. W. Baller, The Sacred Edict, Shanghai 1892.

后　记

自硕士期间经由老师引介，有幸接触到高本汉的《北京话语音读本》，我便开始了对它的整理和研究，后又经过几番修改和完善，时至今日，此书终于得以面世，让我着实感到兴奋与压力。兴奋是因为终于能将高本汉的这一伟大著作翻译、整理、介绍给大家，压力则是因为我的研究只是迈出了第一步，关于这一著作及其反映出的语言问题，还有很多值得进一步深入探讨，任重而道远。

这本书是对我硕士生涯的一个最好的纪念，虽然硕士毕业后已经过去了几年光阴，但对此书的每次修改与打磨，都会让我不禁忆起当时在北大中文系语言学教研室读硕士时的点滴，想起自己人生中非常开心的那三年时光，有学术的充实和乐趣，有老师的教导和帮助，也有同学的友谊和欢乐。每每忆起，都感觉这段求学经历会是令我终身受益的人生财富。

由衷感谢王洪君老师对我的悉心指导，在本书的研究、写作、出版过程中，王老师都给了我莫大的帮助。几年来老师的言传身教都深深浸润着我，让我从她身上学到对学术的严谨细致和对生活的乐观豁达。

感谢北大中文系语言学教研室的各位老师，谢谢他们给我的教导和鼓励，他们为学的博学睿智与为人的随和谦逊让我深深感受到大师的风范。

感谢北大汉语语言学专业可爱的同学们，有了各位小伙伴的友谊让我的求学生涯多了很多明媚和快乐。如今看到当时的朋友们在学术、事业和生活上都渐入佳境，也真心为他们感到高兴。

也非常感谢北大出版社汉语室的王飙主任和本书的责任编辑李凌女

士，他们为本书的出版付出了很多辛苦，没有他们的细致负责，就没有本书的面世。

还要感谢家人对我的关心和支持,感谢我的先生罗言发对我的包容和鼓励，谢谢你们给我前行的力量。

艾溢芳

2015年5月于澳门

“早期北京话珍本典籍校释与研究”丛书总目录

早期北京话珍稀文献集成

（一）日本北京话教科书汇编

《燕京妇语》等八种　四声联珠

华语跬步　官话指南·改订官话指南

亚细亚言语集　京华事略·北京纪闻

北京风土编·北京事情·北京风俗问答

伊苏普喻言·今古奇观·搜奇新编

（二）朝鲜日据时期汉语会话书汇编

改正增补汉语独学　修正独习汉语指南

高等官话华语精选　官话华语教范

速修汉语自通　无先生速修中国语自通

速修汉语大成　官话标准：短期速修中国语自通

中语大全　内鲜满最速成中国语自通

（三）西人北京话教科书汇编

寻津录　平仄篇·北京话语音读本

语言自迩集（第一版）　语言自迩集（第二版）

官话类编　言语声片

华语入门　华英文义津逮

汉语口语初级读本·北京儿歌

汉英北京官话词汇　北京官话：汉语初阶

（四）清代满汉合璧文献萃编

清文启蒙　清话问答四十条

一百条·清语易言　　清文指要
续编兼汉清文指要　　庸言知旨
满汉成语对待　　清文接字·字法举一歌
重刻清文虚字指南编

（五）清代官话正音文献

正音撮要　　正音咀华

（六）十全福

（七）清末民初京味儿小说书系

新鲜滋味　　过新年
小额　　北京
春阿氏　　花鞋成老
评讲聊斋　　讲演聊斋

（八）清末民初京味儿时评书系

益世余谭——民国初年北京生活百态
益世余墨——民国初年北京生活百态

早期北京话研究书系

清中叶以来北京话语法研究
北京话语法历史演变专题研究
晚清民国时期北京话语气词研究
晚清民国时期南北官话语法差异研究
基于清后期至民国初年北京话文献语料的个案研究
高本汉《北京话语音读本》整理与研究
北京话儿化、轻声、清入字的变异研究
文化语言学视阈下的北京地名研究
语言自迩集（第二版）——19 世纪中期的北京话
清末民初北京话语词汇释